献给尊敬的李星明大师

（Sing Ming Li，1940-2021）

本译著系浙江省哲学社会科学重点研究基地
温州医科大学医学人文研究院的阶段性成果

循道而行

走向美好生活的
《道德经》智慧

[美]卢·马里诺夫 著

张华 郑连忠 译

海峡出版发行集团
福建教育出版社

图书在版编目（CIP）数据

循道而行：走向美好生活的《道德经》智慧/（美）卢·马里诺夫著；张华，郑连忠译. —福州：福建教育出版社，2024.10. —ISBN 978-7-5758-0001-3

Ⅰ．B223.1-49

中国国家版本馆 CIP 数据核字第 202479TK18 号

责任编辑：黄珊珊
美术编辑：季凯闻

Xun Dao Er Xing：Zouxiang Meihao Shenghuo De《Daodejing》Zhihui

循道而行：走向美好生活的《道德经》智慧

[美] 卢·马里诺夫　　著

张华　郑连忠　译

出版发行	福建教育出版社
	（福州市梦山路 27 号　邮编：350025　网址：www.fep.com.cn
	编辑部电话：0591-83786915　83779650
	发行部电话：0591-83721876　87115073　010-62024258）
出 版 人	江金辉
印　　刷	福建东南彩色印刷有限公司
	（福州市金山工业区　邮编：350002）
开　　本	890 毫米×1240 毫米　1/32
印　　张	10.5
字　　数	218 千字
插　　页	2
版　　次	2024 年 10 月第 1 版　2024 年 10 月第 1 次印刷
书　　号	ISBN 978-7-5758-0001-3
定　　价	48.00 元

如发现本书印装质量问题，请向本社出版科（电话：0591-83726019）调换。

推荐语

哲学践行是哲学走向人们日常生活的活动或过程，在这个活动或过程中，哲学家和大众共同构建新的生活形式，使人们的生活更幸福。马里诺夫是当代哲学践行运动的理论探索者，也是哲学践行大师。他对中国文化推崇备至，《循道而行》一书反映了他对道家思想的理解和他对道家思想的实践运用。这是一本跨文化的理论研究与实践探索的佳作，它有助于东西方文化的交流与互通，也有助于理论化的哲学——无论是西方的还是东方的——与大众生活的进一步融合。

——潘天群，南京大学哲学系教授

这是美国哲学从业者学会创会主席、美国纽约城市大学哲学系主任卢·马里诺夫教授有关哲学咨询的又一部力作。作为国际颇有影响力的哲学咨询领域的专家，马里诺夫运用中国道家智慧给我们指出了一条通往和谐生活的路径，也揭示出给予我们应对生活困难和挑战的道的力量。《循道而行》无论对于哲学咨询领域的专家，还是对于大众，都有不可估量的价值。

——张利增，哲学博士、山东师范大学当代哲学咨询研究与实践中心主任马里诺夫教授是哲学践行在北美的重要先锋和代言人，也是我们的老朋友与合作者。我从 2012 年读博开始就大量阅读和引用他的著作和文章，对于他的理论和观点可以说是熟稔于心，常常钦佩于他突破世俗常规的勇气和毅力、深刻睿智的天才巧思，也经常惊叹于他对中国传统哲学的浓厚兴趣及较高掌握程度。在《循道而行》这本书中，马里诺夫教授化身一位深谙道家智慧的传播者，用心阐释了《道德经》的深邃思想，将其融会贯通到现代生活的每一个角落。马里诺夫教授以其独到的视角和深厚的哲学素养，为我们揭示了如何在快节奏的现代社会中寻找到内心的平和。每一章都如同一次心灵的洗礼，让我们在繁忙和压力之中重新找到宁静与智慧的源泉。这本书不仅是对道家哲学的深刻解读，也是一份指导我们如何生活得更美好的珍贵礼物。我强烈推荐每一位寻求生活智慧和内心平和的读者带着自己的生活体验来认真阅读这本书，相信书中总有某处会让你产生共鸣、引发深思、获得慰藉。

——丁晓军，西安交通大学哲学系副教授、博士生导师这本书架起了古代与现代、思想与应用、亚洲与西方、过去与未来之间的桥梁。捧起《循道而行》，你就握住了通往幸福充实的平衡生活的金钥匙。

——黄欣博士，北京当兔艺术教育研究院院长

阅读此书，就像和一位开悟的、洞察力敏锐且思维清晰的向导一起，悠然并略有所思地沿着老子之道漫步，自始至终都是令人愉悦的，而且获益匪浅。

——欧文·亚洛姆（Irvin Yalom），斯坦福大学精神病学名誉教授，《当尼采流泪时》《叔本华疗法》和《斯宾诺莎难题》等书的作者

卢·马里诺夫以其洞察力、同理心、雅致和幽默等道家的美德为我们提供了一项伟大的服务。在《循道而行》一书中，我们能听到智慧的低语，重获新的生命，让每个经常陷入困顿生活的人都能触手可及。与一切真正的精神修养一样，它极具实用性。还有什么礼物能比这更美好呢？

——帕特里克·库里（Patrick Curry）博士，《生态伦理学》和《捍卫中土大陆》的作者，《占卜：新千年展望》的编辑

这是生活哲学的极致！卢·马里诺夫以一种独特的方式，将古老而深邃的道家智慧应用于我们当代的挑战。这本书的每一章都蕴含丰富的内容，可以治愈你的心灵，激活你的生命。每一位读者都将从中获益无穷。

——汤姆·莫里斯（Tom Morris），《成就的艺术》《哲学入门》《斯多葛的生活艺术》《如果哈利·波特掌管通用电气》等书的作者

《循道而行》是一本引人入胜的具有教育性的佳作。这本书务实地解读了老子的道家哲学，并提供了丰富的小故事、小品文、轶事和建议，对西方人、亚洲人以及全球有求知欲的人都有用。它还巧妙地将道家与儒家、佛教和斯多葛学派联系起来，并将古代智慧与当代愚行进行了对比。作为一名华裔美国移民，我从卢·马里诺夫这位全球公认的哲学领袖和权威那里获益良多。

——杰森 L. 马，Three EQ 创始人、首席执行官兼首席导师，福布斯特约作家，蒂尔奖学金导师，B20 人力资本工作组成员

在《循道而行》一书中，卢·马里诺夫作为一名哲学家完成了一项罕见的成就。他让哲学走进了当代生活。他的文字架起了道家理论崇高峰峦与日常生活的平淡谷底之间的桥梁，赋予读者智慧，使他们能够巧妙地与道和谐相处。

——阿旺仁钦坚赞（Ngawang Rinchen Gyaltsen），西班牙佩德雷格尔国际佛教研究中心驻场导师

卓尔不群，富有洞见，很有启发性——《循道而行》是一本关于和谐生活的独一无二的著作。卢·马里诺夫对中国哲学有着深刻理解并将其应用于日常生活。这是一本必读之作。

——弗兰克·尤金·里克特（Frank-Jürgen Richter），霍瑞西斯（Horasis）苏黎世全球性视角社区创始人兼董事长，前世界经济论坛主席

与佛教、儒学和印度哲学相同，道教也是东方民族精神遗产的重要源泉，培育了合作与和谐的伦理风尚。在《循道而行：走向美好生活的〈道德经〉智慧》一书中，马里诺夫博士凭借其对亚洲思想和哲学的广博知识和深刻洞察，探讨了自我、幸福与平和等主题，运用富有启发性的案例阐释了《道德经》这部道家经典中蕴含的智慧和力量。当今世界，人类个体受愤怒、贪婪和无知这"三毒"以及缺乏正确生死观的困扰，人类社会则遭受市场和物质主义肆虐所带来的战争、冲突、贫困以及环境和生态破坏的冲击。这本开创性的著作有利于我们重新审视和调整方案，认清主次，帮助我们改造全球文明，为走向和平与繁荣的新黄金时代开辟了道路。

——池田大作，日本东京创价学会国际总裁

道在西方世界

对西方人来说，道既具吸引力又难以捉摸。一方面，它神秘莫测而又充满诗意，对它的阐释也是言人人殊，莫衷一是；另一方面，它切合实际而又讲究实效，广泛适用于日常生活。道的作用无处不在，其有效性不容否认，从太极到风水，从针灸草药到人生的丰盈与社会的和谐，无不吸引着西方人。无论道家哲学有时显得多么抽象，一旦付诸实践，它就效力显现，而且在个人、社会和政治层面都只能作为一种善的力量来使用。西方人对道的着迷正与日俱增，不是没有来由的。为了尽可能从道的作用中更多地受益，人们应该向几近于道的师父或有著述的行道者请教咨询。

中文版引言

亲爱的读者：

　　本书最初用英文写成，旨在向不熟悉中国哲学的西方读者介绍道家思想，后来被翻译成了巴西语、葡萄牙语、匈牙利语、意大利语、罗马尼亚语、西班牙语，土耳其语版也即将面世，吸引了众多志同道合的读者。

　　撰写本书时，我不敢想象有一天它会被译成中文。尽管沉浸其中已五十多年，我仍觉得自己只有向西方初学者传授道家思想的资格。写完本书，我对道的领悟随着年岁的增长还在日益加深，即便是初步的理解也让我终身受益。所以，不妨设想您正凝视着一面镜子，这面镜子折射出道家思想的理论和实践两个方面，就像道本身折射出阴和阳。

　　道家理论在 20 世纪经西方和印度杰出的哲学先驱传播，进入印欧文献，其中不乏深受中国哲学影响的知名人士：伯特兰·罗素[1]（1872—1970）、卫礼贤[2]（1873—1930）、莱昂内尔·翟林奈[3]（1875—1958）、卡尔·荣格[4]（1875—1961）、卡尔·雅斯贝尔斯[5]（1883—1969）、尼尔斯·玻尔[6]（1885—1962）、阿诺尔德·汤因比[7]（1889—1975），艾伦·瓦兹[8]（1915—1973），以及印度的波伽瓦·希瑞·罗杰尼希[9]（1931—1990）等。由此，难以定义的"道"，至少在其深刻的理论影响方面，逐渐在西方人的脑海中变得更加清晰。

道作为一种哲学逐渐深入到西方最聪明的知识分子中，然后通过大众文化的广泛渠道传播开来，自 20 世纪 60 年代开始尤其如此。因而，道在西方一直是一种极具吸引力的世俗哲学，而从未像在中国那样负有宗教使命，也没有成为宗教标志。相反，你也不难预想，西方已经接纳并发展了从中国输入的各种蕴含道的商品、服务和实践，比如针灸与中草药、气功、风水、国画，以及各种中国武术流派。尽管孔子学院与佛教僧团在西方屡见不鲜，道观却寥寥无几。

对西方人来说，道是一种令人欣慰的悖论：这种哲学难以言表，却赋能各种应用。这也体现在练就功夫的过程中，李星明大师传授我们功夫的时候就是如此。对于那些可能不能立刻理解道与武术关系的读者，下一小节将通过例子来说明。

作为当代哲学践行的先驱，道在我的许多咨询案例中非常重要。因此，在简要描述道与功夫的关系后，我将介绍哲学践行这个领域。到那时，您将能够从本书充分受益。

道与功夫

受全球化影响，大量的外国文化涌入中国，许多当代中国读者可能正与本土的武术及其蕴含的哲学渐行渐远。这些哲学观念正是唐代晚期的"三宝"：儒学、道教和佛教。以下仅举三例，略示上述三者与功夫尤其是与道的深刻关联。

例一：李小龙在 20 世纪 60 年代通过一系列的流行武打电

影，将他的功夫（截拳道）引入西方大众的视野。其女李香凝后来写了一本传记，题为《像水一样吧，朋友》（*Be Water, My Friend*）。为什么用这个标题呢？因为它概括了李小龙的武术哲学，包括自发流动和无为等思想，而这些思想直接源自老子。

例二：李星明大师带着将他宝贵的武术传统传授给西方人的使命，于20世纪60年代从香港移民加拿大。他于1972年在蒙特利尔创立吴道馆功夫学院，传授从五大宗派传承下来的五种武艺：周家拳、李家拳、白鹤拳、螳螂拳和太极拳。此外，他还是一位知名的中医师。

我有幸跟李大师学了11年的武术。他看上去是一位严厉的儒生式父亲，学生任何缺乏孝道或其他传统美德的行为都逃不过他的火眼金睛。他甚至能看透我们的心思。实际上，他也是一位慈祥的父亲，待我们视同己出。他耐心传授的东西，我们一辈子受用不尽。

大师身体力行地解释，学习一项武艺需要5年的时间，再过5年才能领悟其背后的理念，然后还需5年才能体现其蕴含的精神。他传授功夫就是给我们上了一门道家哲学课程。学会一项技艺，就是走向道；理解其理念，就是与道共鸣；体现其精神，就是与道合一。从技艺到理念再到精神，他对武术的深刻见解是对《易经》《老子》《庄子》《孙子兵法》及其相关著作中原则的反思和扩展。

例三：嵩山少林寺方丈释永信曾于2012年在纽约曼哈顿邀我会面。我那时对我们的议程知之甚少。方丈带着三名功夫僧人和三名禅宗僧人入座会议室，另带了一名专业翻译。僧人们轮流用汉语向我提问，而我用英语回答。我们的专业译员忙得应接不暇。最后，方丈只好插话中止发问，还邀请我担任其文化顾问。我深感荣幸并接受了这一殊荣。方丈此行的使命是增进西方对少林功夫的理解。然而，僧人们的提问并没有集中在功夫或禅宗上，而是几乎全部聚焦于道。

希望这三件事能说明中国武术与道是紧密相连、不可分割的。

道与哲学践行及哲学咨询的关系

哲学践行是一项 20 世纪 90 年代起在全球蓬勃发展的运动，最近一些年才传入印度和中国。哲学践行专家协助个人、团体与组织将哲学应用于日常生活，以提升自己的表现，优化自我管理，获得更多的幸福。与客户一对一工作时，我们通常称之为"哲学咨询"。哲学践行是一种教育活动，并非医疗或心理手段，虽然现代心理疗法从哲学借鉴了大量的东西。

《循道而行》实际上是我为普通读者撰写的第五本哲学践行著作。第一本《柏拉图灵丹》借鉴了 60 多位哲学家的思想，帮助人们应对日常生活中的问题，其中文译本于 2002 年出版（不过，那个译本显然还有优化空间）[10]。第二本著作《大问题》引用了上百种哲学和文学文献，也已有中文译本[11]。第三本《中庸之道》将亚里士多德、佛陀和孔子的美德伦理思想应用于解决个人及全球层面的问题，其中文译本也已出版[12]。第四本

《哲学复兴的对话》，是与日本佛教思想家池田大作关于哲学咨询和佛教的一场对话，也有中文译本[13]。《循道而行》是这一系列图书的第五本，主要阐述如何利用老子的智慧，帮助人们面对当代生活的挑战，提高生命质量。

为更好地理解这个图书系列，我们不妨思考一下"疾病（disease）"与"不适（dis-ease）"的根本区别。"疾病"指的是身体功能失调引起的病症，因而可以去医治。"不适"指的是源于个人对所处环境的想法或感受的心理不适，而这心理不适并非由处境本身造成。尽管西方心理学在帮助人们改善对自身处境的感受方面充当了主导角色，但同时也将正常的人类问题伪医学化和病理化，直至达到有损健康的地步。这背后是庞大的制药公司于其中作祟，他们从大规模诊断和大范围用药中获利。然而当今社会大行其道的有关意义感、道德感、目的感和满足感的病例，不能通过药物来解决。

心理学从哲学衍生而来。许多心理疗法，甚至可以说大多数心理疗法，都是基于情感（即情绪的回响）的疗法，然而其中最受欢迎并且最有疗效的却是基于扎实的哲学践行的疗法。例如，存在心理学源于存在主义这一哲学学派，理性情感行为疗法源于斯多葛学派，积极心理学源于美德伦理学（如亚里士多德），正念源于佛陀八正道的第七要素。

于是，哲学咨询重新出现了，旨在让遭遇不适的人重新从哲学和更广泛的人文关怀中得到疗愈。哲学咨询虽然有时与哲学践行的说法通用，但哲学咨询实际上是哲学践行的一种方式，通常指哲学咨询师与客户之间的对话。另外，哲学践行还包括哲学咨询师与团体或组织之间的咨询形式。

在中国和韩国，哲学践行与"人文疗法"并行发展，后者是一种从人文学科而非自然科学中衍生出来的治疗实践。此类实践包括哲学咨询、艺术疗法、舞蹈疗法、音乐疗法、诗歌疗法、书法、茶道以及武术。近年来关注的重点是技术社会的人文疗法，因为信息技术和计算机已经介入原先的人际互动，我们现在不得不通过技术界面（如数码设备、社交媒体、人工智能）与他人互动，这改变了我们个体和集体对人类本质的根本体验[14]。

哲学咨询在当下中国有一批深具洞察力的拓荒者，如南京大学潘天群教授[15]、山东师范大学张利增教授[16]、玉林师范学院王志远教授[17]、山东大学威海分校夏卫国教授、西安交通大学丁晓军教授[18]，以及香港中文大学 Alex Lo 教授和台湾辅仁大学黎建球（Bernard Li）教授等优秀同行。他们在哲学践行方面的开创性应用以及相关出版物，必将受到学术界和民间中国文化的广泛赏识，并得以传播开来。

行文至此，希望已经阐明本书的类型：本书将老子智慧应用于日常生活中的各种问题，这些问题是我作为哲学咨询师或导师从个案的观察中精心选取的，我曾经且仍然在道家圣贤的言行和精神的指引下前行。道渗透于万物之中，其源泉取之不尽，每一个汲取之人将由此得到滋养并精神焕发。

最后同样重要的是，我衷心感谢温州医科大学外国语学院及医学人文研究院的张华教授和浙江师范大学外国语学院的郑连忠教授，他们精心翻译了本书，对本引言也提供了极为宝贵的建议。同时，我还要感谢福建教育出版社的黄珊珊女士和陈潇航先生，是他们促成此书在其哲学故土出版。

卢·马里诺夫

2024 年 6 月 18 日

注解

[1] 罗素（Russell）不仅是他那个时代西方哲学家的杰出代表，而且对中华文明的优点有着深刻的认识并赏识。1922 年，他在《中国问题》一书中预言中国将崛起成为世界强国，该书由伦敦乔治·艾伦与昂温出版社出版。

[2] 卫礼贤（Wilhelm）是一位伟大的德国汉学家，他完成了《易经》的德语译本，之后由卡里贝恩斯翻译成英语，并由普林斯顿大学出版社出版（1950 年第一版）。卫礼贤－贝恩斯（Wilhelm-Baynes）的《易经》（1977 年第三版）至今仍是最权威的英译本。

[3] 翟林奈（Giles）曾是大英博物馆东方手稿部门的保管员。他曾为初大告的《道德经》英译本写了一篇序言。该译本由伦敦佛教协会委托乔治·艾伦与昂温出版社于 1937 年在伦敦发行第一版。这个译本是目前出版的几十种英译本中最好的译本之一。我撰写《循道而行》时引用了该书的第五版（1959 年）。

[4] 荣格（Jung）是一位著名的瑞士精神病学家和精神分析学家。他的精神倾向使他与西格蒙德·弗洛伊德的唯物主义决裂。荣格为威廉·拜恩斯的《易经》译本写了一篇颇有见地的前言，并为瓦尔特·伊文斯·温兹（Walter Evans Wentz）编译的《西藏度亡经》（*The Tibetan Book of the Dead*，牛津大学出版社，伦敦，1927 年）和《大解脱藏经》（*The Tibetan Book of the Dead*，牛津大学出版社，伦敦，1954 年）写了具有里程碑意

义的心理学评述。

[5] 雅斯贝尔斯（Jaspers）是一位有影响力的德裔瑞士精神病学家和哲学家。他创造了"轴心时代"这个短语来描述从大约公元前 800 年到公元前 200 年人类意识的巨大突破。轴心时代出现了希腊哲学家，《圣经》先知，印度圣贤，以及中国的道家和儒家等诸子百家。

[6] 玻尔（Bohr）是丹麦物理学家，量子理论之父。因其划时代的发现被丹麦政府授予大象勋章，他选择了八卦作为勋章图案，并以拉丁语铭文"Contraria Sunt Complementa"，意为"对立即互补"。

[7] 汤因比（Toynbee）是一位杰出的英国历史学家。他的代表作《历史研究》阐述了伟大文明的诞生、兴起、衰落和消亡，并将其归因于阴阳平衡和失衡。

[8] 瓦兹（Watts）是一位著名的英国作家、教育家和科普作家，他把印度教、佛教和道家的典籍介绍给了西方主流读者。

[9] 罗杰尼希（Rajneesh）是一位知名的、有时颇具争议的印度宗师。除了印度哲学，他还广泛讲授道家思想，其经典著作包括两卷本的《无道之道》（*Tao：The Pathless Path*，罗杰尼希，1978－1979 年基金会）。在浦那的道场，罗杰尼希在庄子礼堂主持达善（Darshan），把他的住所命名为老子之家，在他死后被更名为奥修（Osho）。罗杰尼希的继承人和弟子出版了许多他关于道的讲座文稿。例如：《道乃金门》（*Tao：The Golden Gate*，孟买：雅伊科出版社，2006 年）；奥修的《绝对之道》（*Absolute Tao*，浦那：叛逆者书局，2008 年）；奥修的《行道》（*Living Tao*，浦那：叛逆者书局，2010 年）。

[10] 卢·马里诺夫（Lou Marinoff）的《柏拉图不是百忧解》（*Plato Not Prozac*）由纽约哈珀柯林斯出版集团于 1999 年出版。其中文版《柏拉图灵丹》由云南人民出版社于 2002 年出版。

[11] 卢·马里诺夫的《大问题：哲学如何改变你的生活》（*The Big*

Questions：*How Philosophy Can Change Your Life*）由布鲁姆斯伯里出版公司于 2003 年在纽约和伦敦两地出版。中文版名为《大问题：智慧改变人生的八个途径》，由王迎春译成汉语，于 2005 年由辽宁教育出版社出版。英文第二版更名为 *Therapy for the Sane*：*How Philosophy Can Change Your Life*，由美国圣地亚哥的湖滨出版社于 2020 年出版。

[12] 卢·马里诺夫的《中庸之道：在极端世界里寻找幸福》由纽约斯特林出版社于 2007 年出版。中文版《中庸之道》由当代中国出版社于 2008 年在北京出版。英文第二版更名为《中庸之道：极端世界中的幸福法则》，由圣地亚哥的湖滨出版社于 2020 年出版。

[13] 池田大作和卢·马里诺夫的《哲学复兴的对话》由剑桥的对话通道（*Dialogue Path*）出版社于 2012 年出版。其中文版由大连出版社于 2013 年出版。池田大作是国际创价学会的会长，该学会是一个世俗的日本佛教组织，其信徒遍布世界各地。

[14] 例如，卢·马里诺夫著有"人文疗法作为对技术社会危害的补救"一文，曾作为南京大学第四届"技术社会中的人文治疗"国际会议的主旨演讲发言稿，随后于 2019 年发表在《人文治疗期刊》第 10 卷第 2 期，第 1—19 页。后由王志远译成中文，于 2022 年载于《科学·经济·社会》第 40 卷第 167 期，第 45—56 页。

[15]《哲学践行文献精选》由潘天群主编，丁晓军、王志远等译，于 2023 年由南京大学出版社出版。

[16] 张利增的专著《当代哲学咨询研究》于 2022 年由中国社会科学出版社出版。

[17] 王志远将上文注 [14] 提到的文章翻译成中文。

[18] 卢·马里诺夫和丁晓军合作的《哲学践行：哲学从理论到实践，从学院到生活——马利里诺夫教授访谈录》于 2021 年发表于《安徽大学学报》（哲学社会科学版）第 45 卷第 2 期，第 17—24 页。

目　录

第一章　问道

天下大事必作于细……千里之行，始于足下。

——《道德经》第六十三、六十四章

天之道，利而不害。

——《道德经》第八十一章

探寻者：怎样才能拥有幸福、成功而又充实的人生？是否有一条道路可以直达这些目标？

引路人：这样的道路很多，就像车轮的辐条，条条都汇聚到同一个中心，也就是你所找寻的目的地。

探寻者：那我该走哪条路呢？

引路人：你现在走的这条路就可以。它已经把你引到了这里，只要你在旅途中没有偏离得太远，接下来它将指引你走完全程。

探寻者：我已经多次偏离大道了，而且不止一次差点迷失了方向。这条路有时是挺难走的。

引路人：确实，因为在某些地方，它成了无路之路。这就需要安排导师经常来指点你，帮你找到你自己的路。

探寻者：那就好了。那么，接下来我该怎么走呢？

引路人：这条路有三个分岔。西面是毕达哥拉斯之路，北面是佛陀之路，东面是老子之路。

探寻者：您推荐哪一条呢？

引路人：它们都通向同一个中心——宁静。每条路都蜿蜒穿过一片奇妙之地，当然它们都有既具挑战性又令人着迷的路段。毕达哥拉斯之路是通过理性的神秘主义和创造性的天赋来实现宁静，它造就了柏拉图、巴赫和爱因斯坦等人。如果你喜欢哲学、数学和音乐，那就跟随毕达哥拉斯吧。佛陀之路即为八正道，通过清空欲望的意念而达到宁静。它一路传承下来，成就了龙树菩萨、菩提达摩和智顗这样伟大的圣人。如果你有觉知力，并执意为芸芸众生解脱苦难，那就跟随佛陀吧。老子之路即为道：万道之道即无道，通过道本身的力量通往宁静。这条道路上也有许多圣人，如庄子、张陵和长春（道号，原名丘处机）。如果你喜欢诗歌与和合之美，幽默与生命活力，并喜欢走行人更少的道路，那么就跟随老子吧。

探寻者：那到底什么是道？

引路人：它没法定义。

探寻者：难道它是想象出来的啰？

引路人：不，它超乎我们的想象。

探寻者：那么，关于它，能说点啥呢？

引路人：它是一把万能钥匙，可以打开很多门。

探寻者：打开什么样的门？

引路人：所有的且向上向善的门。幸福之门，成功之门，理解之门，爱之门，融入群体之门，人生充实之门，内心平和之门，所有能够让世界更美好而不是更糟糕的门。

探寻者：谁有这把万能钥匙呢？

引路人：每个人手里都有。但是大多数人都没有意识到。

探寻者：你能帮我意识到吗？

引路人：我试试吧。我也许可以帮你认识到道，或倾听到它，或体悟到它，但是我不能替你去认识，去倾听，或去体悟。你如果想提升意识，你必须开启你内心深处的眼睛、耳朵，所有的感官。我也许能帮你打开它们，但是我不能替你打开。

探寻者：不过，你出了不少书。你是否可以写一本小书，让我自己学会该怎么做呢？

引路人：写这样的一本小书谈何容易啊！话说回来，这里挺安静的，我这会儿也有空，那我就讲讲吧。大约公元前 500 年，老子写了那本小书，叫《道德经》，意思是"道及其力量"。也许你需要我写一本小书来解释如何使用老子的这本小书。

探寻者：这正是我想要的。现在，道听起来很吸引人呀。不过，道的力量不会让我们堕落吗？

引路人：所有的力量都可能使人堕落，除了道。它不能用于作恶。就像地球引力将万物向它们的质量中心吸引那样，道也将人们向他们存在的中心吸引，在那里他们遇到了最好的自己。那正是他们得以恬静自处的地方。

探寻者：那些已经堕落的人呢？他们还能修道吗？

引路人：只能以善的方式才行。如果他们去作恶，道就会离他们而去。

探寻者：抱歉，这个听起来太好了，我都怀疑它不是真的。

引路人：也许是吧。那如果它太好了，让人无法相信是假的，怎么办？

探寻者：好有趣呀。你说过修道者喜欢幽默。

引路人：的确。其实每个人都喜欢。不过有些人还需要道的力量去打开那扇门。

探寻者：那我可以从幸福之门开始吗？

引路人：你无论从哪里开始都可以。

探寻者：好的，不过我还有最后一个问题。我为什么要相信你呢？

引路人：你确实不该相信我。凡事不轻易相信，这点很棒！不过，既然有这么多疑问，你不妨这样思考。以前，我也曾处于你现在的状态。那时候，我还是一个任性的愣小伙，还远不如你聪明、好问呢。即便如此，仍有一个接一个的导师，包括最初的三位非常有魅力的女士，帮我寻道。现在处于修道途中的这个点上，轮到我去帮助别人了。你准备好走哪条路了吗？如果还没有，你可以休息一会儿或者好好思考一下，过段时间再来。这儿一直有人值班的。

探寻者：我已经准备好了，我要选择老子之路。

引路人：好的，那我们就开始吧。老子教导过我们"千里之行，始于足下"，一步看起来虽小，但是积跬步可以至千里。每一件大事都是由许多小事汇聚而成的。如果你想获得最大的幸福，就要去在意那最小的快乐。这不妨说是道带给我们的第一课。老子的哲理诗也是如此，就像西班牙小吃塔帕斯或中国的点心，诸多小菜虽小份却美味至极。老子的思想的确可说是滋养心灵的塔帕斯。

第二章　与道相遇

天网恢恢，疏而不失。

——《道德经》第七十三章

执古之道，以御今之有。

——《道德经》第十四章

轴心时代

　　远在公元前六世纪，人类历史尚处于开蒙之际，三大圣哲分别在三大古代文明的摇篮里诞生了。希腊诞生了毕达哥拉斯，印度诞生了释迦牟尼，中国诞生了老子。他们每人都给全人类带来了弥足珍贵的礼物，重塑了后世人们的身心，也延展了即将到来的伟大文明，确属无价之宝。毕达哥拉斯提出了理性神秘主义；印度太子释迦牟尼开创了佛教，成为第一位佛陀；老子则留下了《道德经》。三位圣哲同处一个时代，从未谋面，即使相遇也只是在梦里。然而，他们一起实现了人类有史以来最伟大的跃迁，这一跃迁既不是 DNA 的进化，也不是技术的革新，更不是政治的演进。三位圣哲共同促成的是人类意识的升华。意识无疑是我们人类最宝贵的财富，尽管不无讽刺的是，我们经常视之理所当然，未能将其充分发展。

卡尔·雅斯贝尔斯，这位多才多艺的德国哲学家、精神科医生和神学家，将这个古老的时代称为轴心时代。为什么？因为它的确是一个巨大的轴心，人类后来的文明演化始终围绕着这一轴心展开。我们需要认识的一切，无论是关于幸福与成就、和平与繁荣、爱情与家庭、创造力与艺术，还是关于善治与可持续文明，都可以从轴心时代学到相关智慧。

道的根基

想象一下，持久的文明、和谐的社区、幸福的家庭、充实的人生，它们有什么共同点？——都建立在强大的根基之上。在具体探讨道如何帮助我们在生活中达到宁静之前，我们需要领会道家学说的三个基本思想——互补、和谐和变化。

互补：互补的理念是一切道家思想的根基之一。阴阳符号完美地体现了这一思想：一个圆内互补的两半（对称的黑白区域）结合，形成一个平衡的整体。因此，互补性蕴含着整体性和完整性（而不是碎片化和两极化）。阴和阳两部分是无缝紧挨着的，这清晰地表明：没有事物是孤立存在的，也不是与其他事物完全对立的。分离仅仅是一种幻觉，任何事物都只是某一整体的一个部分而已。

而且，阴阳各自包含着对方的一部分。黑色区域含有一个白点，而白色区域含有一个黑点。由此，我们不难发现，像男性和女性、白天和黑夜、秩序和混沌等二元性，与其说是极性对立的，不如说是关联互补的。道是所有这些互补现象的来源，但是没有什么与道互补，或者说，道是自补自本自根的。它包罗万象，囊括了悲喜、有无和生死。道是永恒的，而且无所不能，但又是无法界说的。

当我跟学生讲起这些时，他们说道听起来仿佛是上帝。也许如此吧。然而，道并不是一个看顾我们的神灵；确切地说，它是一条可以循而行之的道路。

作为具身存在的我们，即使无人指责，也不能无所事事。但是，私心杂念和内心困惑经常给我们的行动蒙上阴影，让我们陷入自己编织的业力之网中。从外部来说，我们的日常行为受到法律和官僚机构的制约，还受到父母、同辈和流行风俗的影响。有为之路犹如浓雾中错综交叉的小径，很难看清去向何方，也容易迷失自我。而无为之路顺道而行，每一步既清晰且确定。《道德经》中反复出现的流水隐喻所阐释的正是道如何让我们的路变得更加平坦。

当代荷兰有个实例发人深省：他们找到了如何在拥挤不堪的城镇交通中减少堵塞和事故的方法。鉴于汽车、电缆车、自行车和行人都在争夺路权，他们想到了一个可称之为"共享空间"的解决方案，即取消所有的交通信号、人行横道和受控交叉口。这个方案看似自相矛盾，却行之有效。摆脱了这些有为之路上的名相束缚，反而让每个人都能顺道流动。这种流动不受管控，而正是这，让"共享空间"发挥了作用！

和谐：道家生活是幸福的。为什么呢？部分原因在于他们的生活是平衡而又和谐的。这种和谐来自我们的内心。正如我

们所知，美国哲学家、政府官员、开国之父托马斯·杰斐逊在
几个重要方面都几近于道。然而，他在原本可圈可点的《独立
宣言》中加入了"追求幸福"这一短语，却是一个错误。幸福
并不是我们追踪的猎物，而是一种源于内心的宁静感。而这种
宁静感是由道的力量来召唤和保持的。

　　一般来说，和谐不是通过强加一致性，而是通过平衡多样
性来实现的。音乐的和谐需要平衡不同的声音，政治的和谐需
要平衡不同的派系，社会的和谐需要平衡不同的观点，家庭的
和谐需要平衡不同的角色，而个人的和谐需要平衡不同的优先
事项。即便如此，前一刻的平衡可能到下一刻就失衡了。这是
因为一切都在不断变化之中。因此，重要的是，让变化对你有
利，而非有害。

　　变化：万物皆变。吊诡的是，唯一亘古不变的却是变化本
身。我们的世界和我们的生活（乃至整个宇宙）都处于永恒的
变化状态。心情、感情、思想和信仰在变化，人际关系、职业、
规则，甚至人自己也在变化。在人类世界和整个自然界，从生
命的诞生、延续到死亡的循环往复都是由变化驱动使然。季节、
气候，以及地球自身的演化，都是由变化产生的。

　　中国古代的道家首先认识到，变化乃天经地义，并非偶然。
循道而为，方可调用强大的力量，助推你在变化中取得最佳效
果。无论事态变好，还是变坏，道均可助你取得可能的最佳结
果。为何要退而求其次呢？当糟糕的情形持续存在、改变遥遥
无期时，那时道就能显示出其真正价值，总能帮你照亮一条前
行之路。道是一种免费获取而又用之不竭的资源。要激活道的

力量，只管继续阅读吧。多读一个词，就在向前一小步；每向前一小步，你就离道越近。

易经

中华文明在轴心时代的三部杰作堪称其文化 DNA：一部是作者不详的《易经》，一部是由老子所写的《道德经》，还有一部是由孔子的弟子记录而成的《论语》。以上顺序是三部作品实际出现的顺序，不过是否按此顺序来研读，倒不是关键的，无论你先读哪一本都可以。但要知道，《易经》对老子和孔子都产生了深远的影响。

《易经》教给我们变易之道。正如科学规律（如物理、化学、生物定律）支配着万物在自然界中的发生方式，形而上学的规律也在支配着我们居住的社会、经济以及政治三重世界，而这些已然进入了人文教化领域。如果你想乘坐宇宙飞船去月球，就像 1969 年美国宇航员三人组那样，你肯定不会意外地到达那里并回来，你绝对需要对自然规律有所了解并循其而行。如果你想过上幸福的生活，你也不可能随随便便就把握了人生之旅，你绝对需要对教化规约有所了解并依其行事。

自然和教化在道家思想中也是互补的。物理自然规律与人文教化规约有一大区别，那就是选择。如果你向上扔一块石头，它除了往下掉落，别无选择；水在沸腾之时无法选择结冰；植物无法选择星光，而只能在阳光下进行光合作用；狮子和老虎无法选择成为食草动物。它们都受制于各种自然法则。我们人类也同样臣服于自然，不过我们天生（有时却是劫数）有一种特别的才能，即选择的能力。你什么时候起床？穿什么衣服？早餐吃什么？在上班路上读点什么？愿意干哪类工作？愿意和谁交朋友？下班后想和谁约会？在哪里会面？跟谁结婚？每天我们要做出的选择数以百计，从无关紧要到至关重要，不一而足。在民主国家，人们通过选举经由代表做出甚至更多的选择。不管是好还是坏，人类世界都由各种选择所支配。

选择是一项很重要的权力，也是一份很大的责任。为什么呢？因为所有的选择都要面对结果。你的每一次决策必定事出有因，有因必有果，不论好坏。从根本上说，《易经》教给人们的，正是这一点。你所做出的每一次选择迟早都会产生结果。这个结果对你和别人来说是好是坏，取决于你在权限范围内做出的选择是明智的还是愚蠢的。如果你做出明智的选择，循道而行，那么结果将圆满，也会让你开心怡然；如果你做出愚蠢的选择，背道而驰，那么结果必然糟糕，也会让你伤心烦躁。这些都体现了教化的规约。这些教化规约正如自然规律那样，与我们的生存相互交织，不可违背。

没有百分百的善人，也没有百分百的恶人。所有圣人都会遇到诱惑，他们必须不断地抵制诱惑；所有恶人的内心也有亮光，尽管他们习惯于在黑暗中行走。大家熟悉的太极图，是道的象征，反映了这一重要观点：白色区域总有一黑点，黑色区域总有一白点。善与恶，智和愚，在我们的内心共存。虽然我们有权选择与人为善，但人生有时十分复杂，以至于我们未必能辨别哪些选择更好，哪些更差。眼前看似不二之选，将来也许很糟糕；反之亦然。这就是《易经》的用武之地了：它是一盏智慧之灯，始终照亮着前行之道。如若循道而行，必可幸福满溢，直抵内心的宁静祥和。

《易经》正是在这些方面给出了建议。世间万物不可能十全十美。个体、家庭、社区、政府都不可能完美得不可挑剔。可以确定，他们还是有好差之分。你如果是一名运动员、音乐家或演员，你完全明白，没有一次表现可称得上完美无缺。那表现总是可以更出色或更糟糕。如果你顺着道而去准备，你会有优异的表现，你和你的观众都很开心。不过，即便最伟大的演奏家也能听出自己演出中的瑕疵。20世纪加拿大的传奇钢琴家、巴赫乐曲演绎者格伦·古尔德（Glenn Gould）深受全球听众的喜爱，可他却不忍细听自己的演奏录音。在他的心灵之耳中，他完美地听到了巴赫的音乐，很可能就像巴赫本人所听到的那样。作为钢琴家的古尔德，虽然天赋异禀，仍不能演奏出他所听到的完美乐章。道不能让音乐家的演奏完美无瑕，但可助其尽善尽美，而不是越来越糟。道也可以让音乐家们在越来越好的演奏中悦纳自己，而不是相反。这对我们所有人来说都是如此。每个人都可以这样利用道的力量，让生活更加美好。

读者们如果读过我的其他书，应该知道，这些年来我已将《易经》成功地应用于很多客户身上。还有，我和我的一些朋友已将其在自己身上践行几十年了。你一旦开始欣赏《易经》的真正价值，你就知道它永远不会给你任何糟糕的建议，因为它根本不给你任何建议！它实际上让你听取内心的声音，告诉你如何像个圣人那样跟自己的内心对话。一旦这种潜能——你内心的圣人被唤醒，你也就是圣人了。

每个人的内心都住着一个"最好"的自我和一个"最坏"的自我，以及可以想象得到的两者综合的自我。许多人在他们的一生中（甚至一天中）在明智和愚蠢的选择之间剧烈摇摆。因为我们迟早要面对选择所带来的结果，我们的思想、言语和行为的效果正如回旋镖那样！人们还会在当下的幸福和下一刻的痛楚之间徘徊。而道对我们循循善诱，教我们在面对选择时展现最好的自我状态，并且在那天中保持尽可能长的时间。正是道的滋养，《易经》一直启发我们做最好的自己，唤醒我们内心的圣人，并为其赋能。如果我们允许内心的圣人（而不是内心的愚人）帮我们做选择，那么结果将是持久的幸福，甚至是打不乱的宁静安详。

这就是道家能容纳从印度传入中国的佛教的一个原因。因为佛教也认为我们每个人都有一个"最好"的自我，为摆脱苦难，这个自我需要被唤醒，并保持彻底醒悟的状态。在佛教中，把最好的自己（也就是无我）称为"佛性"。佛，意为觉悟者。道家哲学就像佛教一样，需要日日践行（最好从不间断），方能达到最佳效果。

让内圣替你做主的时间越长，你的人生就越美好。你瞧，道还附带终身保障。

《易经》如同哲学版的罗夏墨渍测验。大家知道，心理学家利用墨渍帮助人们发现他们潜意识中的事物。墨渍不是任何具体事物的图片，而是滴上墨汁后对称的随机图样，可以类比各种各样的事物。你在给定的墨渍图版中"看到"的东西不是真的"存在";它实际上是你已有心态的反映或投射。对于完全相同的墨渍,有人看到的是一只鸟,有人看到的是一条鱼,有人看到的是一棵树,有人看到的是一把吉他。因此,墨渍实际上是一面特殊的镜子:它是反映到你的意识中的一张图,这张图在你的潜意识里已经发挥了某种不无意义的作用。

这方法十分有用,为什么呢?因为知道潜藏在你大脑和内心深处的事物并非坏事。这样,你的思想、情感和行为才能变得和谐起来,你才会成为一个更加完整而非分裂的人。在某种程度上我们都会自欺欺人,而自欺欺人总是阻碍我们走上持久的幸福之路。无知不是幸福,相反,它是遗憾和悲伤的彩排。

《易经》在哲学层面而非心理层面起作用。当我们遭遇道德困境、是非问题、人际关系问题、职业问题、正义问题、人生意义或人生目的危机时,《易经》能帮助我们做出更为明智的选择,远离愚蠢的选择。不过正如墨渍一样,它并没有告诉我们任何尚且未知之事,而是唤醒我们内在的智慧却非表面的愚昧。

老子

老子是《道德经》的作者,他曾是一位文官,与孔子同时代,不过更为年长。他也更具神秘色彩,即使是他的真实姓名,也尚未确知。英文中的 Confucius 是中文"孔夫子"拉丁化的拼音写法,意思是孔大师,而老子的意思很简单,就是老大师。老子不像孔子那样有一群忠实的随从弟子来记录他的言行。不过相似的是,老子也出身贫寒,凭一己之力终于成为一名高级文官。传说老子辛勤劳累了一辈子，为辖郡的人们带来福音。他汲取《易经》之精华，循道而行，为百姓谋求幸福。相传他退隐之时，打算在邻郡安度晚年，却被边境的一名关令认了出来。他当时一定已经是颇有名气了。

关令恳求道："在您退隐之前，请提笔为后人留下一些智慧之言吧！"

老子欣然从命，当即在那里写下了《道德经》。这部字字珠玑的杰作，每一章实际上都堪称诗篇，是思想的源泉，也是智慧的宝库。在本书的各个章节中，我们将探讨老子《道德经》里的一些最重要的思想，并将其应用于日常生活，即你的个人生活、家庭、社区、国家乃至整个人类生活中。

陶轮是道的力量的一个隐喻。人类就像在生命之轮上旋转的未糅合成形的湿黏土块，只有生活诸事顺遂，我们才能幸福。可是，当我们被生活折磨得狼狈不堪，如同醉酒或疯狂的陶匠可能把我们抟揉成奇怪或不幸的模样之时，我们会发现，道的力量可以使我们回到素朴的状态，从而获得重生和救赎。

孔子

孔子是天选之圣人。他出身寒微，三岁丧父。虽历尽艰辛，当过牛倌、文员、仓库管理员，终成为一名德高望重的圣人。他敢于向当朝诸侯直言进谏，倡导德治，即用道德代替暴力治理国家。此观点至今仍有待全球许多地方学习。孔子发现有些诸侯愿意听从他的谏言。儒家思想历久弥坚，在东亚得以盛行，成为一种为家庭、社区和国家提供强大的凝聚力和生命力的社会黏合剂。因此，孔子成为世界上最有影响力的哲学家之一，被誉为东亚的"亚里士多德"。而从亚洲人的角度来看，我们则可以说亚里士多德是西方的"孔子"。

孔子的弟子们把他的言行记录在《论语》一书中。多个世纪以来，一直为中国、韩国和日本的学生所吟诵。孔子是一位温和而又严谨的哲学家，他最关心的是家庭、群体以及国家的延续。孔子认为，如果这些结构瓦解，谁都不会幸福。儒家社会最核心的道德品质是：顺从、忠诚、谦逊、尊重、善意和努力。

现在让我们反思一下：自20世纪60年代以来，西方社会出现了叛逆、不忠、傲慢、不敬、不文明、懒惰等现象，且蔚然成风，愈演愈烈。家庭、社区甚至国家分崩离析，许多人的生活都不如意。即使我们（尤其是青少年）肆意妄为，无视儒家的道德传统，沉溺于与儒家格格不入的恶习，我们仍需承认孔子讲的确实是有道理的。如果青少年逆道而行，他们自身会陷入困境。而如果政治和经济领导人逆道而行，我们会陷入困境。

孔子如此描述有道之士的人生阶段：

吾十有五而志于学，

三十而立，

四十而不惑，

五十而知天命，

六十而耳顺，

七十而从心所欲，

不逾矩。

——《论语》

由此可见，孔子在青少年时期就非同寻常。大多数青少年不把心思放在学习上。当然，因为他们正处于从童年到成年的快速转型阶段，他们在人生的这个阶段学得很多，且学得很快。他们像野草一样恣意生长。他们的身体在发生变化，思想在扩展，荷尔蒙在激增，性欲在萌生。他们不会拒绝冒险。男孩们开始有男人的性别意识并关注起女孩子来，女孩子则开始有女人的性别意识并关注起男孩子来。当前的年轻一代开始接触各种可能的性别取向。但他们大多数人不会把这称之为"学习"。他们一心想着约会、派对、开车，还有快快长大。不过，他们当中的许多人在随后的几十年里会变得不开心不如意，而孔子则通过循道而行，越来越知足，也变得越来越祥和。

话又说回来，孔子从未说过他没有对这些或当时的这类事物产生欲望。到了七十岁，他也坦白自己心中曾有过欲望，如果付诸行动，必已"非礼"。他没有提供耸人听闻的细节，但你可以自己想象一下。从古至今，人类的本性没有改变，只有人类的法律变了。但法律并不能妄断对错。只有当法律是公正的，法律才能体现对错。不公正的法律很可能会颠倒是非，奖恶惩善，致使社会倒退。

孔子并没有在讨论什么是合法的。他并不是对警察、律师、法官和其他执法人员不尊敬，他在谈论的是一些更为根本的东西，即什么是对的（不管法律如何规定）。他学习道，从中明白对错独立于法律而存在。他也明白，只有对的事，才会带来福祉，否则，会带来不幸。这跟你的身份、你的年纪以及你的职位统统无关。这全是道的作用。

如果你足够有幸师从一位儒学大家，你很快会发现谦逊是第一课，也是最持久的一课。其次是顺从。我们可以通过书法、绘画、医学和武术，从中国哲学及其广泛应用中，学到很多。儒学大家非常特别，因为他们不是仅仅在教授一门课，而是在传承一种传统。正因如此，他们不轻易招收弟子。首先，他们需要大致确定，求学者的求知欲强，能够容纳他们的知识。一旦他们接收了一个学生，就会像对待自己的儿女一样对待他。而这样的学生也会像对待他们的亲生父母一样尊重老师，听从老师的教诲。如此一来，师生之间就形成了坚固的纽带。

儒学大家可以在短短几分钟内通过观察你做的事情获悉体现你性格和品格的关键特征。他还能推断出关于你人生状态的大量信息，比如：什么对你来说容易，什么对你来说困难，你人性中的优点和弱点，你作为社会一员的美德与不足。对于一个心智已由道开启的人来说，我们的心绪就像敞开的书本，很容易被看透。这种能力绝非儒学大家仅有。笔迹学家可以从你的手写样本中辨别出关于你的性格、品格和人生状态的所有内容。音乐家也可以通过观察和聆听你演奏的一段音乐来做出这些判断。从根本上说，这些能力的背后都是道家的思想：无非是对型式的识别，无非是意识到我们人类都是分形的——每个人的型式都是自相似的，在存在的各个维度和层面重复着型式本身。

这与幸福有何关系？这与幸福息息相关。如果你经常因生活中的小事而恼怒，那你还有什么机会面对生活中的大事呢？反过来，如果你满足于一些小确幸，你甚至就不需要那些大喜事了。接下来我们将深入探讨老子所教的内容，了解这点是如何发挥作用的。

与龙相遇

相传孔子曾向老子请教如何建立一个有秩序、有道德的社会，而老子关注如何帮助人们达成内心的宁静与平和，他并不认为孔子推崇的顺从和礼仪能促进社会文明，提升人们的幸福。老子也是这么跟孔子说的，称孔子被误导得不浅。这给孔子留下了深刻的印象，孔子是这样描述这一历史性会面的："我知道鸟如何能飞，鱼如何能游，走兽如何能跑。会跑的可以用网捕获它，会游的可以用丝线去钓它，会飞的可以用箭去射它。至于龙，我就不知道它是如何乘风驾云，飞腾上天了。我今天见到老子，感觉他就像龙一样。"[①]

在中国神话中，一如其他一些文化，龙比世界上任何动物

———————

① 《史记·老子韩非列传》中的相应原文为："鸟，吾知其能飞；鱼，吾知其能游；兽，吾知其能走。走者可以为罔，游者可以为纶，飞者可以为矰。至于龙，吾不能知其乘风云而上天。吾今日见老子，其犹龙邪！"——译者注

都强大。但中国的龙与西方所描绘的龙有所不同。在西方，龙是会喷火的怪物。在神话故事中勇敢的骑士必须杀死龙才能拯救美丽的公主。在中国，龙是仁慈的而不是邪恶的动物。正如道一样，它们自由不羁，无法定义；它们似风一般无法捕捉，难以驯服。它们让人过目难忘，令人钦佩不已，通常不会在现实中遇到，而是理想化地存在于人们的想象中。它们像天使一样神圣，有时还会保护人类。

还记得彼得、保罗和玛丽演唱的畅销金曲《神龙帕夫》吗？帕夫是一条友好的龙，是歌曲中孩子杰克的玩伴。但随着杰克长大，他失去了童真和想象力，再也不能和帕夫玩了。这种叙事说到底是道家的故事。如果你有足够的勇气找回你的纯真，释放你的想象力，你也可以和龙做朋友。当孔子把老子比作龙时，他给予老子最高的赞美。那么，就让我们与老子这位神龙成为朋友，跟随他的脚步走向宁静吧。

第三章　健康与福祉

"故贵以身为天下，若可寄天下；爱以身为天下，若可
托天下。"

——《道德经》第十三章

"圣人不病，以其病病，夫惟病病，是以不病。"

——《道德经》第七十一章

　　健康比金钱更可贵。金钱无法买到健康。当你不幸生病或
者受伤的时候，你必然需要医疗服务来为你治病疗伤。由于医
疗服务需要花钱（有时候还是一大笔），那么总要有人去付这笔
账。但是，让我们冷静下来做一些哲学思考：我们用这些钱买
的是什么？我们买的是治疗，不是健康。疾病或损伤才是治疗
的对象。如果治疗有效，我们才能恢复健康。毋庸置疑，现代
医学堪称奇迹。它延长了人类的预期寿命，使其在过去的一个
世纪里几乎翻了一倍；它同时也提高了人们的生活质量——这
在一定程度上要归功于我们这些在婴儿潮时期出生的一代人：
我们抗拒变老，即使早已过了退休年龄，仍然把自己当成少年。
不过，重要的一点是：医疗保健并不能给你健康，而是还你
健康。

健康和快乐是相连的。健康的人更容易感到快乐，而心态积极的人比起心态消极的人也更容易从疾病中康复过来。此外，保持愉悦的心情也有利于健康的维护。抑郁或焦虑的人会因为免疫系统受损而更容易生病。（我们将在第六章深入讨论有关压力的问题。）道像疫苗，具有防护作用。循道而行，定能提高你的生活质量，从而最大限度地提升健康，带来幸福。

在英语中，"health"（健康）一词源自一个更为古老的单词"hale"（完整的），所以健康与完整性相关。感到完整就是去感受"合一"，即你与你的存在本身，抑或整个宇宙，融合或协调。健康本身一定能带来幸福感，除非你让其他事情干扰了自己。健康的人经常会犯这样的错误——把健康视为理所当然，这就让许多别的事成了幸福道路上的障碍。我确信，你一定认识很多健康（即没有疾病缠身）的人，但他们终日闷闷不乐，部分原因就是他们把自己的健康视作理所当然的事了。

修道者从来不会犯这种错误，也从来不会认为健康是理所当然的。他们为自己能够活着、可以呼吸而感到幸福。这种幸福是儿童和修道者的常态。那些与死神擦肩而过的人，无论曾经命悬一线、死里逃生，还是从危重病中康复的人，也会把健康视为幸福。这样的人会突然意识到我们的每一刻都弥足珍贵，我们的每一天，甚至每一次呼吸，都是一份值得珍惜和享受的礼物，而绝非理所当然。修道者拥有这种感恩之情，他们不需要遭遇死神才会唤醒这种感恩。但有些健康的人常常因为追逐一些他们认为会带来幸福而实际上是海市蜃楼的东西而备受折磨，这很可悲，也很可惜，难道不是吗？

正如金钱买不到爱情，它也买不到快乐。美国人是世界上最富裕的人之一，但他们也是最不快乐的人之一。这是为什么呢？因为他们离道很远。美国的一项研究发现了一些能让修道者开心的事实。他们发现，富人通常没有比穷人更快乐。当然，富人比穷人有更多的机会来消解不快乐，但这并不能让他们感到快乐。不快乐是一座监狱，而快乐是唯一能逃脱它的途径。如果你不快乐但有钱，你可以周游世界，但伴随你的旅程的还是不快乐。虽然你付得起各种形式的消遣游乐，可以图一时之快，但你终将回到你习惯性的思维状态，也就是你内在的现实中去。如果现实是不快乐的，金钱无法治愈它。

杰森的案例

我曾经遇到这样的求助者：一个叫杰森的年轻人，家境富裕，习惯于要什么就有什么的生活，也就是说，他有钱买到任何他要的东西。后来，杰森爱上了一位名叫索尼娅的年轻漂亮的女子，并想娶她为妻。索尼娅的家境一般，但她不想嫁给金钱。她想为爱而结婚，但她没有像杰森那样深爱着对方，所以她拒绝了他的求婚。她的一些家人和朋友都认为她疯了，也许是因为他们自己执迷于灰姑娘或其他童话故事。你知道这是怎么回事儿。故事情节很简单：富人家男孩拯救了穷人家女孩，他们结婚了，从此幸福快乐地生活在一起。但这是以他们彼此深爱为前提的，在那样的情况下，金钱是无关紧要的。

索尼娅是一个勇敢的女孩，因为她听从自己的内心，而不在意他的钱包。她不仅拒绝了杰森的求婚，还和他分手了，因为在这种情况下，她不可能继续和他约会。这就是变化之道：人际关系决不会恒久不变。我们要么离某个人越来越近，要么离他越来越远。

杰森伤心欲绝，因为这一次他的幸福取决于金钱买不到的东西——确切地说，取决于某个人。他的家人愿意出钱供他去世界上无论哪个地方度个长假，"帮助"他远离、避开并忘记索尼娅。但是杰森告诉我说他拒绝了。他说他太想念索尼娅，旅行只会让心情更糟。他知道许多绝美的旅游胜地，但独自去这些地方旅行只会让他更难过，因为他知道他会希望索尼娅也在那儿。他不想认识任何新人，他只想和索尼娅一起度过。但现在他想明白了，空虚感如影随形，无论他走到哪里，都会跟随着他。他的不快乐不可能因为登上飞机而"丢掉"，就像他不可能甩掉他的影子一样。

杰森的故事最终有了一个较好的结局。的确，这与他想象中的结局不同，但肯定没有比想象中的更难过。索尼娅的拒绝给杰森带来了重要的启迪，杰森一直保持着积极的人生态度，这与金钱无关。他生性乐观，这非常有助于他理解老子的一个基本教义：圣人不病，以其病病①。

不幸的是，许多疾病并不是人们通过"病病"而能治愈的。如果你患上了疟疾、艾滋病或脊髓损伤等可能的疾病，你是无

---

① 《道德经》第七十一章原文为："圣人不病，以其病病，是以不病。"意为：圣人没有这种毛病，这是因为他们把这种毛病当作毛病，所以没有这种毛病。——译者注

法通过"病病"来治愈自己的。当然，你可以想办法寻求最好的医疗和护理，想办法让生活变得有意义和富有成效，但这对你的疾病仍然无济于事。

然而，还有其他一些类型的疾病则部分地或甚至完全地是由自己造成的。抑郁、饮食失调、焦虑、上瘾、恐惧、自欺、仇恨、贪婪和嫉妒等许多其他问题，大多是由自己造成的。如果你正遭受以上某种疾病的困扰，那么道家的这一课便是你走向健康的第一步：知道自己的病是一种病，才是通往健康的必经之路。杰森的心灵和自尊上的伤害都是由他自己酿成的。索尼娅并没有对杰森施加情感上的伤害，而是杰森把索尼娅当成借口进行自我伤害。杰森有很多方法来对付他的疾病，如：他可以自暴自弃，他可以向索尼娅发泄怒气，他可以借酒精或毒品来消愁，他可以用绘画或音乐等艺术手段表达自己的痛苦，他也可以通过环游世界来逃避现实。

杰森没有这样做。在玩儿似的试了几招之后，他意识到它们并不能解决他的问题，而只会令事情变得更糟糕。那他做了什么呢？他听取了老子的建议，认识到自己的病是一种病。承认这种病的存在，才有可能消除这种病。他为自己的难过而难过，他的心情才有了好转。在这种情况下，负负得正。你难过的时候就不会感到快乐。但如果你对自己的难过感到难过，你可以开始重新感受到快乐。为自己的难过而感到难过，就为快乐创造了可能的空间。当然，也可以为自己的快乐而快乐：快乐会让难过无处现身。

这就是为什么循道而行的圣人是那么安详。他们已经做到了"病病"，所以他们到处洋溢着健康的活力。只要你保持好自己的心态，你也可以做到。但如果你抱有一种受害者的心态，或者屈从于一种循规蹈矩的心理诊断，你只会继续加剧病情而不是把病当病。杰森选择了循道而行：他不再对索尼娅有任何念想，也不再对她拒绝他的求婚而感到遗憾。认识到自己的毛病以后，他自己恢复了健康。因为道是取之不尽、用之不竭的，因此，还有很多东西留待大家去汲取。诸位不妨一试。

健康在于预防

无论在什么年代，大多数人的死亡都不是由致命疾病导致的。然而，数以百万身体健康的人却因各种情感或环境问题而遭受疾病的折磨。所谓的"心理健康"行业就是对这些身体健康但不快乐的人进行诊断和用药（包括偶尔与他们交谈）。当然，人是复杂的动物，我们的幸福不仅仅受生理特征的影响，还受丰富的内在情感和高度抽象的认知的影响，而这些因素会带来快乐也会带来痛苦。我们与他人相伴而生活、工作和娱乐，因为我们是高度社会性的动物——有时也是高度反社会性的。这也体现了阴和阳，两者相伴相生。尽管我们都需要别人，有时却也会激怒别人。易怒是一种我们可以通过修道来控制的精神状态。不论是在嘈杂的商场还是水泄不通的路上，不论是在森林里还是海滩上，循道之人都能保持宁静。正如老子所言，获得幸福感的关键在于保持你的完整性——不要让这个世界把你分裂成易怒的碎片。简而言之，不要让它影响到你，健康在于预防。

中国哲学在实际运用中是倡导保护和预防的。道家和儒家一定赞同"一分预防胜过十分治疗"的说法。把坏事扼杀在摇篮中比在它积聚势头后再喊停要容易得多——自然和教化都遵循这一规律。这也是阴阳交感互藏的体现，也说明了道无处不在。在人类世界中，这意味着预防疾病比治愈疾病（如果能治愈的话）在医学、经济、情感和社会成本上都要低一些。在体育、爱情、诉讼和战争中，防守的成本都远比进攻要低。因此，道旨在预防。

道德熵与社会熵

我来向你揭示一个任何人都可以在五分钟内证实的宇宙奥秘。在理论上，道是完全平衡的，会生成同等比例的阴和阳，但在实践中它会有略微的倾斜（有时甚至非常倾斜），它会更倾向于阴而不是阳。老子和孔子都深谙此道。老子经常提到这一问题，我们也会在接下来的章节中重新探讨这一话题。从道德上讲，孔子注意到，做坏事比做好事容易，即使坏事持续的时间短一些。

"熵"是物理学家对宇宙结构中的能量耗损的命名。从烧开水到操作机器再到组织运作，每一个过程都涉及能量损耗。尽管能量既没有生成也不会消失——只是从一种形式转化为另一种形式——但是每个过程都会损耗能量，且是不可逆转的。这就叫做熵。这也是我们造不了"永动机"的原因，因为没有什么过程是完全不消耗任何能量的。

我们还可以通过有序与无序、组织与无组织的对比来理解熵。你可曾注意到，实现有序的局面是多么困难，而出现混乱的局面又是多么容易？家如果不打理，它会变得凌乱不堪而不是整洁有序。花园和草坪需要经常照料，否则它们很快就变得杂草丛生。如果任凭孩子们自己玩耍，他们会把玩具扔得到处都是，而不是把它们整齐地摆放在指定的地方。我们这颗星球上最强大的力量——火山、地震、海啸、飓风、龙卷风——可以在几分钟内摧毁一幢建筑甚至一整座城市。但它们从不在摧毁之后进行重建，只留下混乱一片，秩序全无。搭建一个纸牌屋是十分困难的，而要一口气把它吹倒却轻而易举。建造一座沙堡也非易事，轻轻一个波浪就能把它冲走。宇宙本身正在膨胀和冷却，从有序走向混乱。所有这些都是因为熵在驱动。

多亏老子和孔子在很久以前就意识到，人类世界受制于社会熵和道德熵。在距物理学家发现描述物理熵的热力学定律的两千年前，他们已明白了这一点。要举一些道德熵和社会熵的例子吗？不说别的，就拿好习惯与坏习惯来说，哪一个更容易养成呢？是坏习惯。那再看看哪一个更难戒掉呢？还是坏习惯。众所周知，吸烟容易戒烟难，暴食容易节食难，放弃锻炼容易坚持锻炼难，堕落容易克制难。我们有各种康复项目和诊所来治疗酒、毒、赌博和性等"瘾"，但却很少有人因为行善成瘾而接受治疗。

拉斯维加斯被称为"罪恶之城"，每年有数百万的游客花费数十亿美元的钞票在那儿寻欢作乐。如果这是阴，那么阳在哪里？或者说，"美德之城"在哪里？事实上，美德之城也不少，如：瑜伽营、道场、冥想中心、文化中心、武术院、社区服务中心和慈善机构，这些地方都践行美德活动。但它们都不像赌场那样规模大、利润高。做恶事似乎比做善事更有趣、更令人欢心、也更容易形成习惯——至少从短期来看是这样的。

这就是为什么许多宗教给人类贴上"生而有罪"的标签，并鼓励我们从神圣的源头寻求救赎。正规的宗教一定承认道德熵和社会熵的存在，但大部分认为我们人类太脆弱了，无法靠自己的力量克服这种不平衡。宗教的观点一般是，我们需要一种善的强大力量帮助自己从诱惑的狂潮中摆脱出来，别让它将我们卷入罪恶。这不难理解。亚伯拉罕（即基督教、犹太教、伊斯兰教）的信徒们相信这种力量存在于我们的身外，而佛教徒相信它就在我们心中。

道家的观点又是不同的：道无处不在，内外皆有。循道而行，内外兼修，幸福自来；背道而行，祸患将至。有道之士和其他人一样，也会变得年老体衰，直至寿终。他们与别人的区别，不在于生命的长短，而在于生命的质量。

吸烟之道

尽管抽烟是合法的，但是它已经夺去了数百万人的生命。吸入烟草烟雾引起的疾病已成为主要的健康问题，然而大多数吸烟者发现戒烟还是非常困难，甚至是不可能的。在我看来，这是因为吸烟的根本原因从未被认识或解决。吸烟是一种怎样的习惯呢？它有许多组成部分，其中一些已经得到很好地理解了。首先，它是对尼古丁的上瘾，尼古丁是一种成瘾性兴奋剂。其次，它会给人一种口腔满足感，这在婴儿时期才最为重要，但人类从未完全摆脱。第三，它是一种保持我们的拇指和其余手指积极协调的方式，这在我们进化成为会使用工具的猿类的过程中发挥了至关重要的作用，因此我们继续从中获得乐趣。第四，它让我们得以利用可靠的、便携的火源。这在人类进化历程中具有绝对原始的意义。因此我们的大脑已经对火着迷，不论是篝火、烟花、火柴还是便携式打火机。第五，它是一种社交润滑剂，在点燃火柴的同时一番交谈就开始了。第六，它是一种地位的象征，或者至少曾经是，因为当时的好莱坞巨星和年轻演员们在荧幕上一根接着一根抽烟，极其凶猛，引发观众纷纷效仿。

即使人们知道吸烟是有害的，所有这些因素都还是会"引诱"人们吸烟。吸烟在许多方面都极具诱惑力，这也解释了为什么戒烟如此困难。如果你咀嚼尼古丁口香糖或使用尼古丁口腔贴片，它们可以满足你对尼古丁的渴求，但这仍然不能满足其他方面的需求：口腔需求、动手需求、原始需求和社交需求。戒烟的人往往会变胖，正是因为他们通过处理、烹饪和进食食物来满足这些额外的需求。我也知道很多人在戒烟后重新开始抽烟是因为他们宁愿成为抽烟的瘦子，也不愿做不抽烟的胖子。

这就是道德熵在起作用。从短期来看，一支香烟就可以满足人类如此多层面的需求和欲望，以至于它很难让人抗拒。但从长远来看，这是一个致命的恶习，也许过程比较缓慢，但恶果终难逃脱。所以在英语中，香烟有一个俚语的说法就叫"棺材板上的钉钉"。

现在我将用道家的观点来解释人们为什么吸烟，以及他们为什么对戒烟感到如此困难。虽然我们提到的所有原因都讲得通，但没有一个是根本性的。最根本的原因是：香烟让我们感受到自己的呼吸。当你把烟吸入肺部时，你会感觉到你的气息在进入身体。当你呼出那团烟（除去已附着在肺部并使其变黑的焦油）时，你不仅能感觉到你的呼吸出去了，而且还能看到它，你还可以玩它。吸烟增强了我们对呼吸的感觉，而呼吸是我们生命最基本的活动。吸烟让我们更能感觉到生命的活力，但它的代价是巨大的，甚至会要了我们的命。

你出生时做的第一件事是什么？是你开始自主呼吸。你临终之前做的最后一件事又是什么呢？你将呼出最后一口气。在这两件决定人生的大事之间，无论你在做什么，你都需要呼吸。我们可以在没有食物的情况下存活数周，在没有水的情况下存活几天，但在没有呼吸的情况下，我们只能坚持几分钟。呼吸是我们赖以生存的最重要的活动，然而大多数人认为这是理所当然的，从不多加思考。

老子对此有过很多思考。他曾提出一个问题："你能调节你的呼吸吗？"为什么这么问呢？因为调节呼吸是健康、快乐和幸福的基础步骤。印度、中国和邻近的亚洲文化在这方面都走在世界前列，他们已经意识到正确呼吸的重要性，也设计了许多锻炼和实践方法确保他们能够正确地呼吸。

你学过印度瑜伽吗？它有数十种传统。它们的第一堂课都是从什么开始的呢？正确地呼吸并采取有助于正确呼吸的体位。你是否练过佛教冥想？它也有许多不同的传统，每一种都源于那些更古老的印度瑜伽体式。它们的第一堂课又是从什么开始的呢？也是正确地呼吸，并采取有助于正确呼吸的姿势。你练过中国武术或者它们在韩国和日本的衍生物吗？它们也有数十种传统。它们的第一堂课又是从什么开始的呢？还是正确地呼吸并采取有助于正确呼吸的姿势。这并非巧合。

　　许多西方人重新认识到呼吸的重要性。你会演奏乐器吗？如果会的话，你就知道调节呼吸和放松体态对于能否演奏出美妙音乐至关重要。如果你呼吸受阻、身体紧绷，那么音乐听起来就会是这样的——受阻和紧张，不够悦耳。体育运动也是如此。如果你打网球或高尔夫球，你就知道，当你专注又放松时，击球效果最佳。没有什么比古印度和道家传统发明的呼吸技巧更能让我们专注和放松的了。在中国武术中，练习调节呼吸和协调身体动作（"套路"）可以提升你的生命能量。这种生命力在欧洲语言中找不到名称，但在梵语中被称为普拉那（prana），在中文中被称为气（chi）。太极大师通常非常健康，而且大多数时候都很平静。每天都有数以百万的中国人在练习太极。太极有助于保持青春、柔韧和健康，而这一切都与呼吸息息相关。

　　如果你知道如何调节呼吸，你就会知道如何调节身体、心智和生活。如果你的呼吸调节得当，你的思想、情绪和行动也会调节得当。最重要的是：你将拥有更多的精力、活力、健康和幸福。这是为什么呢？因为有规律的呼吸打开了你生命力量流动的通道。这是太极的根本所在，我们将在第十四章中对此展开讨论。

如果你练习过以下这些东西中的任何一种：瑜伽、冥想、武术，你就知道如何在不吸烟的情况下感受自己的呼吸。你可以控制所有其他的欲望——对口部满足的渴望、对手指灵巧的追求、对原始火焰的向往、对社交互动的需要，甚至是对身份地位的追求——而且不会在这个过程中伤害自己或置生命于险境。这就是道家戒烟的终极之道。

肥胖之道

预防疾病是通过保持健康的生活方式来实现的。那是一种什么样的生活方式呢？如我们所见，它始于健康的呼吸方式，但它远不止于此。我们迟早都得吃饭。如今在美国，肥胖已经超过了癌症、心脏病等所有以往的"头号"致命疾病，成为美国的首要健康问题。不幸的是，这一问题也正在全球化的世界中蔓延。究其原因，肥胖在美国主要是一种文化病，而非生物学疾病。但其医学后果是很严重的。肥胖的人长期不健康，也不快乐。实际上，不快乐也是造成肥胖的主要原因，同时也是其最严重的副作用之一。

造成肥胖的政治原因是自由主义。美国人历来高度重视自由，我个人也很喜欢自由，但是我们不应该完全随心所欲。例如，伤害他人就是一种滥用自由的表现，因此那些对他人造成伤害的人（至少在理论上）会被绳之以法。同样，伤害自己或虐待孩子也是在滥用自由，这亦是肥胖问题之所在，即摄入垃圾食品。肥胖的经济原因在于掠夺性资本主义，即快餐行业和垃圾食品产业唆使不计其数的人做有害健康的事情，从而获得巨额利润，正如几十年前的烟草公司那样。对于那些想要或需要大幅减肥的人来说，道可谓价值连城。

肥胖的社会原因在于无知。美国人是世界上最缺乏食品健康意识的人。肥胖人群迫切需要学习定量和定性的营养学课程。例如，他们需要了解怎样才算是适当分量的食物，仔细计算摄入的卡路里数。他们还需要学会区分健康食物和不健康食物，以避免摄入后者。

肥胖的技术原因是电视、电子游戏和电脑。美国人看电视的时间居世界第一，而且他们坐在屏幕前的时间也更多，无论是工作还是娱乐。这再加上垃圾食品和缺乏锻炼，体重势必上升。电视是一把双刃剑。它不仅腐蚀大脑、导致肥胖，还将肥胖变成一种文化常态。当超重的观众在电视上看到超重的角色时，他们就会觉得超重是正常的。无论我们每天在大众媒体中看到什么东西，最后都成为一种常态，即使它是不健康的。

和吸烟一样，造成肥胖的原因有很多，且其根本原因仍未得到公开认定。我刚才所提到的所有因素都只是影响因素，并非根本原因。如果你想避免肥胖，或是你想减肥并一直保持正常体重，那么道家的观点可能会让你受益匪浅。

一如既往，这又关乎阴和阳。在这种情况下，它们表现为空虚与充实。毫无疑问，空腹的时候会渴望饱腹，但规律且健康的饮食并不会导致肥胖。这里的空虚是一种精神上的空虚，是生活意义和生活目标的缺失。这源于过度强调肤浅的物质主义追求（这是美国的特点），而忽视了生活中真正有价值的东西。我所说的精神生活并不是指有组织的宗教活动。数以百万的肥胖者每周日都会去教堂做礼拜，但许多人仍然精神饥渴。美国人痴迷于金钱以及金钱能买到的一切，但这也使他们忽视了智力、道德以及精神的发展。他们在内心深处感到一种深刻的空虚，一种他们错误地认为可以用食物来填补的空虚，于是他们暴饮暴食，但却从未感到满足。在此过程中，他们变得肥胖了。

一些西方的哲学家已经正确地认识到这种饥饿感是一种存在主义的不适感。因此，许多美国烹饪电视节目（通常由身体"重量级"的厨师主演）强调所谓的"疗愈食物"，这一点并非偶然。这些菜品糖和脂肪含量超高，放在嘴里会给人一种暂时的慰藉感。道家认为，需要大量食用疗愈食品的人会明显感到处处不舒服。怎么不舒服呢？从物质上讲，他们比世界上大多数人都富足了，所以他们的不舒服一定是精神上的。

由于文化精神的极度匮乏，成百上千万的消费者试图通过食物来填补心灵上的空虚。他们也试图用服装和其他财物填补这一空虚。在我所居住的村庄几英里开外，距离纽约市北部仅一小时车程的地方，坐落着世界上最大的露天购物中心之一，这个购物中心被叫做高端奥特莱斯。里面有数百家零售店，提供各大服装及配饰品牌的折扣销售。你或许不相信，每小时都有购物者纷纷驱车从曼哈顿过来，同时也有很多人带着装满名牌的大包小包满载而归。我一直认为纽约是一个购物的好地方，在这里你可以买到任何金钱可以买到的东西。但我又能知道什么呢？我是一个哲学家，远非购物专家。即便如此，看到这么多人仅为购物而来回各坐一小时大巴（交通堵塞时更久），还是令我惊讶万分。

我承认我自己也会去那里购物，一年一次或两次，主要是买些必需品。这个购物中心的规模之大令人惊叹：数百家商店分布在几十条蜿蜒的步行街上，占地面积达数英亩。中间还有一个巨大的美食广场，汇集了各种高油、高脂、高糖的美式快餐摊位。这些商店都在卖什么呢？鞋子、服装、帽子、包袋、手表、珠宝、太阳镜，数以百家的商店，几十个著名品牌。

你可以在这些奥特莱斯店铺里逛上几个小时，疯狂购买各种服装和配饰，直到信用卡被刷爆。但你找不到一家店销售任何精神或灵魂方面的东西，这里没有书籍，没有音乐，没有艺术，没有诗歌……如果我脱离了道，我会觉得这样的地方令人沮丧。而类似的新店每天都在美国各地如雨后春笋般涌现。无论你走到哪里，公路边的广告牌上都在宣传：去这个奥特莱斯，去那个奥特莱斯，再去别的奥特莱斯。物质主义无处不在，精神主义无处可寻。购物者就像丧尸一样游荡，令人想起《活死人黎明》这部电影。他们的手里提满购物袋，但他们的生命的存在似乎很空虚。

当然，与购买服装相比，进食是一种更轻易就能带来满足感的消费活动，因为食物会改变我们的生物化学作用。然而，这种效果只是暂时的。就像抽烟可以暂时以一种非常不健康和短暂的方式满足很多基本需求一样，吃疗愈食品也是如此。这就是为什么吸烟者通常需要一支接一支地抽烟，以及为什么吃慰藉食物的人通常需要一顿接一顿地进餐。多大的讽刺！抽烟并不能帮助我们调节呼吸，它只会让我们想要抽更多的烟。食用不健康的食物并不能满足我们的精神饥渴，它只会让我们想吃更多不健康的食物。数百万人正不幸地被困在这些恶性循环当中。

如何才能逃离这个陷阱？如何才能打破恶性循环？如何获得幸福？答案是循道而行。道是关键所在。老子说，通往幸福的第一步是承认自己的病是毛病，不管是什么毛病。要做到这一点，你需要鼓起勇气去照镜子，承认自己的问题。

你必须放弃所有喜欢吃的东西吗？完全不必，只要适度摄入就可以了。我发现，对抗暴饮暴食诱惑的一种方法是，吃很小分量自己喜欢的食物。不久前，我在德国发现我住的酒店附近有一家风格优雅的巧克力店。作为一个巧克力爱好者，我进店里买了他们最纯正的巧克力——可可含量100％的那种。柜台后面那位身材高大的德国女人有点同情我，还额外送了我一些甜食。但当我把那一小块纯正无糖的巧克力放在舌尖上，任它慢慢溶化，我体验到了极致的味觉享受，瞬间的幸福。

如果我们能捕捉到这种对食物有意识的享受，在每一口中细细品味，专注于进食的当下，我们就不必胡吃海塞垃圾食品了。与其沉溺于高糖、高油、高盐、不健康的垃圾食品，不如体验一丝丝精致的味道。道家往往会选择品质而非数量。这是他们的宁静之源，而这也可以成为你的宁静之源。

照镜子

瘾君子是不快乐的人。他们试图通过滥用某种或另一种物质来逃避他们的不快乐，无论是酒精、毒品、赌博、香烟或垃圾食品。但成瘾只是用一种不快乐换取另一种不快乐。每个戒瘾者都知道通往健康的第一步是承认问题的存在。向谁承认呢？向我们自己。我们都必须时不时地照照镜子以面对自己的心魔。这正是老子的建议：圣人不病，以其病病，是以不病。当酗酒者能够对自己说"我对酗酒感到厌倦"，他就能寻求帮助慢慢戒酒，并开始恢复健康生活。当肥胖的人能够对自己说"我对肥胖感到厌倦"，他就能逐渐停止暴饮暴食，开始恢复健康。

我们所有人都必须亲自迈出这第一步，因为我们都有需要承认的问题。无论你想改变自己的哪一方面，都可以尝试对着镜子里的自己说"我对……感到厌倦了"。这样你就可以调动道的力量改变自己。

这就好比，早做总比晚做好。不过，亡羊补牢还是好于听之任之。两个截然不同的案例就很好地说明了这一点：布莱恩和苏珊娜的案例。布莱恩是一位 40 多岁的康复中的酗酒者。他酗酒是为了逃避痛苦的童年经历。他在一个充满暴力、不正常的家庭中长大，他所认识的每一个人几乎全都半路辍学，并且涉足犯罪。布赖恩离家出走，参加摇滚乐队，过着吸毒酗酒的生活。他头脑十分灵活，但从未有人鼓励他去发挥自己的才能。到了三十多岁的时候，布赖恩意识到自己是在浪费生命。他不仅对自己的酗酒问题感到厌倦，也不甘继续挥霍才华。当他开始承认自身存在的问题时，好事便接踵而至了。他参加了一个十二步康复计划，成功摆脱了酗酒问题。他获得了高中文凭（家族中第一个完成高中学业的人），尽管已经年过四十，但他还是被大学录取了。凭借着自己的潜力，布莱恩最终在五十岁的时候获得了博士学位。如今，布赖恩身体健康、生活幸福。这一切都始于他鼓起勇气面对镜子里的自己，调用道的力量。

苏珊娜四十多岁时是个酒鬼。她酗酒的原因与布赖恩相似，都是为了逃避痛苦的童年回忆。她的家庭同样不正常且充满暴力。她父亲是个酒鬼，她也在很小的时候就开始酗酒。苏珊娜有着聪明的头脑，但酗酒严重影响了她在学校的表现。她很聪明且善于操纵他人，她成功让许多老师对她产生同情，给予她超出实际水平的成绩。她说自己想考上研究生，但总被酗酒问题耽误学业。与此同时，苏珊娜的美貌和活泼让很多男人拜倒在她的石榴裙下，因此她经历了一系列短暂、激烈、不幸的婚姻。她抛弃了几个丈夫，也被其他几个丈夫抛弃。

你试过和一个酒鬼同住一个屋檐下吗？这几乎是不可能的。酗酒会毁掉一切，毁掉身边人。与布赖恩不同的是，苏珊娜至少目前还没有意识到自己的毛病是一种病。她把自己的问题归咎于整个世界，经常谴责别人不允许她做真正的自己。如果她继续这样，她既不能发挥自己的潜能，也无法获得幸福，除非她能听从老子的建议，照照镜子，直面自己的问题。只有这样，道的力量才会来拯救她。

健康和福祉可以只拥有其一

显然，身体健康的人仍然会遭受多种形式的不幸，包括情感、生存、精神上的痛苦，因此仅靠身体健康本身并不能保证幸福。同样地，我曾遇到过（在本书中你也会遇到）许多真正快乐的人，尽管他们的身体健康状况远未达到最佳状态。尽管健康意味着完整性，但我们西方人往往采取笛卡尔式的观点，将身体和心灵视为独立的实体。在这种情况下，心理健康而身体不佳要比身体健康而精神不佳要好。总之，道家、佛教徒和古罗马斯多葛学派都认为，持久的幸福源自健康的精神状态，而非你的身体状态。

尽管如此，老子还是提出了一些保持身体健康的建议。我们的基因都是从父母那里遗传的，这是我们无法改变的。但无论你继承的体质是强健还是虚弱；无论你是否易患某些疾病；无论你要和一些先天性健康问题作斗争，还是从不生病，你都要照顾好你的身体，不要虐待它。幸福并不取决于你拥有何种体魄，而是取决于你如何照料它。

这就是为什么老子在《道德经》第十三章中问你是否爱惜自己的身体。他并不是在问你是否整天站在镜子面前欣赏自己，他的问题与自恋无关。相反，他想问的是你是否有好好照顾自己的身体。你是否健康饮食？你是否定期锻炼？你是否能平衡工作和娱乐？你是否睡得香甜？你是否能调节你的呼吸？如果是的话，那么你就有在善待自己的身体，就像你爱它一样。老子说，在这种情况下，全世界都可以托付于你。这意味着什么呢？这是在说，如果你能照顾好自己的身体，你也可以在家庭、社区和社会等更广泛的领域成功地承担责任，从而实现你作为一个人的更大的目的。这反过来也能让你幸福。

第四章　自我与宁静

"是以圣人后其身而身先，外其身而身存。非以其无私耶？故能成其私。"

——《道德经》第七章

"知其荣，守其辱，为天下谷；为天下谷，常德乃足，复归于朴。"

——《道德经》第二十八章

在日常生活中，我们都在阴阳悖论面前左右为难：例如，好消息和坏消息。这些悖论之处在哪里呢？从一方面来看，大多数人宁愿听到好消息而不是坏消息，至少是事关自身和所爱之人的消息。从另一方面看，每个媒体从业者都心知肚明，坏消息比好消息更有卖点。任何一个头脑正常的人都不想成为滔天罪行、自然灾害或恐怖事故的受害者，但当这种故事出现在头条时，大家都争相购买报纸。我们真是奇怪的生物，不是吗？我们经常担心甚至害怕会有坏事发生在自己身上，但当不幸降临在别人身上时，我们却表现出一种病态的好奇心，甚至着迷。老子会说，无论这种现象有多么盛行或普遍，它都是一种不健康的利己主义形式。

《道德经》诠释了这种利己主义如何直接导致我们远离幸福，走向各种想象中的不幸。老子教导我们，真正的宁静来自一种截然不同的利己主义观念，即一种健康的利己主义观念。这就是本章的主题。

在我们获得关于宁静的"好消息"之前，我需要提醒您一些"坏消息"。尤其对于美国人来讲，他们已经变成了一个焦虑、不快乐的民族，而心理治疗和改善情绪的药物产业空前繁荣。最讽刺的是，这似乎只会使问题恶化。抑郁症和饮食失调症日益增多，注意力缺陷障碍已达到了流行病的程度，睡眠不足和焦虑症普遍存在，勃起功能障碍和其他性问题猖獗。所以毫不奇怪，美国人被认为是世界上最不快乐的人之一。

让我们退一步看看这个景象：越来越多的人在没有药物和疗法的帮助下，无法进食、睡眠、工作、社交、集中注意力或进行性生活。美国军方最近进行了一项研究，发现75％的美国年轻人不适合服兵役，因为他们有着严重的身体或心理问题（或两者兼而有之）。这到底是怎么回事呢？不幸的是，问题还真不少——远远不止一本书能够解释和建议。

道家会指出所有这些问题的一个重要根源：不健康的"自我"概念。自我概念植根于心灵，而非身体。它们可以用有益的思想来治疗，比如老子的思想。相比之下，世界上所有的药物（如百忧解、帕罗西汀、利他林、伟哥、万艾可、安眠酮、夜必安等）永远治标不治本。所以，让我们现在用道来治疗它。

存在的中心

大多数西方人从小就被教导要相信自己拥有一个所谓的"自我",而个人幸福的关键在于维护"自尊"和一个"健康的自我"。我们有庞大的书籍产业,尤其是自助类的书籍,声称可以增强自尊等;我们有同样巨大的心理治疗产业,其大部分都致力于在客户中维护所谓的"健康的自我";我们还有更大的改善情绪的药物产业,决心为每一种可能的人类心理问题开药方,以努力恢复一种基本的幸福感。总而言之,我们拥有有史以来最多的自助书籍、心理治疗师和药物,但同时也创下了前所未有的不快乐等各种失调的纪录!

请原谅我提出一个哲学问题:所有这些措施是否正在治愈普遍的不快乐?显然不是,因为形势每况愈下。因此,也许所有这些措施都在导致不快乐,或者至少是在推波助澜造成不快乐。

根据老子的说法,不快乐的主要原因是错误的"自我"概念,包括自相矛盾的健康自我的谬论。顾名思义,自我是不健康的。每一次让自我变得健康的努力都只会助长其不健康及其所有者的不快乐。自我就像一条大鲨鱼。它十分贪婪,会吞噬一切,但仍不满足于此。它甚至不睡觉。它总是饥肠辘辘,不停地追捕猎物。鲨鱼从来不会宁静,因为它们欲壑难填;自我也永远不会宁静,因为它同样不会满足。每一次的自我满足都只是暂时的,并导致对更多满足的渴望。它得到的越多,需要的就越多；它需要得越多，欲望就越大。

我们都见过自我过度膨胀的人，他们的行为就像怪物。满足并不会带来幸福，反而会引起对更多满足的渴望。这远非宁静，更像是上瘾。如往常一样，道家通过揭穿一个广为流传的神话（在这种情况下，关于健康自我的神话），使我们震惊不已。老子说，如果你想获得幸福，那么就要完全摒弃你的自我。自我是导致你不快乐的原因，而不是治疗的良方。

不管怎样，你的"自我"到底在哪里？这个问题绝不琐碎。找到你的鼻子、眼睛或耳朵是非常容易的。要找到你的内部器官，如你的大脑、心脏、胃，会稍微困难一些。但你的"自我"究竟在哪里呢？在一系列发人深省的实验中，小孩子被反复问道："这是你吗？"每次提问者这样问时，他/她都会指着孩子们身体的不同部位。当提问者指着他们的胳膊或腿问道："这是你吗？"大多数孩子回答说："不是。"更令人吃惊的是，当提问者指着他们的头问："这是你吗？"大多数孩子还是回答："不是。"这为儿童的幸福提供了一条重要线索：他们的自我概念并不植根于大脑（据说是"自我"存在的地方）。而当提问者指着他们的心脏问："这是你吗？"大多数孩子还是回答："不是。"

那么，孩子们认为他们的"自我"在哪里呢？当提问者指着肚脐下方的腹部，问道："这是你吗？"指到这个部位的时候，提问者得到了最多的肯定回答。大多数孩子将"自我"定位在肚脐下方，而不是其他地方。

虽然这通常让西方人大吃一惊，但道家会说，"一切在我意料之中"。为什么呢？首先，肚脐周围的这个部位在中文里叫做

下丹田，或简称为"腹"（英文中为 belly）。在日语中，它被称
为"hara"。这些称谓的意思都是"重心"，更确切地说是"存在
的中心"。因此，即使对中国哲学一无所知的西方五岁儿童，也
能将他们的"自我"定位于道家的存在的中心。难怪小孩子们
都很快乐！他们本能地知道，他们的天然的存在中心就是他们
自己。他们本能地知道，他们的天然的存在中心与"健康自我"
相去甚远。

在中国和日本的武术中，下丹田是呼吸和平衡的中心，也
是生命之本源——气的来源。（日本的自杀仪式"切腹"，就是
用剑刺入下丹田。）在道家和佛学的教义中，将你的意识引导到
下丹田，可以让你掌控你的思想和情绪。因此，如果你有一个
自我，一个真正的存在中心，它就在你的腹部，而不是在你的
两耳之间。如果你练习中国（或日本、韩国）的武术，包括太
极拳或气功，你就会形成以下丹田为中心的正确呼吸方式。通
过每天将你的意识引导到下丹田，你将逐渐减少自我的穷奢极
欲（这是许多不快乐的根源），并开始重返儿童的宁静，他们仍
然生活在自己的存在的中心。

甚至还有更多类似的例子，在写关于道的文章的过程让我
能一次又一次地有机会提醒您，古老的中华文明和古印度文明
对人类潜能的深层秘密和如何开启这种潜能有着相似的理解。
在印度哲学中，下丹田这个区域对应第三个脉轮——脐轮，即
太阳神经丛脉轮。这个脉轮掌管什么呢？它掌控着你的意志力、
恐惧和焦虑、意见形成、内省（即凝视自己的腹部），以及将原
始的情感向复杂情感升华。脐轮掌管你的身体消化、情感广度，

以及精神成长。

如果你练习瑜伽，你会达到与练习太极拳、气功和其他调节呼吸的运动类似的效果。在西方，许多不快乐是由对个人权利病态的追求和滥用、无法管理恐惧和焦虑造成的，也源自不当的意见以及复杂的情绪。这些问题的最明智和最仁慈的调解者是太阳神经丛脉轮，即下丹田。它不是自我，也不是大脑。

既然我们从道家的角度来看待幸福，希望你会意识到：用心理疗法和提升情绪的药物来治疗普遍存在的不快乐是多么的徒劳无益。宁静来自于你存在的中心。如果你想获得快乐，甚至更进一步达到宁静，那你的注意力当然应该放在你存在的中心。如果你练习亚洲或印度的相关艺术，你会更加专注于自己的存在的中心。因此，你也会变得更加宁静，更加平衡。道家的宁静不是一种短暂的情绪，它可以持续很长时间，而且你练得越多，它就越持久。

道家的平衡是一种无价的内在财富。当境况失控时（境况迟早都会失控），它能使你保持冷静。别忘了，万物都在变化。走钢丝的人带着一根长杆，这有助于他在高高的钢丝上保持平衡，因为钢丝上的一切也都在变化。我们都需要通过平衡来走好人生的钢丝。要达到印度的三昧、佛教的涅槃和道教的宁静都需要持续地修行。无论我们怎么称呼它，所有这些都专注于存在的中心。佛教徒们理解走钢丝的难处以及平衡的重要性。他们有时把平衡存在的中道称为"剃刀边缘"，因为它可能是一条艰难之路。就在你认为你会永远平静的时候，变化之风会撩动你的幸福和平衡，带来挑战。

　　道家、佛教和印度的修行者能够以自己的存在为中心，成功地应对挑战，就像小孩子一样。不同的是，小孩子是本能地这样做到，虽然不能维持很长时间；而修行者是通过不断地练习做到的，并且几乎可以将其维持一生。孩子们在这个世界上的成长往往经历这样一个过程：从道家所说的"朴"（一种包含无限可能性的宁静状态）到一个由于人们和社会的不断干预和错误对待而变得畸形的状态。

　　在所谓的"正常"成长过程中，随着孩子越来越远离存在的中心，他们最终会变为一个不快乐的成年人。不快乐源于生活对自我产生的扭曲。对这种扭曲的补救无非就是返回存在的中心，即复归于朴。一切皆有可能！这总是一个令人愉快的想法。

复归于朴

　　老子的语言虽然简洁诗意，但他是一位深刻睿智的伟大哲学家。在《道德经》中的许多独到概念中，"无限"尤为引人注目。一如既往，当西方思想家沉思无限时，他们很快就陷入了悖论之中。例如，将上帝视为无限全能，就会产生这样的问题："上帝能创造一块重到他自己都举不起的石头吗？"无论你如何回答，持有无限的力量都是有争议的。当古希腊人（最著名的是埃利亚的芝诺）用数学术语来构想无穷时，他们也提出了许多其他的悖论。随着时间的推移，"无限"逐渐声名狼藉，年轻的数学家们被建议要离它远一点。19世纪的俄罗斯天才格奥尔格·康托尔证明了一些无限大于其他无限，结果后来他彻底疯了，这也进一步加强了无限的污名。

相比之下，在道家思想中，无限却是一个非常积极的概念。为什么呢？主要是因为它包含所有的可能性，就像一个开放的未来一样。如果我们让柏拉图定义一件完美的雕塑，他会说它必须完全捕捉到被雕塑物的本质。如果我们让老子来定义一个完美的雕塑，他会说那就是未经雕琢的木块。你注意到区别了吗？对柏拉图来说，完美是实现一样事物超越其他所有事物；对老子来说，完美是实现任何事物的无限可能性。一旦木块被雕刻，它就会呈现一种单一的特定的形状，在这个过程中，它将无限多的可能形状排除在外。但未雕琢的木块保留了包含每一种可能形状的潜力——一种无限的可能性，即回归完整性。我们将看到，这对人类幸福有着直接的影响。

道家哲学一方面享有抽象的美誉，另一方面却高度实用，的确名不虚传。这也体现了阴阳互补作用。那么，"未经雕琢的木块"都有什么样的实际应用呢？它又将如何使你快乐？请思考下面的例子。我乐观地认为，其中一个或多个例子会引起你的共鸣。

你有没有每天都练习乐器？如果是，那么你可能已经经历过在敲响一天中的第一个音符之前的那美妙的时刻。你静静地坐在乐器前或者手持着乐器，它已经调好音了，你正迫不及待要开始演奏。在即将演奏的时候，你感觉耳目一新、精力充沛、灵感迸发。阳光明媚，鸟语花香，你觉得自己就像一个刚刚踏上舞台的演奏家，准备展现一场令人难忘的表演。你心想："能在接下来的几个小时里登上这个舞台演奏，我是何等荣幸和快乐！"我的音乐朋友，这种快乐的心境，就是老子所说的德之完备，即回归完整，也即复归于朴。

你有没有每天都做运动？就拿网球举个例子吧。与音乐一样，在每天打网球之前，你可能已经经历了同样美妙的时刻。你的肌肉已经热身拉伸好了，你的球拍刚上了崭新的弦，你精力充沛、热情洋溢。你踏上了空旷的网球场，可能会跳来跳去做些准备活动和挥拍动作。你想象你击球的样子，想象发球得分或打出一连串制胜球。也许你还会想象自己正在参加一场大型锦标赛的决赛。然后你的教练走上球场，向你问好，并准备给你投递第一个球。你心想："接下来的几个小时里能在这网球场上打球，我是何等的荣幸和快乐！"我的运动员朋友，同样，这种愉悦的心境也是复归于朴。

如果你曾经滑过花样滑冰或打过冰球，那么"复归于朴"会变得更加明显。你一直在等待冰面抛光机完成抛光工作。当司机熟练地驾驶着这个橡胶轮的机器在溜冰场周围行驶时，它拖着一块浸满温水的热气腾腾的布，布上的水会立即冻结成一个新的冰层。抛冰机完成工作后，就轮到你上场了。当你准备好在那纯净的新冰层表面上滑行时，它实际上就是一块未经雕琢的冰。你溜冰鞋上的冰刀很锋利，第一下踏冰会发出清脆的声音，留下缕缕的痕迹。崭新的冰面结冰非常快，你感觉自己就像在冰面上飞行。你知道你会在花样滑冰中留下惊艳的身影，或在冰球比赛中进球得分。你自言自语："接下来的几个小时里能在滑冰场上滑行，我是何等荣幸和快乐！"我的溜冰朋友，同样，这种愉悦的心境，也是复归于朴。

罗伯特的案例

这里有一个警示案例，旨在强调关于道家具有童真本性这一重要观点。成年人不是小孩，《道德经》也不提倡我们退化到孩子般的幼稚行为。幼稚是拒绝长大，而童心是在一个成年人的思想中重新发现童年的天真快乐。孩子和成年人之间有一个很大的区别：孩子需要成年人无微不至地照顾，而成年人可以自己照顾自己。因此，孩子的快乐也取决于成年人能否为他们提供许多生活必需品：食物、衣服、住所、关爱等等。但是成年人的幸福并不依赖于孩子。相反，它依赖于道。罗伯特的案例很好地说明了这一点。

罗伯特是一个 30 岁的男人，有很好的工作、健康的身体、漂亮的女朋友。他对生活没有任何抱怨，也认为自己是非常幸福的。然而有一天，他的母亲在一场车祸中突然离世了。她去世的消息使罗伯特悲痛欲绝。我永远忘不了他用的那个比喻：内心明亮的光芒熄灭了。他说，这就像太阳突然从天空中消失了，只留下他在无尽的黑暗中行走。罗伯特说母亲在世时，他从未意识到他母亲对他如此重要。现在他意识到了，却为时已晚。难道余生他要继续在黑暗中度过吗？如果不是的话，他又如何才能重新点燃内心之灯呢？

从道家的角度来看，罗伯特在 30 岁之前一直处于孩童的状态。原来，他是家里最小的孩子，他的母亲不能接受自己的母亲角色就此完结，所以一直把她最小的儿子当小孩一样照顾。虽然不是每个年轻的成年人都愿意被母亲当作孩子对待，但罗伯特觉得这令他很开心，所以他并不抗拒。因此，尽管罗伯特外表上是个成年人，一个对自己负责的成年人，但在内心，他还是个婴儿，仍然依赖于他的母亲。

道家也是现实主义者。他们认识到，当我们还是子宫里的胎儿或者刚出生的婴儿，我们完全依赖我们的母亲。然而，从呱呱坠地开始，我们也开启了一个漫长的旅程，从婴儿期到儿童期，从青春期到成年期，在这个过程中，我们逐渐变得不再依赖于我们的父母，而他们却变得越来越依赖我们。如果我们的父母活得足够长，我们的角色就会完全颠倒过来。最终，我们会像他们很久之前照顾我们一样，越来越多地照顾他们。然而，当我们即将老去，我们的孩子将（希望会）同样照顾我们。这就是人生和家庭的自然循环。阴转化为阳，阳转化为阴。

在罗伯特的案例中，尽管从表面上看他是一个成年男子，他和他的母亲协同将他人为地维持在一个婴儿状态。这里的关键点是，罗伯特的快乐不是他自己的，而取决于他的母亲。母亲是他生命中的光，尽管他当时没有意识到这一点，直到她油尽灯枯，他自己的光也熄灭了。罗伯特不是一块未经雕琢的璞玉。相反，他被雕刻成一个婴儿的形状。这对婴儿来说是正确的形状，但对成年人来说是错误的形状。

在罗伯特的案例中，是他的母亲而不是道在他的内心闪亮。如果一个婴儿被母亲遗弃，或者母亲被死神召唤离去，那么婴儿内心的光芒肯定会熄灭，至少在一段时间内会熄灭，因为母亲是太阳，婴儿的世界围绕她旋转。没有了太阳，这个星球就会在黑暗中漫无目的地四处漂流。这就是罗伯特的处境。

老子写道："知其荣，守其辱，为天下谷；为天下谷，常德乃足，复归于朴。"这一节中包含了如此丰富的哲学思想，概括了三大古老传统关于幸福的核心教义：不仅来自道家，还有佛教和斯多葛派（尽管老子从未听说过后两者）。

罗伯特如何才能重新点燃他内心的光芒？可以通过遵循老子的建议，"知其荣，守其辱"（这恰好是斯多葛派的核心思想之一）。他如何能做到这一点？他可以满怀爱意地纪念他的母亲，但同时也该意识到没有任何事物是永恒的，而每个人，包括我们所爱的人，迟早都会死去。只有成年人才能做到平衡个人与生活的客观现实（又涉及阴阳）。通过感激和珍惜对母亲的爱的记忆（知其荣），但同时接受她的离世，并不将其过度个人化（守其辱），罗伯特就能重新点燃他内心的光芒，行满功圆，并回归完整。这束光是永远不会熄灭的，因为它的源头是无穷无尽的道。

罗伯特与我进行了多少次哲学咨询？一次。罗伯特既聪明又专心，他明白他可以自己研究道、践行道。他也明白，他需要花更多的时间独处，以培养他作为成年人的能力。他还相信，如果他这样做，他的光芒将会重新点燃。我只是为他打开了一扇门，一扇通往道之门，而罗伯特迫不及待地走了进去。

罗伯特需要多少年才能回归完整？罗伯特没有问，我也不知道答案。这是一个西式定量问题。这就像在问："他需要多少年的心理治疗才能走出母亲去世的阴影？"或"他还需要吃多少次百忧解的药才能摆脱抑郁症？"这种问题是无法回答的。这些问题让人联想到孩子在长途旅行中总是问的问题："我们到了吗？"

回顾一下，老子在《道德经》第一章中写道："千里之行，始于足下。"你的下一步永远是最重要的一步。因为有道，你随时可以迈出下一步。

辛西娅的案例

婴儿一出生便具有无限的潜力。尽管老子强调了这种状态的积极方面，但它也有消极方面。例如，婴幼儿极易受影响，因此可以被塑造成各种奇怪的形状，其中一些可能会令他们非常不快乐。当他们长大后，他们可能会把自己的心理形态的缺陷传给他们的孩子，把孩子同样塑造成奇怪而不快乐的形态。许多咨询师对这个问题了如指掌。通常，父母把孩子送到他们那里接受咨询，而实际上最迫切需要帮助的是父母。或者有时夫妻中的一方来寻求咨询，而实际上真正需要帮助的是他/她的伴侣。辛西娅和莱尼这对夫妻就是这种情况。虽然来咨询我的是莱尼，但很快我们就发现辛西娅才是需要帮助的那个人。

辛西娅的父母无意间违背了道的一个基本法则，即万物都会随着时间而改变。这就注定了他们在养孩子这件事上会失败，结果他们成功地将辛西娅塑造成一个奇怪而不快乐的形象：害怕变化、新奇和自发性。她生活中的一切都必须是按照某种特定的方式存在，并维持这种方式；不允许有任何偏差或即兴发

挥。如果任何事情稍微偏离了她预先确定的计划，辛西娅就会
大发雷霆。

莱尼和他们的女儿伊莎贝尔十分害怕她发怒，也一直生活
在这种恐惧之中，因此他们迁就她的许多预先安排：每天都要
在特定的时间吃饭，不能提前或推迟一分钟；做饭严格遵循食
谱，不允许有任何改进或新的尝试；餐桌总是以同样的方式摆
放，并以同样的方式清理；菜肴和餐具按照一定的顺序清洗，
并精确地放在指定的位置上；餐桌上的谈话完全被控制——只
允许讨论某些预先批准的话题，而其他话题则是禁区。

辛西娅按照这样的方式管理着整个家庭。客厅是精心布置
过的，每件家具和小摆件都摆放在特定的位置。但从来没有人
把客厅用作起居室，因为那样可能会打乱房间的布置。伊莎贝
尔被允许只能一次玩一个玩具，而且玩完后必须立即放回原处。
如果莱尼把车停在车道上，它必须恰如其分地停在辛西娅想要
的地方。如果向左或向右偏移一英寸，她就会气得发狂。她的
花园也是如此。每棵树、每丛灌木、每朵花和每株草都必须完
全按照她的要求生长，否则就会被无情地砍掉。

然而，辛西娅的家人对她的控制方式表示抵触和反感。伊
莎贝尔十分具有创造性和艺术天赋，但在家里不敢表达，所以
她就和那些具有艺术天赋的朋友们天天待在一起。莱尼告诉我，
伊莎贝尔有一次带了一个名叫桑德拉的朋友回家，她的父母是
专业的艺术家。桑德拉的母亲是一位雕塑家，而她的父亲是一
位音乐家。桑德拉的家更像未经雕刻的木块。雕塑和乐器散落
在各处，各样作品都处于不同的完工阶段。伊莎贝尔在那里和

桑德拉快乐地玩耍。但当桑德拉来找伊莎贝尔玩时，她觉得辛西娅像是让她们穿上了紧身衣一样在约束着她们的举动。在被辛西娅完全控制了大约一个小时后，桑德拉感到身体不适，她在厕所里呕吐不止，然后她就回家了，再也没有来伊莎贝尔家和她玩。

随着伊莎贝尔进入青春期，她渴望有更多的自由去发现自己，去探索大千世界。由于辛西娅强加控制，她与母亲的冲突变得越来越频繁、越来越激烈，她待在家里的时间也越来越少。同样，莱尼也安排了越来越多的时间在城外做生意，这样他也可以逃离辛西娅营造的监狱般的环境。这样一来，辛西娅独自一人在家，她不得不面对她那经常空荡荡的房子里不快乐的回响，并开始意识到自己是这些不快乐的主要来源。或者更确切地说，她坚持要求他们的生活一成不变、刻板雕琢的做法，阻碍了她家人，包括她自己的幸福。但她能做什么呢？莱尼认为，一种新的生活哲学可能会有帮助，这就是他来找我的原因。

面对这个庞大而复杂的问题，我向莱尼提出了一个小而简单的建议：让辛西娅开始学习太极拳。莱尼说她对我的建议感到疑惑，但还是尝试了一下。从表面上看，太极拳的形式会和她产生共鸣，因为它由一系列特定而重复的高度精确的动作构成——这有点像她的生活方式。从内在方面看，有一个很大的不同：她学会了在没有焦虑或紧张的情况下练习太极，并配合做放松的深呼吸。换句话说，她学会了如何做到"流动"——不仅是在太极拳课上，而且更重要的是在课外。

辛西娅开始放松她的控制，这过程起初是缓慢而痛苦的。

之后，她开始相信事物的自然发展。她会邀请别人住在她家。她发现，她和她的丈夫居然能够外出度个周末，而不需要提前安排每顿饭、每项活动，甚至加油站的停靠点。几年后，辛西娅开始喜欢到处旅行，且心中没有预先确定的目的地。当她成为"一个接受所有世界的山谷"时，辛西娅和她的家人成功地实现复归于朴的本真状态。他们的快乐由此而来，逐渐取代了她以前的一成不变所带来的不快乐。

如果辛西娅能够达到复归于朴的状态，那么任何一个控制狂也可以做到。这只是一个时间和实践的问题，也是在实践中培养信任的问题。这个故事的寓意是什么？即使是那些被环境雕刻成奇怪的、僵硬的和不快乐的形状的人，只要他们愿意，都可以恢复到未经雕刻的状态。这就是道的力量。

忘记自我

我们天生就是利己主义者。大多数动物都有自我保护的本能。虽然我们可以与他人一起工作和玩耍，有时也可以为他人着想，但我们中的大多数人对自我的关注要比对他人的关注多得多。我们知道做自己是什么样子的，但我们从未真切地知道成为其他人是什么样子的，即使是成为我们最亲近的人。这个存在于我们每个人内心深处的自我非常以自我为中心，但这不是我们存在的中心。这个自我是自私的。它渴望得到并对物欲形成依恋。它寻求满足、赞美和快乐。当它遇到拒绝、责备或痛苦时，它会备受折磨。当世界纵容它时，它会变得虚荣；当世界赋予它权力时，它会变得腐败；当世界侮辱它时，它会寻求报复。这个自我喜怒无常，它在这一刻心满意足，下一刻便又灰心丧气。它永远不会长久满足，因此，也就无法变得宁静。这个自我就是自我意识。它是我们最坏的敌人却伪装成我们最好的朋友。

东方的道家、印度教、佛教以及西方的斯多葛哲学，在很久以前就认同内心的宁静源于忘却自我，或者至少减少自我在日常生活中扮演的核心角色。自我是无法逃避的，但我们可以忽略它。当你的意识集中在你存在的中心时，自我就会变得渺小而安静，不会破坏你的生活；但是当你的意识集中在你的自我上时，自我就会变得巨大而喧嚣，并且每分每秒都在毁掉你。

自我意识是内在的（即你理解的自我），自我表现是外部的（即你展示给别人的自我）。自我膨胀表现为一个张扬、傲慢、不讨喜的自我，这会导致不快乐，对自己和他人都是如此。一个缩小的自我表现为一个谦虚、谦逊、讨喜的自我，这将带来快乐，对自己和他人都是如此。这个教导的重要性再怎么强调都不为过。

如果你总是以不健康的自我主义方式关注自己，没有人会对你感兴趣。但是，如果你以一种宁静和无自我的方式去关注他人，那么他人就会对你感兴趣。他们之所以对你感兴趣，并不是因为你助长了他们的自我；而是因为你的宁静唤醒了他们自己内在的宁静，也因为你的无自我使他们也忘记了自己的自我。这正是老子所教导的：最高形式的自我保护是忘却自我的存在。最崇高的利己形式是利他。大乘佛教同样以此为教义并且躬身实践，他们和道家一样，是世界上最宁静的人之一。

当运动员、音乐家或演员在绝佳状态下表演时，他们已经完全忘记了自我。然而，如果他们允许自我主导他们的表演，那么结果将大相径庭。实际上，表演焦虑恰恰来自于此：自我意识过强，太过纠结于自我的存在。我们将在第六章大范围讨论压力的时候重新审视这个问题。最伟大的表演者会使自己处于一个无我的状态。在忘记自我之后，他们可以不受束缚地专注于表演。没有自我利益，观众就对他们产生了浓厚的兴趣。

老子告诉我们要把这个教训应用到日常生活中。道家圣人之所以宁静，是因为他们没有私心。他们融入无我而不是自我之中，不把任何事情个人化。因此，没有什么能使他们心烦意乱。这种宁静是无法通过药物或心理治疗实现的，因为药物或心理治疗的消费者总会不断被这些问题困扰："这让我感觉如何？那让我感觉如何？我现在感觉又如何？"

你是否还记得自己是个孩子时的情景，或者看着孩子们玩耍的情景？如果还记得的话，你就知道孩子们在玩耍时，会沉浸其中，以至于完全忘记了自己。一旦忘记了自我，宁静的"原始状态"就会浮现出来。音乐家、艺术家和运动员谈论的"进入状态"也是如此。这又是未经雕琢的木块——纯粹、完好无损、充满潜力、无私宁静。正如佛教徒追求开悟一样，有道之人则追求回归完整，复归于朴。

随着我们成长，我们被教导和施压，因而变得越来越以自我为中心，自我成为主导，并开始把一切都看得个人化，自然而然地，当其他人无法满足我们的自我需要时，我们就会变得不快乐。结果就是一群受自我驱动的自我疯狂肆虐，不断向彼此索取满足。

　　真正利己的关键在于关心他人。道家、佛教和儒家从一开始就明白这一点，这是他们在中国的黄金时代能够融洽相处的原因之一（见第十六章）。这也是中华文明持续传承至今的原因。老子说："外其身而身存。"反过来也是如此，过分强调自我，会使自己处于危险的境地。

第五章 让生活更简单

"见素抱朴，少私寡欲。"

——《道德经》第十九章

"古之善为道者，非以明民，将以愚之。"

——《道德经》第六十五章

要获得幸福乃至抵达宁静的境界，关键就是见素抱朴。这是什么意思呢？是指我们应该变得头脑简单吗？当然不是。修道使我们更具悟性和正念品质，而不是相反。简单不是无知，无知也不是福气。老子的忠告是，要提升幸福感，就要减少生活中那些不必要的烦琐。烦琐的症结在哪里呢？我将用我们与计算机的关系做一个说明。

在发达国家，我们都与电脑紧密联系在一起，并通过移动"智能"设备和互联网连接到网络空间，连接的频率和复杂性都在不断增加。我们不仅花费越来越多的时间在线上，我们还花费（有人说是浪费）难以置信的时间来更新软件、升级硬件、下载应用程序和解决计算机问题。电子设备已经变得如此复杂，以至于似乎常常是它们在运行我们，而不是我们在运行它们。自动电话应答系统就是这样一个例子。它让我们无法与真人直接交谈而浪费了我们的时间，而且它似乎总到最后才提供我们想要的选项，迫使我们浏览一个又一个不相关的选项。如果我们误选了一个选项，我们不得不从头再来。

另一个常见问题是我们的计算机运行速度太慢。实际上它们的计算速度比以往任何时候都快，但运行了太多不必要的后台和子程序，以至于有时它们看起来像在慢动作运行，有时候甚至完全停止运行。这些操作系统太复杂了。

由于这些项目非常烦琐，就造成了系统功能和效能下降。它们试图多管齐下，同时做很多事情，这就导致无法做到本来可以做到的那样快速运行。在人身上也一样，许多人并没有过上本来可以达到的美好生活，也是因为他们同时贪图太多。虽然计算机本来就是专为多任务处理而设计的，但人类一次只能做一项任务。当我们被迫处理多项任务时，或者我们连续安排了太多任务，而且每个任务本身变得异常复杂时，我们很可能变得非常拖延，并遭受巨大的压力或挫折。这些都与幸福背道而驰。

因此，一种复杂性，即外部世界及其数字系统的复杂性，造成了几种不快乐的形式。但是人性中也存在两个内在复杂性的来源，它们源自我们的祖先，导致了其他形式的不快乐。老子确定了这两者：自私和欲望。

我们刚刚在第四章中看到以自我为中心的自我带来的一些危害。为了防止你继续怀疑让自我而不是存在的中心来运行你的人生会带来什么后果，请考虑一下这个问题：你更愿意被称为"自私"还是"无私"？我们大多数人或多或少地以自我为中心，但是每当这种倾向失控，我们目睹明目张胆的自私行为时，它不论是看起来还是感觉起来都不会令人愉快。它带来的弊似乎大于利。极端的无私也会带来问题，但是每当我们目睹无私的行为时，往往看起来和感觉起来都很英勇、道德或富有同情心，而且这似乎是利大于弊。称某人"自私"通常是一种批评，而称某人"无私"则通常是一种赞美。这又是阴与阳在发挥作用。

道家认为，我们都知道如何在某些时候表现出自私，也许是因为他们认识到自私冲动是人性的一部分。但是老子告诫说，通往幸福的道路是由克制自私和减少欲望铺就的。他如此智慧地和佛陀在同一时期得出了这个结论，而且并没有受益于更早提出这个观点的印度哲学，这多么令人钦佩。西方的哲学家需要再多花两千年的时间才获得这样的观点（托马斯·霍布斯在1651年获得这种观点），而心理学家们甚至花的时间更长（弗洛伊德在1929年无意中重新定义了霍布斯的立场）。为了使关系、家庭、社区或社会能够相对和谐地发展，某些方面的自我必须服从社会有机体的更大的利益。

如果人人都完全按照自己的意愿行事，只考虑自身利益，那么世界将变得比现在危险得多。如果各种关系、家庭、社区和社会中的成员完全以自我为中心，这些关系就无法长期维系。最古老的现存部落（如犹太人）和古老文明（如中华文明），在很久以前就必须解决自我中心的问题，才能得以延续。在西方，犹太人演化出一个愤怒的一元论的神，其戒律是刻凿在石头上的。这些戒律准确地规定了自我必须克制的各种行为，以使更大的社会有机体，即关系、家庭、社区、社会，得以蓬勃发展。

　　西方注重物质主义，强调身体和法律的约束，其中包括执法、民事和刑事法庭以及惩戒系统。所以直到今天，大多数西方人都在学习克制自己的身体。但这仍然给思想留下了很大的不受约束的自由精神空间。那些在思想上不受约束的人，以他们思维的方式，可能会创造出各种艺术和科学作品，但也可能被判定患有美国精神病学会的《精神疾病诊断与统计手册》中所称的"精神疾病"。自我是一种危险的动物，如果试图重新训练它，通常会使它更加奋力挣扎以挣脱束缚。

　　与之形成对比的是老子，他以文官和哲学家的双重视角来观察世界。他发现，我们制定的规则越多，人们就会投入更多的精力去打破这些规则，或寻找绕过它们的方法。因此，他明白核心问题不是在身体上约束自我以防止伤害他人；而在于使自我越来越小，小到它不再对他人构成任何威胁。一旦发生这种情况，一件有趣的事情就会发生。已经变得无限小的自我（所以几乎没有自我利益），由于对他人产生兴趣，反而对别人极具吸引力。这就是为什么老子说，不考虑自我利益反而能获得最大的自我利益。他是对的。

欲望的节制

　　如果说自我是怪兽，需要加以约束或驯服，那么欲望就是恶魔，需要被关进笼子。有些动物根本无法被驯养，而欲望就是其中之一。欲望是不羁的，即使被驯服，也不会变成家猫。

欲望本质上仍然是老虎，主要以幸福为食，而且是以你的幸福为食。贪欲者被欲望所迷惑或奴役的风险也很高。你的欲望似乎越是得到满足，你就会越对它迷恋甚或成为它的奴隶。没有什么比一次又一次地满足欲望更危险的了，因为欲望不可能以这种方式得到永久的满足。欲望越是被满足，就需要越多的东西去满足它。直到它大到根本无法得到满足的时候（哪怕只是短暂的满足），就会做出离经叛道的行为。

欲望在世界各大宗教中一次又一次扮演着重要角色，对此我们不能低估。摩西的第十条戒律是"不可贪恋"，其中贪恋意味着对我们没有（也不应该拥有）的人和物心生非分之念。在罗马天主教（以及其他基督教信仰）中，任何一种欲望都被认为是一种罪孽，必须借助忏悔才能获得赎罪。印度哲学中具有代表性的神圣文本《薄伽梵歌》将欲望称为"人类最大的敌人"，是一切苦难的根源。而克里希纳神（印度教古鲁）坚称，我们必须在自己的内心击败欲望。佛教徒使用一个类似的术语，即贪婪（tanha），同样认为真正的幸福直到我们的贪婪之欲被熄灭之后才会出现。

这些宗教观点都对欲望进行谴责，也以某种方式导致了对女性的谴责。因为这些观点认为女人的命运就是唤起男人的欲望。被男人渴望是女性步入婚姻，成为母亲从而实现作为一个圆满女人的必经之路。但她作为诱惑者的角色具有两面性：在婚姻范围内得到宽容，但在其他情况下则受到谴责。人们一直把男人的堕落与女人联系在一起。自亚当和夏娃以来，女性激发男性的肉欲只会带来麻烦。如果你想知道有权势的男人因为屈服于肉欲而堕落的当代例证，以下两个就可以很好地说明：前纽约州州长艾略特·斯皮策和著名高尔夫球手泰格·伍兹都因为好色而招惹是非并遭受公开羞辱。艾略特·斯皮策因为与应召女郎有染故不得不辞去纽约州州长的职务，泰格·伍兹则因多次婚外情而被贴上"性瘾者"的标签。

请注意这里存在的双重标准。与伍兹发生关系的女人并没有因为她们与伍兹的关系被公开而失去事业、地位、名誉、财富或自由。如果要说有什么影响的话，她们的"名声"反而因这一丑闻而得到了提高。这是因为每个人都心照不宣地默认女人应该唤起男人的性欲。这些女人只是在执行"工作"（就那些与斯皮策睡觉的妓女而言，这就是她们的工作）。男人应该抵制这种诱惑，通过婚姻使其合法化，或者尽可能地将此保密。但无论如何，男人对性犯罪所承担的社会和政治责任远远大于他们的"长期犯罪伴侣"，即女性。如果有的话，她们常常被看作是不当性行为的受害者而不是肇事者。

1651 年，英国哲学家托马斯·霍布斯对罗马教会的权威和圣奥古斯丁的原罪学说提出了质疑，他写道："人的自然欲望和激情本身并不是罪恶。"霍布斯认为，欲望和厌恶是人类本性的一部分。它们本身是无罪的，但必须由世俗权威包括民法和刑法在内的社会契约加以约束。我们都必须愿意克制自己的欲望，以便在一个相对和谐的环境中共同生活。1929 年，弗洛伊德写就了《文明及其不满》一书，在书中，他无意中重新诠释了霍布斯的观点。弗洛伊德断言，为了被人类社会接纳，我们必须在某种程度上放弃自我满足的本能欲望。霍布斯和弗洛伊德都认为，如果我们不能放弃满足本能欲望，那么社会就无法持续存在。单凭欲望行事，我们要么成为捕食者，要么成为猎物，没有人能获得幸福。

霍布斯和弗洛伊德的观点为世俗社会所采纳，即认为拥有欲望是正常的而不是罪恶的，但需要加以克制和放弃。这一方面使我们面临关于犯罪和不道德等持久的问题，另一方面也使我们陷入无休止的心理斗争。社会必须处理那些无法克制自己的人，而心理学则必须处理那些试图通过内心斗争去克制自己的人。

目前社会已经在尝试做出一些妥协方案，包括美国内华达州部分地区合法化卖淫；阿姆斯特丹建立红灯区；以及西班牙高速公路旁设立颜色鲜艳的停靠站将召妓行为合法化。其根本的想法是，男人迟早都会按照自己的欲望行事。但也许我们可以"隔离"罪恶的活动，在安全的环境中对其进行监管规范，同时从这些活动中获得合法收入。但请注意，双重标准重新出现在诸如"发生在拉斯维加斯的事就让它留在拉斯维加斯"这样的表达中。换句话说，"如果你把罪恶活动限制在指定的地方，我们都会假装它们从来就没有发生过"。这与缩减欲望的初衷背道而驰。允许它们在指定的地方自由活动与从内部限制它们是不一样的。

说实话，自 20 世纪 60 年代以来，西方文明已经变得越来越放纵，鼓励人们毫无约束地表达各种欲望，但是人们在这种较量中反而变得非常不愉快。不加限制的欲望带来了道德混乱、家庭瓦解、社会冲突，以及西方国家人口下降等不良后果。我们必须承认，老子的规劝是正确的：幸福来自减少欲望，而不幸则来自于过度放纵。事实上，"在拉斯维加斯发生的事情"就像你的影子一样：它会随处跟着你。

塞德里克案例：欲望的双重标准

塞德里克是个花花公子。他被欲望驱使着去勾搭女性，与她们上床，然后抛弃她们，陷入周而复始的一夜情。他似乎只关心肉欲的满足，而对于与他人建立联系等人性方面毫不关心。他对"关系"毫不在意。那为什么女人会如此被他吸引呢？部分原因是他表现出强烈的性冲动，而且大多数女人都希望被需要。还有一部分原因是他"花花公子"的名声。许多女性喜欢花花公子，这是个悖论，但我们不得不承认这是事实。如果她们不被吸引，就没有男人会销魂了。一部分女人可能好奇他是如何能吸引其他女人，另一些人可能是想看看他是否会爱上她们，还有一些人可能只是想寻找一夜情而已。

塞德里克既没有试图放弃他的欲望，也没有试图削减欲望，他总是放纵自己的欲望。结果，他从未感到幸福。他的生活确实很复杂，因为他总是在甩掉一个女人然后追逐另一个女人的过程中。他获得满足的时刻非常短暂，而且越来越不令人满意。他不得不花更多的精力去追赶越来越多的女人，以体验几分钟的逃避或解脱。经济学家和心理学家称之为"收益递减规律"。

有一天，塞德里克终于遇到了他的对手：一个叫朱莉的女人，她让他爱上了她。朱莉很独立，对长期关系不感兴趣。然而，她想要一个孩子，于是就选择了塞德里克作为孩子的父亲。他们在一起生活了几年，时间足够她生下了一个塞德里克非常喜欢的儿子。信不信由你，塞德里克在这段时间里仍然在外面拈花惹草，不过与平时相比，已经少得多了。当他们的儿子快到三岁的时候，朱莉突然与塞德里克分手了。她表示愿意和塞德里克共享抚养权，但她不想继续和塞德里克同居。

塞德里克对此感到非常难受。他没有做任何谋杀或自杀的事情，但他变得极度愤怒，这显然与宁静是背道而驰的。他无法接受朱莉抛弃他的事实，尤其是在生下他的孩子之后还拒绝他。他对朱莉的抛弃感到愤怒，特别是考虑到他对她做出的承诺。塞德里克的朋友都注意到了他的变化。如果有人提到朱莉的名字，塞德里克就会生气。如果有人谈论任何一段恋情的破坏，塞德里克就会恼火。如果有人说起自己的感情被玩弄的故事，塞德里克就会明显地怒不可遏。

自始至终，塞德里克似乎从未认识到自己态度方面的根本失衡。一方面，他与无数女性发生关系，从她们的身体中获得快感，而对她们的感情毫不在意。几次三番，他一直完全以自我为中心，冷酷无情地抛弃女人。但突然间，风水轮流转，事情有了反转。当朱莉为了自己的目的而"利用"塞德里克，然后再将他抛弃时，他愤怒异常，仿佛他是世界上第一个也是唯一一个经历被抛弃的人。朱莉现在对他做的正是他过去对无数女性做的同样的事，他却无法把它们联系起来。如果塞德里克不喜欢朱莉对待他的方式，那么他应该考虑一下，其他女人从他那里受到同样的对待会是什么样的感受。

　　塞德里克的一个谙知"道"的朋友，对他稍稍做了开导。最初，塞德里克仍然以自我为中心，他甚至不能理解他的行为和朱莉的行为之间有什么联系。不过他慢慢地意识到了这一点。塞德里克无法抑制自己的欲望，他不停地搞一夜情把生活搞复杂了，从而陷入目前这种困境。塞德里克无法正视朱莉的拒绝，这不是朱莉的"过错"，是塞德里克对那些女人的一次次的拒绝最终导致他自食恶果。

　　当塞德里克开始意识到他自己是自己不幸的制造者时，他慢慢地改变了自己的生活方式。他没有走向另一个极端（这原本对于塞德里克来说完全不符合他的个性，甚至不可能做到）。一般来说，道不会提出一个极端作为对另一个极端的补救方案。塞德里克没有立下禁欲誓言，他也没有尝试用瑜伽或佛教修行来"扼杀"他的欲望。但他确实尝试过，并且成功控制了他的欲望。他有生以来第一次开始关注自己与女性的关系，而不仅仅是利用她们满足自己。他发现，在充满关爱的一夫一妻制关系中发生性行为，远比无数次一夜情更令人满意。控制欲望之后，他对女性更加满意了。越是得到了满足，他需要的女人越少。这种正反馈循环使塞德里克感到快乐，而不受约束的欲望的负反馈循环则使他非常不快乐。

州长和高尔夫球星

　　如果塞德里克的案例没让你信服，那我们可以看看本章前面提到的两个更广为人知的案例：艾略特·斯皮策和泰格·伍兹。艾略特·斯皮策曾是纽约州总检察长，被曝出丑闻时，他还担任纽约州州长一职。他出身富裕家庭，成长环境十分优越，他自己也充分利用了各种机会。一些人认为他的政治潜力不止于州长，也许有一天他能成为美国的总统候选人。斯皮策的声望在 2007 年秋季达到了顶峰，当时他在美国网球公开赛的黄金时段出现在美国国家电视台的直播间，接受了约翰·麦肯罗的采访。许多名人都会在美国网球公开赛上亮相，而电视摄像机喜欢捕捉他们的身影。他们通常在比赛期间获得几秒钟的曝光时间，但很少会成为实际直播的焦点。原来，斯皮策和麦肯罗曾就读于曼哈顿的同一所私立学校，是同学，也是朋友。他们都取得了巨大的成功，即使在纽约的高标准下也是如此，尤其还考虑到斯皮策是一位很有见识的体育迷，因此麦肯罗采访斯皮策是合乎情理的。

几个月后，也就是 2008 年 3 月，召妓的丑闻被曝出。斯皮策经常安排来自纽约的应召女郎在华盛顿特区见面，这不仅引发了道德丑闻，而且还带来了法律纠纷。跨州运送妓女是一项重罪。作为前总检察长，斯皮策非常清楚这一规定。而现在，作为州长，他自己也卷入其中。斯皮策迅速辞去了他的职务，这可能是他为免遭刑事起诉而做的一项交易的一部分。

斯皮策"跌落神坛"颇具讽刺意味，至少对我来说如此。作为对他的"惩罚"的一部分，也可能是让他在政治上改过自新，颜面尽失的斯皮策被"判处"在纽约城市学院任教。于是，他成了我的同事，教法律和公共政策，不过没有道德哲学。那年我在教中国哲学，我的一个学生同时也修了斯皮策任教的课。

这个学生经历了一场老子的社会哲学与艾略特·斯皮策的社会哲学的比较，度过了一段非常有趣的时光。

更重要的是，在斯皮策担任总检察长期间，他的部门曾为严重侵犯纽约市立大学包括我在内的某些教授拥有的第一修正案权利以及践踏学术自由的行为而进行辩护。现在，斯皮策也加入了我们的行列，任由曾经辩护过其滥用权力的同一纽约市立大学管理层摆布。这无疑就是道家正义的体现。

但接着发生了一件有趣的事情。仅仅一年的时间，斯皮策就从纽约市立大学"假释"出来了。他重返公众生活，完全恢复了名誉。这让许多人惊掉了下巴。我们中的一些人在纽约市立大学被判"终身监禁"，没有任何"假释"的机会。因此，斯皮策为我们做了一件大好事：让我们深思自己犯下的"罪行"的严重性。

道是无法回避的。在拉斯维加斯发生的事情不会只留在拉斯维加斯。在政治权力走廊和卧室里发生的事情也不会仅留在那里。老子作为一名文官，克制了自己的欲望，遵循了道。因此，随着时间的推移，他的内心越来越平静。艾略特·斯皮策是一名公职人员，他过度放纵自己的欲望而无视了道。结果，他从神坛跌落，蒙受耻辱、羞辱和不幸。

你更愿意走哪条路？我们不可能都成为官员，但我们都可以修道。

泰格·伍兹也遭遇了相似的厄运，且影响比斯皮策更大。泰格在他那个时代是一代传奇，是有史以来最伟大的高尔夫球星之一。作为这项运动的全球偶像，除了赛事奖金之外，他每年还能从丰厚的代言收入中赚得 1 亿美元。他过着几乎无法想象的名人生活，类似于摇滚明星和电影明星。但泰格对战利品的渴望并不局限于球场。他已经结婚，同时还交往着几个女朋友和情妇。这一丑闻曝光时，泰格被贴上了"性瘾者"的标签。他试图通过忏悔他的"罪行"，正视他的"成瘾问题"，并向所有相关人员，包括他的赞助商做出赔偿，以维护他的公众形象。和斯皮策一样，他成了所谓的通俗小报的素材，即所有丑闻报纸的头条新闻，每日八卦娱乐节目的热点话题。媒体对他展开了数月的狂轰滥炸。不同于斯皮策丑闻主要集中在美国，特别是纽约州，而伍兹的垮台是全球性的，就像他的职业生涯一样。

当伍兹最终重返比赛时，他已经成为一个平庸的高尔夫球手。所有的负面关注削弱了他的信心，钝化了他的才华，几乎摧毁了他的职业生涯。在丑闻发生之前，泰格是一个快乐的人吗？可能不是，否则他就能抑制自己的欲望，预防灾难的发生。丑闻发生后，泰格是一个快乐的人吗？几乎可以肯定地说，也不是，因为使他成为名人的关键因素，即他在高尔夫方面的成就，在丑闻余波中离他而去。无可否认，老子是正确的。抑制欲望是获得快乐的关键，完全放任欲望只会导致不幸。

请注意，我并不是在评判斯皮策或伍兹，也不是在评判那些伙同造成他们跌落神坛的女性。相反，作为一个男人（曾经也是个花花公子），我可以肯定地说，有些人的性欲就是比其他人更强，这在一定程度上跟他们的天性相关。我们都渴望在规律的时间间隔里进食、睡眠和性生活，只是每个人需要满足的量有所不同。无法进食、入睡或性生活会导致因缺乏某种东西而产生的难过；而过度沉溺于食物、睡眠或性生活则会导致因拥有过多某种东西而产生的难受。

从生物学上讲，男人为了繁殖他的基因，会尽可能跟多名女性上床。女人天生就想独占她所吸引到的最好的男人，以使卵子受精。但符合她的利益时，她也知道如何给男人戴绿帽子和欺骗男人。平均而言，男人比女人在生活上更不检点，而女人则比男人更不诚实且更有城府。这不是谁的错。霍布斯和弗洛伊德认为"这就是我们的本性使然"，诚然，这是正确的。然而，这也是一种不幸的原因。老子认识到，没有什么比屈服于我们的欲望更令我们难过的了。那什么能使我们快乐呢？那就是缩减我们的欲望。不是压制它们，也不是过度放纵它们。相反，将它们引导到符合道的轨迹上，而不是违背道的方向。

一夫一妻制是实现这一目标的最佳方式。与一个人建立有意义和持久的关系是表达欲望的最佳方式，同时也是控制欲望的最佳方式。我可以用亲身经历证明这一点。我经历过花花公子的放荡生活，也经历过已婚男人的家庭生活，毫无疑问，和一位深爱的妻子在一起比和许多令人陶醉的女友在一起要幸福得多。如今，我独自循道而行，就像那些从我易犯错误的青年时代起就一直引导我的道家圣人一样，不再犯错。

化繁为简

本章的一个主题是克制欲望，另一个主题是过更简单的生活。这两个主题是相互关联的。如果一个男人与太多女人纠缠不清，或者一个女人与太多男人牵扯不断，他们的生活将会充满复杂性、争斗和不幸。而控制欲望能使他们的生活变得简单，从而增加他们获得平衡、和谐和幸福的机会。当老子劝告我们"见素抱朴"时，他就是让我们在日常生活的每一条宽阔大道和狭窄小径上都如此行事。

他说的"素"和"朴"是什么意思？它们如何让我们获得幸福？让我们一探究竟。

我们生活的世界在极短的时间内已经变得异常复杂，而且，这种复杂性的发展步伐正在加快，以至于许多来自不同领域的人都预测，这种状况不可能无限期地持续下去。他们是对的。道家从一开始就知道万物皆变。当鲍勃·迪伦唱出"时代在变迁"时，他预见到 1960 年代将在美国和世界上掀起一场社会和政治变革的浪潮。迪伦也是对的。

在 1950 年代，你可以直接去买房子，一天之内就能办好。那时候没有过户费，没有成堆的文书，也不需要一大群律师。再看今天的购房流程：数月的信用评估、检测、申请、收费、文书工作，还有直到交易完成前的任何时候都可能出现的问题。这个过程越来越复杂，人的压力也越来越大。这种压力源自不确定性，而不确定性是由复杂性造成的。压力使人身心不健康，感到不快乐。

复杂性必然带来的副作用就是不稳定性。一台机器的零件越多或一个系统涉及的环节越多，发生故障的几率就越大。这也和墨菲定律不谋而合：任何可能出错的事，迟早都会出错。幸运的是，道提供了一种有效的墨菲击退剂。简化生活意味着减少生活中可能出错的事。当墨菲遇见"道"时，他会说："这看起来真的很简单。这里出错的可能性不大。我最好找一个更容易对付的目标。"于是墨菲就离开了。道家欣然向墨菲挥手告别，并发誓让世间万物都保持简单。简单才能维系内心的宁静。

我认识一位畅销书作家，他曾经在偏远的乡下过着极其简朴的生活。在他成名之前，他和他的妻子一贫如洗。但他决心要写作，于是就这么做了。他们住在林中的一个小木屋里，靠社会福利维持生计。他们钓钓鱼、种种菜。冬天，他们用柴火炉取暖。他们非常恩爱，无比幸福。由于没有太多干扰和复杂性，他每天都在写作，两年内写出了两本书。但是，当他的作品出版并开始小有名气之后，他们的生活变得越来越复杂。他和妻子搬到了大城市，陷入各种复杂的事务中。他们的婚姻不断恶化，最终离婚了。最终他搬回乡下，在那里他可以安静地写作。他写了很多书，但他总是说，那两年靠社会福利生活的时光是他最快乐的时光——简单、一贫如洗，却心境平和。所谓的"青葱岁月"就是简单的日子，正因如此，它可能是我们生命中最快乐的时光。

最近，我在飞机上坐在一个名叫吉姆的男人旁边，他讲述的一个故事深深地打动了我。吉姆先是说，他住在新泽西州北部一个相当偏远的地方，去年冬天他所在的社区遭遇了一场可怕的冰暴。电力完全中断，所以什么都不能用——灯光、暖气、炉灶、自来水、电视、电脑——所有我们在现代生活中视为理所当然的技术。由于没有其他办法取暖，他在壁炉里生了一堆火，并召集了他的家人——他的妻子和四个孩子——围在火炉旁。他们在火上烤了一些食物，然后坐在一起聊天，这是他们之前忙着看电视或查看电子邮件时从未有过的交谈方式。这次体验产生了非常重大的影响，现在他们每月都会抽出一个晚上用于全家人交流联系，他们会把所有的电子设备都关闭，就像我们最古老的祖先那样挤在火堆旁，以一种原始的方式维护亲情纽带。

这首先是一个践行道的绝佳例子！不期而至的甚至令人厌恶的变化看似灾难，却很快就能使人受益。其次，这个故事说明我们都能通过与我们最在乎的人亲密接触而获益，同时也强调了我们应该定期回归过去的简单。我们就不能好好利用这个机会，关掉电子产品，面对面相处，而非要在脸书（Facebook）上交流吗？

为什么家庭只有在停电之后，才能做到这一点？因为他们忽视了道的力量。数字设备以及它们从现实中夺走的所有宝贵时间，极大地使我们的生活复杂化，但不一定能使生活更加丰富。更不用说它们可能还会对孩子们的认知、社交能力造成损害了。数字设备常常被用来逃避生活，而不是提升生活。

信息技术的复杂性正在影响着许多人，而且并不总是朝好的方向发展。我们都必须关注自己的两个身份：我们的"真实"身份和"虚拟"身份。你的真实自我可能达到了空前繁忙的地步：不仅扮演政治和社会动物的角色，还需要努力跟上所有最新的数字技术。你的虚拟自我占用着越来越多的真实时间，用于处理电子邮件、脸书、推特、领英、第二人生、油管、短信、更新软件和网页及密码，以及网上购物。所有这些活动实际上将我们与世界各地的人和服务连接起来，这是好事，但也很复杂。在网络空间花费的所有这些时间都占用了我们真实生活的时间。如果你不频繁查看电子邮件，它就会堆积起来。但如果你花时间保持虚拟自我的更新，你最终会忽略现实中需要做的其他事情。平衡现实和虚拟世界绝非易事，有时甚至会给人带来压力。

如果你想快速减少复杂性，可以花些时间去露营、钓鱼或徒步旅行。如果你有一座乡间别墅，那就可以在那里度过一个没有无线网络和电子设备的漫长的周末。简化生活，回归大自然，哪怕只有短短几天，也能帮助我们减轻压力，为我们带来幸福。

真人秀生存节目风靡一时绝非偶然。我们人类永远着迷于回归我们还是狩猎采集者时的原始状态。这是我们在二十万年前掌握并直到公元前一万两千年左右才放弃的生活方式。事实上，这些节目几乎完全是伪造的，因为生存专家被制作组和救援队包围着。但我们从他们身上得到的启示却是货真价实的。今天的生存专家提醒我们，在自然界中生存首先需要这三样东西：住所、火和水。如果没有这些，我们会在几小时或几天内死亡。但有了这关键的三要素，我们就可以狩猎、采集食物、制造工具、改善整体状况，并制定长期生存和最终救援方案。这种生存方式也可能让人感到压力，尽管是一种建设性的压力。它极为原始，摆脱了所有那些吸引、诱惑和最终困扰我们的现代复杂性。

你并不需要成为大脚野人、戴维·克罗克特或贝尔·格里尔斯去体验原始的简单生活。我有个银行家朋友，他并不算是那种喜欢冒险或过斯巴达式生活的人，最近带着他 21 岁的儿子在温哥华岛的一个偏远地区待了一周。有人把他们送到了一条通往荒野的小路上，并在地图上给他们指明了一个集合点。他们不得不用背包装上所有的装备赶往地图上那个集合点，同时，还要尝试在山林中存活下来。他们的生活立刻变得简单起来：白天寻找水源和食物，晚上搭帐篷和生火。我的银行家朋友减掉了五磅体重，通过几天在野外的原始简单生活获得了无法衡量的满足感。他和他的儿子也以一种独特的方式增进了感情。在生存挑战中铸就的情谊，会延续一生。努力坚持简单生活，你可以获得诸多回报，这就是其中之一。

和谐共处

如果我们像《道德经》所言，坚持"抱朴"和"寡欲"，我们就不会为拥有最新、最先进的设备而狂热，我们也会有时间去做那些不需要开机或插电的事情。我们还可以节省开支，过一种更简朴的生活。事实上，我们可以效仿美国历史上一些最具原创性和影响力的思想家，即新英格兰的超验主义者。

在 19 世纪，众多时贤聚集在波士顿郊外的康科德镇，生活如田园诗般美好。康科德（Concord）的原意是"和谐"，那正是"圣人在天下歙歙"（"The sage lives in the world in concord"，《道德经》第四十九章，初大告译）的现实写照啊！其中，住到康科德镇的有路易莎·梅·奥尔科特的父亲布朗森·

奥尔科特，美国伟大的哲学家拉尔夫·瓦尔多·爱默生，还有
《瓦尔登湖》的作者亨利·大卫·梭罗。这些宁静的理想主义
者，无论是共同或分别地，都发展出一种与道家思想十分接近
的哲学，强调远离大城市波士顿，与自然界更贴近，过一种更
简单的生活。

梭罗曾因拒绝缴纳人头税而践行公民不服从理念。他的这
种做法启发了圣雄甘地和马丁·路德·金，前者用他的哲学结
束了英国对印度的统治；后者用他的哲学废除了美国南方的种
族隔离制度。我们都可以从超验主义者的例子中得到启发，过
一种与简约、自然以及邻里、社区、正义等普遍和永恒原则紧
密联系的真实生活。他们的生活完全符合道家思想。当前的
"自觉简化"运动正体现了梭罗所倡导的理念。

我们将在第十六章再次讨论这些新英格兰哲学家。同时，
如果你能通过适当的表达方式来克制自己的欲望，如果你能过
更简朴的生活——至少在指定的时间内——你将渐渐被道吸引
并融入其中，而这会带给你幸福感。

第六章　释放压力

"是以圣人终日行不离辎重。虽有荣观，燕处超然。"

——《道德经》第二十六章

"载营魄抱一，能无离乎？专气致柔，能婴儿乎？"

——《道德经》第十章

　　压力已悄然变成发达国家生活的一大特征，对人们的幸福有损无益。但不无讽刺的是，压力曾经在人类物种的进化生存过程当中扮演着极为重要的角色。尽管它早已失去了原先的作用，但是却已经变成了人类的本能体验。我们将在本章节一起把目光投向一些能真真切切引领我们走向内心平和的正面压力；同时也会一起探讨应该尽量避开或者疏解的负面压力。道家思想的力量对于我们超脱于负面压力非常有帮助，并且我们只要心诚意真就可以化用道家思想的力量。那么我们应该怎样判断自己所体验到的压力是正面还是负面的呢？我们会从正反两面多举几个例子，希望大家能够在生活中保持正面压力，消除负面压力。

　　假设我们像生活在 5 万年前或 10 万年前的祖先一样，可能正沿着亚洲丛林中的小路寻找水果和坚果，也可能正步行去山林溪水沐浴。突然，身后的草丛中传出簌簌声，我们瞬间警醒了起来。簌簌声的源头可能是躲起来的小动物，也可能是尾随我们的饥肠辘辘的大老虎。我们为了生存总归会倾向于、也会训练出这样一种思维倾向——设想出最糟糕的情况。不知源头为何的声响会让我们害怕，这就跟我们本能地恐惧黑暗一样。婴儿受到惊吓也会做出条件反射，只是由于婴儿太小，他们受到惊吓时除了放声哭泣外无法做出其他反应。不管树丛中簌簌声的源头是什么，都会触发我们古老的自我保护机制，即所谓的战斗或逃跑反应。

我们会当机立断：原地战斗，还是拔腿就跑。我们的祖先也一定深谙战斗和逃跑的时机，不然也就不会有我们这些子孙后代在这里思考他们是怎样保住小命的了。时至今日，仍然有很多露营爱好者和野外探险家亟须学习了解——逃跑实际上会引起食肉动物（比如熊）的猛烈攻击，原地不动却可能让凶残的动物打起退堂鼓，转而寻找更加弱小的猎物。

从生理学的角度来看，在某种程度上，不管是在原地战斗，抑或是拔腿就跑，人类自古有之的应激反应都会出现。抉择之时，很多常见的生理变化都会在我们体内发生。比如，心率加快，血压升高，出血率降低，换气过度，肾上腺素分泌，肌肉紧张，肌肉反应不受控制，发声不受控制，胃肠蠕动受抑制，毛发竖立，瞳孔放大。不管决定是为了保住性命拔腿就跑，还是留下战斗，我们的身体都会做出相同的反应。这就是人类所知的压力的最为古老的形式。如果人类没有这么多本能的生理反应，那么也不会繁衍至今，甚至还在这里坐而论道了。

还有件很耐人寻味的事情——从生理学角度来看，性唤起与应激反应别无二致，但又增加了四个成分：勃起组织胀大、生殖器出现分泌物、有规律的骨盆推进和性高潮。应激反应与性唤起之间的联系也是古而有之，也是不幸的。为什么不幸呢？因为应激反应与性唤起相互联系，也意味着性与暴力相互关联，而这既不可取、也不健康。人类除了为基本的繁殖和娱乐享受性生活之外，还会为了很多其他目的接触到性。人类会通过性虐待或者强奸，达到满足支配欲和羞辱性伴侣的目的，这也是不健康的性唤起的表现之一。大猩猩与人类都会把性与暴力混为一谈，这也是我们进化后遗传的特点，想必闻者为之一惊。不过，人类和大猩猩的不同点在于——我们可以循道而行，控制住野性的一面。

循道者与虎叉

我们继续沿着那条丛林小径走下去，身后的树丛传来簌簌声，我们出现了应激反应。不管我们决定留下战斗或拔腿就跑，当场产生的压力都会迫使我们采取行动，我们弓起身来像压缩弹簧一样蓄力待发。不管战斗或逃跑，都会迅速消耗大量能量，这可能恰恰能让我们保住小命。如果我们在与老虎对峙之后成功幸存下来，那么一定会欣喜若狂，觉得自己大难不死必有后福。（如果诸君觉得这很像"性体验"的话，那么各位的直觉很准。）

人类文化已经恰到好处地发现正确应对压力的方法。如果一个男人与老虎殊死搏斗并且大获全胜，那么他的部落就会认为他是个孔武有力的勇士，部落里的女性也会向他投来垂涎的目光（人类又把性和暴力混为一谈了）！如果男人拔腿就跑，虎口脱险，那么他的故事会为部落增加传奇色彩和荣耀（甚至可能成为部落神话）。不管选择逃跑还是战斗，正确应对生理压力对于人类文化演变很重要。

温斯顿·丘吉尔年轻的时候，曾作为英国媒体的记者在南非报道布尔战争，他所经历的故事与此如出一辙。丘吉尔当时被布尔人俘获关押。他手无寸铁，无法战斗，于是便想方设法躲过俘获他的官兵，跳上了途经此地的火车，成功逃走。布尔人紧追其后，来福枪向他开火，但是都没有射中他。后来丘吉尔写道："我被当做活靶子一样射击，却一枪都没中，当时简直欣喜若狂。"他所描述的这种感觉就是建设性的压力的关键：丘吉尔发现，正确应对压力就会使人欣喜。

时间回溯到现在，越来越多的人为了体验快感，主动寻求建设性压力（可能阅读本书的诸君也是如此）。现在有越来越多的人参加极限运动以及类似的能够把参与者置于风险之中的活动，让自己产生应激反应，体验淋漓快感。极限冒险在真人秀节目等很多场景当中都会让人们脱离当前所处的优越舒适的现代生活方式，令其置身于需要纯粹生存主义的原始环境当中。一些真人秀节目中有受过良好训练的野外生存专家，这些专家善于应对令人如履薄冰的户外环境——险象迭生关山难度，狂风暴雨飞沙走石，虎口脱险九死一生，茹毛饮血手无寸铁——为了能够让人们回到文明世界（参与者自愿离开文明的国度，却又竭尽全力想要回归），并且通过建设性压力而获得快感，节目组无所不用。这样的感受是我们即使坐在办公室里拼命地加班，也体验不到的。

以上都表明，寻求刺激是刻在人类骨子里的。开化程度越高，日常生活越舒适，我们就越需要把自己置于险境，体验淋漓快感。

不出所料，道家又给出了出乎意料的选项。道家无需追求刺激，便可心中愉悦；无需建设性压力，便可心旷神怡。道家是如何做到的呢？我们还要回到刚才那条丛林小径继续行走。道有程度之分，可以循序渐进。入高深之道需经年之习练，不过，现在开始追循也为时不晚。如果师从一代拳师，随着拳术炉火纯青，师父便会传授虎叉功法。三股虎叉长约五尺五，弓形横杆宽似虎口，三根矛头尖如虎牙。虎，素来是华夏儿女的敬畏之物，数百年来的武术宗师都在模仿老虎的凶猛之势，以人身化虎形，以兵器抵御老虎侵袭。

印度也素来敬畏老虎，但是对待老虎的方式却与中国不同。印度和后来的英国的贵族过去常常骑着训练有素、装备齐全的大象狩猎老虎。虎头虎皮都是猎虎人的勋章。现在，射手们以较少的铺张和仪式，可以从树上简单搭台藏好，伏击老虎，他们通过将山羊拴在地面上来吸引它们，有时周围还会挖有坑，老虎可能会掉进去。当你按照西方的方式狩猎老虎时（印度在这方面受到西方的影响）要高居地面，配备武器，严阵以待。我最近在一张照片中看到老虎一跃而起，离地二十英尺，冲向了猎人骑的大象，在空中抓伤了坐在大象上的猎人。对于老虎来说，那一刻一定是酣畅淋漓，痛快十分的，而被抓伤的猎虎人则需要缝上 400 来针。

循道之人不会猎虎，而是敬畏老虎。他们模仿老虎威风凛凛与致命的动作，纯粹为了自我防卫和精神修炼。循道之人走在丛林小路上，拿着虎叉只是聊以自慰。当老虎一跃而起，冲向循道之人的时候，只会被虎叉刺穿。老虎冲击的力度越大，跃起的高度越高，虎叉就刺入体内越深。不过，循道之人看到此情此景并不会痛快淋漓，也不会想把虎牙做成项链戴在身上以博眼球，更不会将虎皮悬于清贫陋室之中以求装点。循道之人不论身处何地，都会珍视和保护生命，所以他们内心是如此喜乐。

循道而行，并追寻与之相关的艺术，慢慢地你就能在要么对抗要么开溜的直觉之外找到另外一种可能，那就是内心极致的宁静。中国人所说的"无为"，也就是"无为之为"。老子云："无为而无不为也。"所以，循道之人走在丛林小径，听到林声簌簌，既不会留下战斗，也不会拔腿就跑。而是拿好虎叉，却什么也不做。循道之人不会感受到压力。因为压力是人类因为基本恐惧而产生的本能反应，而道的力量早已跨越了恐惧。有道傍身，身心超然。循道之人漫步丛林小径，心生愉悦；无为而为，舒心依旧。

刹那间，老虎感受到压力。循道之人不是猎物，否则老虎早已经嗅到他的恐惧并逼近；循道之人也不是掠食者，否则他早就逼近老虎了。这样的情况可让老虎犯了难。因为它所生存的世界当中，每个生物要么是捕食者，要么是猎物，或者（经常）两者兼而有之。每个动物释放信号、气味等行为举止都各有不同，周围的动物便可借此悉知其身份。循道之人却让老虎不知所措，他们还知道如何模仿许多动物。走在丛林小径上的循道之人所模仿的物种是老虎无法识别的，这便让老虎不由自主产生恐惧，或者至少有所忌惮，并因此产生压力。所以循道之人可以无为而为，扭转局面。

如果循道而行，你也可以控制本能的恐惧。一旦能做到这点，你就可以减少生活中的压力了。如此一来，你就不必通过廉价或稍贵些的刺激来缓解压力，换取那短暂的快感了。如果你已准备就绪，握持虎叉，压力就已经减少了。

老子规劝我们：初入循道之路，首先要保持专注。自印度到中国再到日本以及这个范围之内的各门各派的瑜伽和武术都要求习练之人保持专注。但请确保关闭你的电视、手机及其他电子设备。因为它们会干扰我们向内探寻，难以实现内心宁静，也会损害我们的专注力，而不是给予加持。其次，要学会控制呼吸。让你的专注力主要用于调整呼吸，它会使你的心智变得敏锐且身体愈发放松。第三，让你的身体变得柔软，像婴儿一样。柔软是一种深层的放松状态，在深度放松的身心之中无处藏身。顺循老子之言，锻炼这三件事，身心便可更加愉悦。大道至简不过如此。

循道之人不会原地战斗或拔腿就跑，他们会采取其他两种应对方式。第一种应对方式——无为。也就是身心愉悦，无所作为。无为是否比拼死求生或者拔腿逃命要更为人所青睐呢？显然，它能减少压力。第二种应对方式——非常道。也就是走在这条丛林小路之上，身无虎叉，自信满满，老虎并不会袭击他。这是基于先前提到的守护生命的原则，老子认为，如果清楚如何守护生命，则可超脱三界之外，老虎自然也不会侵害你。这是为什么呢？因为老虎发现它的爪和牙无处下手。这点我们会在第十三章展开来讲。在此期间，大家也可以开始习练虎叉了。

谈谈负面压力

在上述篇章中，我们已经了解了所谓建设性压力的进化起源——它可能有益于我们作为一个物种生存下来。但是，我们不必一直困在基本恐惧、压力反应、短暂振奋的恶性循环中，尽管这样的循环是正面压力能带给我们的最好的结果。道家学说可以让我们超然于这样的循环，使我们保持或恢复心灵宁静。不过，在人类从热带雨林走入城市丛林的进化过程中，发生了一件奇怪的事情——我们人类走着走着就会把正向压力转化为负面压力。负面压力对我们的身体、情绪、心理健康的影响比正面压力大很多。那么负面压力是如何起作用的呢？下面是一个典型的例子。

你在赴约途中即将迟到，却正巧堵在路上。按照原定计划，你要接孩子去参加课后活动，可孩子却没接电话。如果推迟和别人约定的时间，就会引发其他一系列变动。与此同时，你给孩子发短信，重新调整自己的时间规划，满心祈祷不用给同样忙碌的伴侣打电话，或者叫其他朋友来帮忙，就能解决一切。

此时，我们堵车的那条路已经变成停车场了，车流纹丝不动。堵得那么严重，你根本看不到前面发生了什么。如果你感知敏锐就会察觉——即使堵车的路离那条丛林小径非常远，但是人类本能的压力反应已经出现。人们仍然是要么原地抗争要么撒腿就跑。

有一位司机已经怒不可遏了，站在车旁挥舞着拳头，冲着拥堵的车流大吼大叫。他的应激反应是试图原地抗争，但是他又做不到——车流可不会向他回击，它只是无视这位司机，而这只会让他更加愤怒。这就是所谓的"路怒症"，一种极度不快的心理状态。另外，还有些绝望的司机想要豁出去，直接开上应急车道，或者在公路上违规调头，试图转头逃离大堵车。这种反应会诱惑你步其后尘，但是警察一定会拦住他们中的一些人，并且无论如何都会给他们开罚单。所以，你只能留在拥堵的车流之中，之后的计划全都泡汤了。你火冒三丈却无能为力，越来越心力交瘁。此情此景，你所面临的压力就是负面压力。为什么呢？因为你被困在其中，看不到任何显而易见的方法来释放已经控制了你生理反应的应激反应。你既不能原地抗争，也不能拔腿就跑。

因此，你的压力被锁在了你体内，对你的健康造成了破坏。你的生理机能可能会在此情况下反应极其剧烈，但与此同时又无法采取行动。当我们无法表达压力或宣泄压力的时候，压力就会侵蚀我们的身体，损耗我们的心神。长期内化的压力可能导致许多疾病，包括非遗传性的各种癌症。压力是一种毒素，我们绝对不需要也不想要。压力会令人濒临崩溃。如果被压力所制，我们将会遭遇身体和情绪上的疾病。因此，我们需要强行服用西药，这样至少能帮助我们应对压力未能释放所造成的急性症状。

道家的玄妙法门值得效仿——为之于其未有也，治之于其未乱也，且两不相伤。"阴我"占据"阳我"的上风。循道而行，则可以防止尚未宣泄的压力在体内积蓄，保护我们不受荼毒。修习道法——从太极到书法，都能够帮助我们以自强自健的方式舒缓压力。道法能够不生发压力，教授我们能够达到超越死亡的无常道，帮助我们守护自己的生命。

倘若循道之人困在堵塞车流当中，他们不会感受到压力。即使是闻道下士，也会借此良机，无为而为。如果我们想有为而为，则可以冥想、阅读、听音乐、开启笔记本电脑做些工作、给朋友打个电话唠个嗑，甚至可以和身边一起堵在路上的其他人结交朋友。所有这些事情都可以在堵在路上纹丝不动的车里完成，绝对不带任何压力。诸君若有创新之力，定能想到更多可做之事。之前，有名客户被困洛杉矶大堵车之时，给我的纽约办公室打电话，我当时恰好有时间，所以她就借着堵车的时间，跟我做了哲学咨询，咨询效果还卓有成效呢。

我也曾在纽约市周边与新泽西和宾夕法尼亚的三州交会之处遭遇过多次大堵车。其中两次尤为特别，反而没有让我感到压力。一次是在高峰时段，我被堵在墓地旁，所以我正好借此机会凝视了那些墓碑，感慨活着真好，而不是躺在那里。如果没有那次的堵车，我肯定匆匆驶过那座墓地，不会有这样特殊的机会来庆贺生命的可贵。另一次是在深夜，我堵车的路段旁边有一位主动来认识我的美丽佳人，我们借此良机相互结识。堵车的时候能有这样一段时光实在是妙不可言。当车流再次滚动前行的时候，我还有点儿遗憾呢。

就在我写到关于道家思想与交通堵塞的内容的时候，中国就传来了突发新闻：全世界最大规模的交通堵塞发生在北京附近。堵塞的车流长达 60 英里，很多人在公路上被困了整整十天。我没有开玩笑！但是没有人路怒。堵在路上的人，有的打牌，有的睡觉，有的与附近村民为兜售的瓶装水、盒饭和泡面用的开水而讨价还价。以西方人的视角来看，这简直蔚为惊叹。如果纽约市外曾发生过 60 英里的交通堵塞，他们可得发抗抑郁症药片百忧解和束缚他们的紧身衣了。

这几个故事的寓意其实无非就是——破坏性的压力并非必然，而是可以避免的。道法为我们提供了许多消解压力而不是屈服于压力的方法。不过，我们必须循道而行，御用道法之力。道法之力内藏于心，只待修行而后外显。道法之力，分文不取，却取之不尽，用之不竭。

城市生活的压力

2009 年，人类给寄居洞穴的时代画上了一个大大的终止号。我们的祖先穴居人在成千上万年的漫长历程当中，日复一日感受着为求生存而无法抗拒的各种建设性压力，这正是我们今天能够惊叹于他们的原因。一些持着虎叉的道家修行者，则对万事万物充满感叹惊奇，所以他们感到的是快乐而不是压力。但在 2009 年，城镇人口首次超过了农村人口。由于生物、经济等多重因素，城镇化大趋势也意味着人口密度本就很高、生活压力本就很大的城市环境将让人们感受到更多的破坏性压力。

如果你生活在大城市里——有超过 50％ 的可能性你确实如此——那么你一定注意到与日俱增的城市人口压力。城市里交通更加拥挤，人群更加密集，持续发展不断，郊区膨胀扩大，远郊迅速发展。上述因素都会带来城市生活的压力。这是为什么呢？原因乍一听可能有点矛盾——早期人类进化过程中形成了狩猎采集的小团队。在过去的几万年里，人口密度和狼群密度相似，每平方英里远远不到一个人；随着工业化进程，现代城市人口密度已经膨胀到每平方英里数万人。这也就意味着现代的人口密度比自然的人口密度要高出百万倍；而人口密度过高所引发的一系列后果中最先能让人感受到的就是破坏性压力。城市居民比生活在其他任何地方的人都更容易感受到这种压力的影响。

大自然设定每种社会性动物都有一个最佳数量，即该物种理想的动物密度。如果既定区域内的动物密度低于最佳数量，那么该物种会继续保持社群生活，积极繁殖，直至动物密度达到最佳数量；如果既定区域内的动物密度超过了最佳数量，那么该物种则会为了减小动物密度而拓宽领地。如果无法扩张领地（比如生活在岛屿上或者笼子里），那么该物种的社交行为和性行为就会开始变得不正常，最终使得该物种数量降低，回落到最佳密度。

这种现象在社会性动物中普遍存在——蚂蚁、蜜蜂、老鼠、猴子、猿类、狼，以及人类，每一种都有其独特的理想数量。无论何时何地，只要社会性动物过度聚集，超出了它们的最佳密度，同时又无法扩大领土以降低密度，它们就会表现出社交和性方面的暴力、异常和反常行为。令研究人员惊讶的是，即便在食物充足的情况下，这种现象依然会发生。仅仅因为长时间与过多个体过于接近，就会导致压力产生，而压力则会引发很多其他问题。

挤电梯其实也能感受到这种压力，只不过压力会相对温和一些。站在电梯里的人们都尽量避免面对面站立、触碰对方、互相对视，以及开口交谈（可能唯一的特例是谈论天气）。电梯里可能会有人开个玩笑，以缓解紧张气氛。不过大部分人都会试图忽视其他人，注视着电子显示屏，希望能快点到达自己想去的楼层，或者紧紧盯着手表，好像有什么重要原因一定要知道准确时间一样。我们需要更多的空间来避免过度拥挤触发的本能压力，拥挤的电梯使正常的社交行为变得不可能。同理，人们像沙丁鱼装进罐头一样在高峰期挤进地铁车厢的时候亦是如此。当人们自己和陌生人挤在一起的时候，压力水平会飙升。即使只需要在过度拥挤的情景中待一小会儿，社交行为仍然会很快变得不正常。

动物园和监狱里的动物和人要么被关在异常高密度的笼子里，要么被单独禁闭，所以在这样的环境中，人类和动物的社交行为也更加不正常。社会性动物需要和其他同种动物进行定期的肢体接触，才能健康生活。众所周知，大猩猩会互相梳洗毛发，不仅能够帮助它们驱除皮发里的小虫子，还能加深羁绊并带来幸福感。单独监闭的灵长类动物会承受极端的感官剥夺的折磨，可能导致暂时性精神错乱，甚至永久性精神失常。被关在笼子里的动物和被监禁的人——尤其是在过度拥挤的监狱里——社会行为和性行为都会严重失常。监狱是十分危险，充满暴力的地方。这正是因为它们会把很多暴力血腥的人囚禁在极其紧密的空间当中。大多数囚犯都无法摆脱这种压力（换言之，他们没办法越狱），所以既然不能拔腿就跑，他们只能原地战斗了。

同理类推，大部分成年人既需要感情生活，也需要定期享受性生活。而当男人和男人关在一起，女人和女人关在一起之后，正常的异性性行为是不可能发生的（伴侣探监除外）。但是人们对于感情生活和性生活的需求却并没有消失，而是通过同性性行为表现出来。这在这种情况下成为了新的常态。不过，由于监狱的人口密度过高，人类的控制欲则战胜了感情生活的欲望。青年小生或者有阴柔之美的男子经常会在监狱里被强奸，直到找到保护人让他们免受狱中禽兽的侵害。监狱里男性人均被强奸的次数和监狱外女性人均被强奸的次数几乎相同，甚至更甚。这正是因为过度拥挤使得人们的行为不再正常。挤在同一个小空间里的人们比一般人更倾向于暴力或变态行为。

与此同时，现在全世界一半以上的人口都生活在城市当中，城市生活的压力比农村生活的压力要大得多。老子心中的乌托邦不是特大城市，而是小村庄。这并非偶然。在梭罗和爱默生尚未出生的两千年之前，东半球的老子就已经认识到乡土社会的重要性。不过即使生活在城市当中，道法对于减轻压力仍具有深远的作用。道法之力分文不取，却取之不尽，用之不竭。我们需要潜心践行。

竞技与表演焦虑

我们在公众场合的时候会感受到最劈头盖脸、难以忍受的压力。有些人害怕做演讲或展示，还有些人害怕参加测验考试。从体育明星到音乐家的很多职业表演者都经历过非常焦虑的时刻。效果最好的演出都符合这种开放与平和的视角，"朴散则为器"，因而表演者能够情绪饱满、自发自主地与观众进行互动。这能让我们无须囿于当下一些固有的理念。如果调整呼吸、保持专注、维持心境平和，那么此刻的我们就会变成最好的自己，体会不到压力和紧张。

拿到竞技项目冠军的职业运动员很少会因为压力太大胸闷气短，而是通常会借助竞技时产生的压力展现出最佳风采。冠军选手就这样找到了制胜之道。其近道矣！也近乎死而不亡之境也。所以在这样的境界之中，运动员飘忽无常的自我意识也遁藏无形。阳我的意志灵光与阴我的顺时应天在冠军赛中达到恰如其分的平衡。不管是什么运动，如果达到这样的境界，便能奏出动感之诗。

相比之下，一些天赋异禀的运动员本来可以展现出最佳实力，结果却被竞技压力压垮自信，并引发自我怀疑。这样的运动员本来拥有大好时机，却失手了。当我们上不来气的时候，就已经输给自己了，甚至省去了对手打败我们的麻烦了。这样的心境与道相去甚远：获胜的意志薄弱，即使获胜的机会主动送上门来也把握不住。

这两个故事有什么寓意呢？修习道法可以充盈内心，展现最佳风采。道法适用于我们所有人的日常生活。老子和孔子深知超群绝伦的秘诀就是——与风采卓越的自己齐肩并战，而不要与他人剑拔弩张。如果能尽力做到最好，那么即使面对难以战胜的对手，我们也只会遇强则强，表现更加出色。如果能克服万难，大放光彩，那么不管处于怎样的境遇，也已获胜。带我修习道法的中国师父一直强调这一点：日复一日，潜心贯注，水滴石穿，功夫始成；以法入道，则近道矣；以心观道，纵有千钧重压，无可乱其心智。

之前我师从的一位著名吉他音乐家曾经也有十分严重的表演焦虑。有一次演奏会，他能够非常清楚地看见观众席。其间，他以为自己看到了一位《纽约时报》的音乐批评家，一下就不知所措，演出一塌糊涂。表演结束后，他以为的那位"批评家"走上前来跟他握手，那一刻，他才发现，其实这个人根本不是批评家，只是一个粉丝。吉他音乐家之"朴"，因为莫须有的恐惧而失之其质。而当这位天赋异禀的音乐家回到"朴散而为器"的状态，便毫不费力地弹奏出婉转乐曲。他的表演即使是对于吹毛求疵的批评家来说，也无可挑剔。

我们生活中的压力源自繁杂琐事，亦即不可谓之"朴"，而"朴"是我们本应生而有之的。极简于一，复归于朴，则可减少压力。亲近自然，也能帮我们减少很多压力。很多生活在城市里的孩子去乡下只待一天，压力水平就会降低。道家理想中的

乌托邦是地广人稀的乡土社会，这也正是杰斐逊理想中的社会
——寒耕暑耘的小城镇。

烈火

有时候，存在的风暴突然袭来，无论我们是否愿意，都会
给我们带来各种各样的挑战。假设我们遇到了猛虎，但是既不
能拔腿就跑，也不能原地战斗，那么该怎么办呢？假设我们深
陷于不幸的婚姻牢笼，或者工作中的上司不可理喻，再或者有
一些强加于我们的情况使我们感到痛苦，但是却没有任何方法
能立刻解决问题，那该怎么办呢？即使在这些情况之下，道法
也能助诸君破局。首先，万事皆数，万数皆易——就如，天上
浮云如白衣，斯须改变如苍狗。不久逆境就会转为顺境。历尽
千帆，方可沉静，方可致其深远。就如窑中陶壶冶火，火炼之
后，方为容器，有容乃大。

大部分小朋友都喜欢庆祝生日，大部分家长也愿意给孩子
办生日派对。不过生而为人，也充满压力。出生的时候母亲和
婴儿，甚至父亲，都要顶着压力。婴儿要从子宫来到外面的世
界。经过母亲子宫收缩、产道挤压，也算是历经种种艰难险阻
才降临于世。而且新生儿必须自己学会呼吸，大多数新生儿都
能做到，但是有一些新生儿也需要外力帮助，包括轻抚脚底，
以及轻拍后背帮助他们深吸空气。但是不管新生儿是依靠自己，
还是靠外力援助才开始呼吸的，婴儿降世啼哭，甚至嚎啕大哭，
都是非常正常的。

如果我们每天都和婴儿降世一样走一遭，简直难以想象。幸亏我们这辈子只需要经历一次出生。

然而，在这一生中，在通往宁静的人生旅途上，我们要经历很多其他不同类型的重生与觉醒。有的时候从一些经历当中重生，可能蛮横粗暴，但是即使这样，这种重生的经历也能够指引人生，助力前行，甚至连出生这件事儿本身都能让人充满愉悦。我儿子出生的时候，我就在场。我目睹了他出生的整个令人惊奇的过程。这个过程甚至超越了通常所说的生命降生的奇迹。我儿子根本没有啼哭！从来到这个世界之后，他就一直微笑或大笑。显而易见，他并没有感受到任何压力。所谓"复归婴儿"，便是如此。他一生成长的过程中一直保持着与道若即若离的状态，他都一直在微笑和大笑，而且很会将笑容笑声传染给他人。幽默与笑声贯穿人的一生，对于缓解压力最为有效。故而循道之人喜欢幽默。如果想要减少压力，那么我们就应该经常锻炼一下自己的幽默感。我们可以找个幽默的人结婚，或者生个幽默的孩子，或者我们自己就可以变得更加幽默。笑声可以让我们感受到道法之力。

第七章 职业与工作

"善为士者不武，善战者不怒，善胜敌者弗与；是谓不争之德，是谓用人之力，是谓配天古之极。"

——《道德经》第六十八章

"善用人者，为之下。"

——《道德经》第六十八章

人类生来便注定要劳动（或者也可以理解为，人类生来便被处以劳动之刑）。《圣经·创世纪》描述到，上帝将亚当和夏娃逐出伊甸园，并诅咒亚当必须"辛勤劳作，自食其力"。自此，人类的第一对夫妻就不能像以前那样悠闲自得地在花园里采果子吃了，而是需要终其一生不断地辛勤劳作聊以果腹。亚当夏娃被逐出伊甸园前后的待遇有如天渊之别。而中国、日本、韩国和新加坡等国家和地区则深受道家的影响，并不认为劳动犹如上帝对亚当的诅咒一样是上天对人的诅咒，而是一种至高无上的追求。例如"勤勤恳恳"就是对东亚民族的最高褒奖。

诚然，西方也发展出了几种具有特色的方法来激励劳动，其中之一就是所谓的新教工作伦理，它确实催生了一代又一代勤劳奉献、纪律严明的西方人。不过新教工作伦理当中也有一两点比较蹊跷。首先，新教工作伦理认为，如果一个人游手好闲，那么从根本上是罪孽深重的。所以如果人类没有一直忙忙碌碌地做事，那么就会被撒旦盯上。英格兰有句习语便是"游手好闲是万恶之源"，这句话比新教出现的时间要早，最晚也可以追溯到乔叟时代。其次，很多清教徒文化认为享乐本身就是一种罪孽。因此，一方面我们不可游手好闲，另一方面我们不能享受劳动的快乐。新教工作伦理中这两个蹊跷的地方就会总结出"人类永远不可以快乐"的结论。其中的底层逻辑就是："终生忙碌，痛苦劳作。"新教工作伦理不允许人类出现骄傲、享乐、愉悦等情绪，而辛勤劳作、自食其力的主要目的是从撒旦的魔爪中拯救你的灵魂，并希望上帝能够在来生赐予恩惠。

天主教不像新教那样为此烦恼，这主要是因为天主教徒每周可以向牧师忏悔，以此来洗刷罪孽。比如，法国的天主教徒就可以享受"生活的乐趣"（joie-de-vivre），而英国的新教徒却会因为体会到快乐而有负罪感。因此，即使新教工作伦理能够促进劳动，却也将生活的乐趣一扫而空。这样的观念使得人们感受不到快乐。

如果你像我一样曾经在英格兰生活过，就能一下子感受到这个问题真切存在。以食物为例，我们被处以劳动之刑，辛勤劳作，自食其力就是为了获得食物填饱肚子。法国、意大利和西班牙等天主教国家都创造出了美味可口的美食料理，但是包括英格兰在内的新教国家则认为享受美食是一种罪孽。如果你在英格兰想喝一杯咖啡，那就只能喝到一杯温热的"洗碗水咖啡"。英格兰的咖啡很难喝，所以就不会让喝咖啡的人觉得有负罪感。如果想喝味道醇厚的好咖啡，就得点一杯卡布奇诺。那就变成意大利人的罪孽，而不是英格兰人的罪孽了。同理可知，如果在英格兰想吃蛋糕，那就只能吃到一片薄薄的像是有异味的海绵橡胶一样的蛋糕，上面涂上了一层水乎乎的蛋奶沙司。这样的蛋糕吃起来味同嚼蜡，但是吃这种蛋糕不会让英格兰人觉得有负罪感。如果我们真的想吃一块正儿八经的蛋糕，那么就得点一块奶油蛋糕——那就变成法国人的罪孽，而不是英格兰人的罪孽了。所以呢，只要我们不点英格兰本土的餐食，未必不能在英格兰吃好喝好。

既然英格兰在饮食方面都那么排斥享乐，那就更不用说其在人类性行为方面的观念有多严肃了。我在读博士学位的时候，曾经在馆藏丰富、底蕴深厚的大英图书馆读了很多相关书籍，研究过人类性行为。我很快意识到，不管是馆藏的查尔斯·达尔文所写的《人类的由来》，还是阿尔弗雷德·C·金赛所著的《金赛性学报告》，抑或是德斯蒙德·莫利斯撰写的《裸猿》，大英图书馆收录的所有关于人类性行为的书都被锁起来了。开锁的钥匙则放在特别的柜子里，柜子放在守卫森严的画廊里。我不得不亲自去找一位令人望而生畏的维多利亚时代的女管家，她戴着白色手套把这些书交给我。我真的没有跟诸位开玩笑，这位女士把书递给我的时候满脸鄙夷不屑，就好像我是一个猥琐下流的伪君子一样，或者感觉我之前一定侵犯过别人。

那么，如果人们在英格兰想要享受性生活，又会怎么样呢？英格兰人觉得，甚至像"亲吻（kissing）"这种描绘充满着甜蜜体验、发音如耳鬓厮磨一样的词都不可以说，而是要改说

"接嘴（snogging）"这种不够悦耳的词汇，故意让"吻"听起来了无音韵趣味。除了饮食和性生活以外的其余方面我便不再赘述，大家可以自行想象。

在我看来，这种压抑克制的道德观最令我惆怅的一点是：人们不能享受劳动。我个人真真切切体会过这种道德观的约束。我在伦敦撰写博士论文的时候，大约一周左右和导师见一次面。论文的每一个章节我都下了不少工夫认真撰写，我的导师也非常认真负责，在我论文的评语里提了很多能帮助我进一步修改的建议。但是有天我们在他那个冷若冰窖的办公室里讨论得热火朝天的时候，他"啪"地一下把我的手稿砸到桌子上，并对我说："现在我知道你身上是哪儿出问题了：研究哲学的时候，你竟敢享受起来了！"我的导师说出这句话的时候就好像我犯了什么弥天大罪一样。在英格兰享受美食、享受性生活就已经很难以启齿了，更别提享受劳动这样的事情，根本是罪不可赦。美国也有美国特色的新教工作伦理，并且还具有清教文化色彩。总体来说，美国人勤奋工作兢兢业业，但是太多的美国人都讨厌自己的工作。关于这点，我们将在第十二章展开讨论，憎恶是阉割快乐的精神毒药。

道家思想则和新教工作伦理完全不同。道家思想提倡热爱工作。道家并不觉得热爱劳动是一种罪孽，而是觉得，正如孩童自然而然地玩耍并热爱玩耍一样，成年人既要工作也应热爱工作。如果热爱工作，那么工作时的体会就和玩耍的感受是一样的，拿工资上班就和带薪玩耍是一样的。所以道家才畅快洒脱。道家享受五谷滋养，却又不会大腹便便；道家不抵触翻云覆雨，却又发乎情止乎礼；道家勤恳耕耘，却又不做拼命三郎；道家仁爱众生，却不会觉得生而有罪。道家从来没有离开伊甸园。循道而行，我们就能一起回到伊甸园。那么，就让我们在伊甸园见吧！

竞争对手：敌人还是朋友？

西方文明历来高度重视竞争。奥林匹克运动会源于古希腊，诺贝尔奖则是瑞典人创立的奖项。奥运会奖牌奖赏的是体育领域的至高成就，诺贝尔奖则庆祝的是精神生活的最高荣誉。这两大盛会都允许人们在体力和脑力方面存在激烈竞争。不过，竞争并不仅仅局限于世界级运动员和科学家。很多古典音乐家虽然认为艺术荣光不容业内竞争玷污，但是也经常需要彼此竞争，以求职业能力的提升。然而，近来好像不管是谁，只要懂一点唱歌、舞蹈、打扑克的技巧，都愿意在电视节目黄金档争夺，希望一夜之间赢得名声和财富。

每一个美国学生申请大学、研究生院、法学院或医学院的时候，都要面对和其他学生共同竞争所带来的挑战。你相不相信，在纽约现在要让孩子入读最好的学前班都要面临越来越激烈的竞争，搞起来就好像一个三岁孩子的命运真的取决于他在哪里玩耍、小憩，以及在哪里喝牛奶吃饼干一样。商业世界竞争激烈，内卷严重，再加之很多黑帮电影提醒着我们，适者生存就是都市丛林的经验法则。西方理念下的竞争通常会强调个人卓越，即使是在团队合作的背景下也是如此。

很多女性不管是否已经获得思想解放，都仍然心甘情愿地参加选美比赛，也会从事高风险高回报的模特行业和时尚行业。自古以来，男性和女性都会争夺配偶。英国有句谚语是这样说的："恋爱和战争都是不择手段的。"争夺配偶是人类物种比较原始的竞争方式。米格尔·德·塞万提斯在《堂吉诃德》里也用不少笔墨这样写道："爱情和战争其实是一回事……就算阴谋诡谲，但是只要能实现期望达到目的，就并无不妥。"竞争似乎已经变成了人类生存的一部分。

《道德经》阐释的万事万物之道皆有独到之处，对竞争的理念也有不同的理解。如果你遵从竞争之道，我们也可以在变得更善于竞争的同时生活得更加快乐，但是一般情况下参与竞争和感受快乐二者不可兼得。何出此言？这是因为高手过招必当恪守戒律、十年磨一剑。这就不能闲散度日，而是需要坚持不懈行耕不辍。这反过来又会对竞争者产生个人孤立和削减社交的效果，使他们无法再过着通常的平静生活，而是成天争强好斗，再也不得洒脱快活。当我们的生活失去了快乐，会感叹飞黄腾达不过一场空。道又是怎样指引我们的呢？一如常也：以玩乐之心，不争之德，御竞争之道——与人争不如与己争。

奖牌背后的故事：断腿

我曾有幸见到不少诺贝尔奖得主和奥运冠军，并和他们聊天。绝大部分情况下，他们之所以能成就斐然，并不是因为战胜对手，而是因为战胜逆境。他们面临的最严峻的挑战并非是和他人竞争，而是战胜自己所处的环境。这就是他们成功的秘诀，对我们来说也是如此。他们大多数要自己从实践中领悟老子已经总结出来的要点，而本书可帮助你省去这一麻烦。不管怎样，让我们先总结一下老子的要点，看看奥运冠军是怎样应用的。

老子规劝人们应认识到"配天古之极"。这句话是什么意思呢？如果你是一名优秀的运动员，那么展现自己的最佳方式就是与其他优秀的运动员同台竞技。同台竞技能让优秀的运动员相互促进，共同成长。与实力平平的运动员同台竞技则会让自己也落入平庸，即使赢得比赛，我们的竞技表现也只会乏善可陈。大部分运动员都喜欢与劲敌同台竞技，遇强则强，以求秀出最佳风采。我们简单来看几个例子。首先，要注意老子真言反过来说也同样具有指导意义：不善胜敌者畏争。这样的人参与竞争的时候会为了取胜而不择手段、不惜代价，甚至不惜摧毁对手、自贬身价，令体育运动蒙羞。前花样滑冰选手托尼亚·哈丁就是较为贴切的例子。托尼亚·哈丁处于花样滑冰事业下滑期的时候，其前夫和保镖雇用了一名黑手党式的"杀手"去针对托尼亚·哈丁的主要竞争对手——南茜·克里根，要打断她的腿。不过这次袭击以失败告终，因为南茜·克里根的腿只是有瘀伤，并没有被打断。南茜·克里根恢复后重返赛场，并且随后用精彩的表演让托尼亚·哈丁相形见绌。这件丑闻一经曝出，托尼亚·哈丁的花样滑冰事业便就此走向终点。

戏剧圈流传着一个较为迷信的说法：如果祝愿表演者"好运"，往往就会招致厄运。所以，演员和音乐人经常会通过说

"break a leg"（断条腿）来祝福大家好运。如果花滑运动员托尼亚·哈丁的经纪人只是跟她对手南茜·克里根说"断条腿"，那就意味着他们也希望南茜·克里根好运连连再创辉煌，而托尼亚·哈丁也会在竞争的驱使下再创佳绩。但是雇用打手去"break her leg"（打断她的腿）就完全改变了故事的走向。道家思想并不会认为托尼亚·哈丁就是反派，而是托尼亚·哈丁的经纪人出了个歪主意，竟然雇凶手打人，置克里根于花样滑冰事业的万劫不复之地。这与道家思想相背而行。老子曾经说过，逆道而行，便不会长久。

现在从南茜·克里根的角度看这段故事又是怎样的呢？她也是一位技压群雄的花样滑冰选手。她喜欢竞争，而且她的一举一动都符合道家所推崇的理念。南茜·克里根还希望自己的竞争对手能够以最好的状态发挥，不期望竞争对手发挥失常。南茜·克里根为了达到最佳状态，必须克服逆境。世界级运动员需要严格遵守饮食与保养的规定，她做到了；面对对手恶意中伤致其身体受伤的状况，她也恢复过来了。这并非易事，很多出类拔萃的运动员尽管天赋卓绝，但是就没有从这样的遭遇中走出来。比如，莫妮卡·塞莱斯，她本来是网球女运动员当中的种子选手，但是后来有个疯子因为不想看到莫妮卡·塞莱斯击败其劲敌，便在其肩膀上捅了一刀，从此莫妮卡·塞莱斯再也无法重返巅峰。莫妮卡·塞莱斯虽英勇复出，但是不管这次受伤带给她的是肉体伤害还是精神伤害，她都无法再创辉煌了。不过我可以打包票，真正的卓越都是内外兼修的。外在的卓越体现在观众观看比赛的时候会看到运动员的天分，感到振奋；内在的卓越无法体现在电视镜头前和慢镜头回放中，它是心能转境而不被境转的能力。

1996 年澳大利亚网球公开赛举办的时候，现场观赛的观众和全世界电视前收看赛事的观众终于非常难得地得以一见运动员的内在卓越。皮特·桑普拉斯对战吉姆·考瑞尔，争夺冠军。时任皮特·桑普拉斯教练的蒂姆·古利克森于 1995 年确诊脑肿瘤，在澳大利亚网球公开赛期间中风。蒂姆·古利克森回到美国入院治疗，皮特·桑普拉斯在本次比赛中就没有教练指导。皮特·桑普拉斯入围决赛的时候，他希望为自己的教练蒂姆·古利克森赢得冠军。当时，吉姆·考瑞尔步步紧逼皮特·桑普拉斯到了第五局，也是决胜局，其间皮特·桑普拉斯还时不时落泪，几次崩溃。不过他在比赛中并未发挥失常。相反，他克服了自己所处的逆境，再创新高，赢下了第五局比赛，也含泪赢得了冠军。虽然电视摄影机如常记录了本次精彩的比赛，但却几乎没有呈现出运动员的内在卓越。不过道家思想可以帮助我们展现出内在卓越，并帮助我们一次又一次战胜逆境。

内在卓越的闪亮之处

受《易经》的影响，中国古代的圣人贤者，如老子、孔子、孙子都认为，我们必定都会经历磨难坎坷，因外部环境有时会阻碍计划如期开展。在政治、商业、体育、艺术、爱情方面以及人类活动的所有领域都是如此。道家认为，遇到困难的时候，我们必须将我们的生命能量向内转化，以锻炼和增强我们的内在能力。为什么呢？因为只有这样，当外部障碍被不可避免的变化的潮流所消除时，我们就万事俱备，在下一个时机成功实施我们的计划。

野心勃勃、争强好胜、革新创造的人通常比一般人更容易遇到挫折，因此这个建议与他们尤其相关。为什么会有更多挫折？原因有很多，这里有三个。首先，不管个体独立性多么重要，人类都是群居动物。大部分人不管是去海滩还是逛商场还是参加体育赛事，都愿意成为群体的一部分。一旦有人脱颖而出（具有创新能力的人会这样），我们出于群体本能可能会不信任这个人。其次，这种现象在儒家文化中最为明显，这种文化积极培养群体和谐而牺牲个性。在日本，人们会说，"凸出的钉子会被敲打下去"，没有人想被敲打，所以每个人都会遵循规范。（现在，东亚文化开始重视创新，他们正在寻找鼓励创新性个体而不是打压。）再次，普遍而言，许多人从某种现状中获得权力，无论是社会的、政治的还是经济的。这些人之所以反对创新、发现和改革，仅仅是因为他们感觉受到了威胁，害怕现状发生变化，权力也会随之流失。所有领域都是如此，所以爱因斯坦也表示："伟大的精神总是遭到平庸之辈的激烈反对。"

无论你的内在卓越性在何处以何种方式展现，你也可能会遇到反对。因此，道家思想不仅适用于你我，更适用于这天地众生。当一扇门在你面前"砰"地关上时，我们有两种应对方式。最愚蠢的方式就是用头撞门最后头破血流或者直接把门强力踹开。（我年轻的时候就很蠢，特别擅长踹门，不过踹门只会把事态变得更糟糕。）比较明智的方式是严阵以待，以确保下次门开时能够万无一失地通过它。

给大家分享三则几位奥运冠军亲口讲述的故事。每一个故事中都有人对故事主角迎面摔门而去，每一个故事中的主角都严阵以待下一次大门开启，每一个故事中的主角都成功地抓住了下一次机遇。

1992 年，珍妮弗·阿兹和其他 200 多名篮球运动员一起参加了美国国家女子篮球队的选拔。她一直梦寐以求能够获得篮球运动的金牌。国家篮球队只有 12 个名额，每天在训练中留下来能继续参加选拔的人的名单都会公示在公布板上。每天都有很多人一脸失意地收拾行李，离开训练营。珍妮弗一直没有被淘汰，就快要入选国家队了。国家队名单上现在只有 13 名运动员了，还需要淘汰掉一名。有一天早晨开会的时候，教练喊珍妮弗，珍妮弗心想，教练可能要告诉她自己可以入选国家队了。但是当她踏进教练办公室的那一刻，看到教练一脸痛苦的表情，她就知道自己可能是最后一个要被淘汰的运动员了。事实也的确如此。对她而言，国家队的正式名额已经近在咫尺了，却又变得远在天涯。于是珍妮弗在电视上收看了 1992 年奥运会，并且为没有自己的美国国家队摇旗呐喊。美国国家队在半决赛不敌对手，只获得了铜牌。

1996 年，珍妮弗又一次参加国家队选拔。她在不断训练中等待了漫长的四年，才等来又一次国家队选拔的机会。这一次珍妮弗终于正式加入了国家队。猜猜怎么着？她们赢得了篮球运动的金牌。珍妮弗讲述自己经历的时候说，她一生中从未如此充分地证明了自己。1992 年的时候遗憾落选，1996 年的时候大获全胜，失意一扫而空。珍妮弗很高兴自己"跳过了"铜牌，对于夺得金牌感到无比激动，追忆往昔，心头之结都迎刃而解了。珍妮弗于1992年成为最后一位在国家队选拔中被淘汰的运动员，但她在失败面前调用内在的强大力量，坚持不懈直到实现成功。不管珍妮弗是否有意循道而行，她都已经拥有了道的力量。

唐娜·德瓦罗娜是美国游泳界的传奇人物，位列奥运名人堂，与比利·简·金同列女性精英体育偶像。唐娜·德瓦罗娜对于第一次参加美国国家游泳队选拔的回忆是这样展开的：选拔比赛场地距离她住的地方有大概500英里，她的游泳教练提出开车将唐娜在内的本地游泳队送去参加比赛。但是这名游泳教练却逆"道"而行，私下里并不希望这些游泳健将能以最佳姿态出现在比赛场上。因为教练的女儿也在本地游泳队里，所以教练害怕唐娜会超过自己女儿而进入国家游泳队。本来教练和大家定在第二天一大早出发，但是在出发前的晚上教练却临时给唐娜家里打电话道歉，解释说自己的车不够大，不能带所有人一起去参加比赛，所以很遗憾不能带上唐娜。唐娜家里没有车，也不知道有谁能开车带她去比赛，不过唐娜已经下定决心一定要参加比赛。她知道灰狗巴士能够带她准时到达比赛现场，但是灰狗巴士的出发时间要比教练开车出发时间早得多，并且到达时间还会比教练他们晚得多，不过至少这次机遇不会在她面前关上门。唐娜乘坐了灰狗巴士到达了比赛现场，火力全开，表现出色。教练最担心的事情发生了，唐娜游得比教练的女儿快，成功入选美国国家游泳队。后来发生的事就无须赘言了，唐娜创造了历史。

唐娜讲完这个故事之后，又说明了这个故事的寓意——"不要让任何人偷走我们的梦想。"唐娜的故事就像是一首纯净美妙的诗歌。别人可以偷走我们的车、我们的财产、我们的钱，现在甚至能盗用我们的身份，但是只要我们不放手，任何人都没有办法偷走我们的梦想。

米歇尔·史密斯是两届奥运会女子垒球金牌投手。她的故事告诉我们，关上我们面前的门的，或试图偷走我们梦想的，并不总是其他人，有的时候诸如天灾等非人力因素也会阻碍我们的梦想之路。有一天米歇尔开着车去练习，在路上遭遇车祸。两车相撞的冲击力把她从车里甩了出去，还没落地之前，她就在想着这会对自己造成什么样的后果。后来很快发现自己除了一个地方以外，完全没有受伤——她的投球手臂，被折断并扭曲变形。米歇尔觉得这太讽刺了，尽管她从未允许自己的梦想被打碎或扭曲。

经过漫长而痛苦的康复后，米歇尔意识到她仍然无法完全伸直她的投球手臂。她的肘部没有正常愈合，而且永远不会再正常了。这条胳膊现在看起来和正常人不一样，感觉也和原来不一样，行动也不如原先快捷便利，可是只能这样了。米歇尔就试着用新的方式来投球，不断修正自己的动作，根据这条和原先不同的手臂的状态来调整自己的动作姿态。她很快在惊讶和喜悦中发现：现在她可以比发生事故之前投的力度更大、速度更快了，而且同样准确。正是在此之后，米歇尔赢得了奥运金牌。

米歇尔之所以获得金牌，正是因为她回归到了"未雕琢的"朴素的状态。她没有草草地给自己下定论，也没有告诉自己："我的手臂无法恢复正常了，我再也不能像发生事故前那样投球了。"米歇尔不认命，也不循规蹈矩，投球技术却比以前还要优秀。这就是道的力量——"敦兮，其若朴。"即使生理缺陷也可以变成制胜关键。

当全世界的体育迷在赛后庆祝杰出运动员的金牌表现时，他们可能不会意识到其实这些冠军所面临的最严峻的挑战并不是站在体育场上竞技，有的时候能上场参赛就是真正的挑战，这对于前面提到的三位运动员都是如此。道家学说认为我们可以享受竞争。竞争并非意味着你死我活，道家思想希望所有参与竞争的人都能够展现出风采。那样的竞争游戏不仅能让参与者感到愉悦，也能让观众感受到快乐。如果一场比赛中人人都展现出最佳风采，那么比赛竞技也会提升到新的高度。胜败乃兵家常事，参加竞争本身就能够让人觉得享受，观看比赛本身就能够带给人们愉悦。此外，道家思想让我们能够做好准备参与竞争，以防途中遇到挫折。道的力量能够培育内在的卓越。

商业中的道家思想

商业场上和政治场上的明枪暗箭最难防。为什么这么说呢？这是因为商业场上和政治场上会博弈大量的金钱和权力，野心勃勃的商人和政客都不约而同地被吸引过来。有句话我还是想不厌其烦地再重复一下：金钱和权力通常不会让人感到快乐。

有了钱，我们确实可以买到东西，商品可以让我们愉悦、感到舒适，但是这种快乐并不持久；有了权力，我们觉得自己地位崇高，可以对人对事施加权力，但是这样的快乐也不持久。正如商业领袖和政治领袖乐于指点学生和普通公民，道家圣贤也乐于指点商业领袖和政治领袖，不过道家先哲并不渴望财富和权力。传统意义上的道家圣贤生活简朴，是乐于助人的公务人员。道的智慧能够充实他们的内心，并且无可限量。而道的力量，也不会侵蚀他们的内心。这就是他们保持心灵宁静的关键，对我们来说，也是关键。

不过，老子也并不会评判胸有大志之人。老子云："将欲取天下也，恒无事。"老子明白，有些人生来就是要创新、要改革、要掀起万丈波澜的，因此无论如何都要努力实现自己的目标。但是即使是变革，最终也可能让人幸福或不幸福，可能造福人类也可能伤害人类。而这就是财富与权力更大的意义：平头百姓可以让自己幸福或不幸福，也可以影响到身边的人幸福与否；但是商业领袖和政治领袖可以让平头百姓变得幸福或不幸福，可以影响到成百上千万自己根本不认识的人。因为商业领袖和政治领袖可以让世界变得更好或更糟，影响我们所有人，所以这些人循道而行就更为重要。正因如此，孔子才想游说战国时期的君主王侯，要以德服人，不可礼崩乐坏、高压政治。

老子云："善用人者，为之下。"为人做事符合这句话的商人不会亏本，足以留在商界，也能养活一家老小。但是与此同时，为自己和家人创造财富的时候，就会让其他人变得相对不那么富有。其实，为自己和家人创造财富，也不影响做慈善。

往往越是一些觉悟高的商人，越是想要把自己积累的财富回馈给社会一部分，帮助其他没有这么好命的人，也让自己所生活的更大的社区当中的更多人生活得更好，即，修之于乡，其德乃长。当今社会中"更大的社区"（或者说"乡"）所指的毫无疑问就是地球村，而且地球村里有很多事业在等待我们来完成。

你觉得伯尼·麦道夫和比尔·盖茨相比谁更幸福？他们两人都是百亿富翁。有一段时间他们的个人财富几乎相同，但是不同的是：麦道夫赚钱的方法就是坑蒙拐骗，把别人的血汗钱骗来，将自己的贪欲之火烧得越来越旺；而比尔·盖茨赚钱的方法是通过为全世界所有电脑用户提供能效较强的软件，而且比尔·盖茨也已经捐助几亿美元做慈善事业。所以最终麦道夫的后果就是，身败名裂，要在监狱度过余生；而比尔·盖茨则可以自由享受和利用他的财富。

我的意思并不是说微软公司做出的产品就是完美无缺的，他们公司的产品还远远达不到这个水平。我经常觉得 Windows 系统用起来让人心情不爽，不开放，使用中被设置各种障碍。我多么希望比尔·盖茨能在研发产品的过程中咨询一下我啊！（我本可以为循道之人向 Windows 系统建言献策提供极简版本。）无论如何，当我们仔细想想，比尔·盖茨和伯尼·麦道夫相比，谁为公众做出更多贡献、谁更接近得道、谁拥有内心的宁静？答案是显而易见的。

道不可欺。即便在此过程中你赚得盆满钵满，你还是要遵循它，尊重它的力量，汲取它的智慧，这样你才会感到幸福。

领导力金字塔

政治领袖和 CEO 一样，只有手握大权才能坐在国家权力的金字塔顶尖。有两种构筑金字塔的方式：一种循道而行，另一种逆道而行。

逆道而行构筑金字塔的方式，就是政治领袖通过对他下面的每一个臣民进行施暴来保持他在高层的统治地位。他向他的臣民灌输恐惧，并以蛮力统治。（尼可罗·马基亚维利所写的《君主论》中的治国方式即是如此。）这些君主不会创造机遇，而是剥削百姓，将全国之财富归为己有，这样的君主压迫人民、抑制竞争、冤狱横出、不容置疑并消灭一切反对自己的人。历史上有很多这样的独裁者和暴君，现在世界上仍然有这样的统治者。这些人就像是永远难以取悦的掠夺者，这样的君主置百姓于水火之中。准确来说，这样的情况在古代中国曾经一度盛行，比如，老子和孔子所生活的那个战国时代，门阀士族相互对立，战火不断，最终导致民不聊生，衣不蔽体，难以果腹。因此老子和孔子都通过自己的方式，坚定地向战国的君主游说，并表示：如果君主想要治国有道，就必须循道而行。

根据老子的想法，一位觉悟较高的领导者会把金字塔模型倒过来。他会把他人的利益置于自己之上，会肩负着整个国家或者自己所领导的整个组织如泰山般的重量。这样的领导者会鼓励人们相互信任、相亲相爱，而且会让大家感受到自己举重若轻，因此大家也都会尽心尽力。这样的领导者不仅内心强大，而且温润如玉、谦恭下士、平易近人、值得信赖，不会单纯为了个人利益而行动，而是以天下苍生为己任，通过自己的地位和权力，一呼百应，创造出使得人人幸福、一团和气的价值观。这样的领导方式能够循道而行，可以解决当今很多世界难题。中国的君主后来以道治国的时候，中国的黄金时代就到来了，稍后我们将在第十六章详细讨论。

毋庸置疑，《道德经》在领导力方面教会我们的经验准则不仅仅只为国家元首或公司 CEO 所用，更是能够为负责管理一个群体的每一个人所适用。这种领导方法适用于所有教练和各个领域的管理者，也适用于任何团队的队长，适用于教每个学科的老师，也适用于母系社会的女族长和父系社会的男族长，等等。道，就像涓涓细流，滋润万物。有智慧的领导者，循道而行，向道而行。因为没有任何事能难倒他们，所以自然一切也都能够迎刃而解，顺利完成。

第八章　爱与人际交往

"我有三宝，持而保之：一曰慈，二曰俭，三曰不敢为天下先。"

——《道德经》第六十七章

"天下莫柔弱于水，而攻坚强者莫之能胜，以其无以易之。弱之胜强，柔之胜刚，天下莫不知，莫能行。"

——《道德经》第七十八章

在人类汹涌澎湃的情感海洋中，爱即使不是最强烈的情感，也是最强烈的情感之一。对老子而言，"慈"是重中之重，位列"三宝"之首。其后两大法宝为"俭"和"不敢为天下先"，这两大法宝为我们提供了宝贵的线索，让我们知道被老子列为首位的"慈"是何种爱。要知道，爱作为一种情感，不仅强大，还具有多种形式，然而并非所有形式的爱都会让人神安气定。

我们先来简单了解一下其余两大法宝，再去专注"慈"本身，看看老子最看重的"慈"是何种爱。

在此之前，我得提醒您：此书以汉语的英译本（古汉语表意文字翻译成现代欧洲语言）为根据，其中某些译文之间有所出入，可能会令读者感到困惑，尤其是新接触《道德经》的读者。例如，有一种译文将老子的"三宝"理解为"仁慈""节俭"和"不敢领先世人"，而另一种译文则理解为"同情""经济"和"不敢位于人先"。尽管其意思不够明晰，这些译本及其他众多译本，似乎在第三大法宝上的理解趋于一致，对西方读者而言尤其如此。

第三大法宝"不敢为天下先"意为谦逊这一美德。当一个人任由其自身的野心赤裸裸地掌控其他的品质时，必然会有骄矜之气而缺乏谦卑之心。老子和孔子一样，非常清楚骄傲自满会招致不幸，使得家庭和社会的功能失调。时至今日，谦逊实为整个东亚地区根深蒂固的重要美德。

第三大法宝似乎与离经叛道、特立独行、离群遗世、革新创造、坚定的个人主义，以及因崇尚个性而敢于自行其是等西方思想格格不入。但实际上它们并不冲突。拉尔夫·沃尔多·爱默生（Ralph Waldo Emerson）常被认为说过此话，"造出一个更好的捕鼠器，世界会把路修到你家门口"，但实际上，他写的是："如果一个人有好的玉米、木材、木板和猪售卖，或者能做出更好的椅子、刀具、坩埚或教堂风琴，你会发现有一条笔直宽阔的道路通往他家门口，尽管它在树林里面。"

谨记爱默生所说的：如果你能把一件事做得非常好，明显比别人做得好，那么世界就会发现你。你无须自负、傲慢或自我标榜，只需尽心尽力做好自己的事，人们就会发现并寻找你，你也会因此变得更加快乐。

如果你不相信爱默生或老子，那就想想那些你认识的人——被野心吞噬，因壮志难酬而愤愤不平的人。我们都认识这样的人，他们往往痛苦至极。为什么呢？因为他们不断地想要领先于世界，而不是让世界来找到他们。

不论怎么翻译，第二大法宝都比第一个更容易理解。践行节俭、节约、节制意味着要避免浪费、奢侈和富丽。这并不意味着你要成为一名隐士，放弃你的所有财产，并在山洞里靠每天一碗米饭维持生存。"俭"意蕴平衡：既不是过度放纵，也不是禁欲苦行。"俭"是古老的通往宁静的密钥，它不仅为中国的老子和孔子所提倡，还为印度的佛陀与希腊的亚里士多德所推崇。亚里士多德称之为"黄金中道"，佛陀则称其为"中庸之道"，而对道家来说，"俭"是常识。人能否幸福在很大程度上取决于在吃、喝、睡、工作、花钱等方面是否能找到平衡并保持平衡。这些事不论哪一样，过多或过少，都会带来问题，而适量能为你的高质量生活奠定坚实的基础，尽管每个人的标准各不相同。

如果你想更多地了解"俭"，我写过一本长篇论作，名为《中庸之道》，欢迎阅读。不过，我想你已经明白了其中的要旨。请注意，"俭"与谦逊也是有关联的。我们知道，要达成宁静，适度控制自我是非常重要的。谦逊的人不以自我为中心，以自我为中心的人不会快乐。与之相对，过度谦虚或强迫性的自我否定也会导致不快乐。谦逊和节制都会帮助你走向宁静平和。

既然我们已经明确了老子的第二和第三法宝的实质，接下来是时候好好探索"慈"了。显然，它是"三宝"中最丰富的宝贝，也是最迷人、最神秘、最超然的宝贝。

未被驯服的艾洛斯

对比《道德经》的不同译本时，我们整理出了一张关于第一法宝的近义词列表，其中包括"爱""仁慈""同情""慈爱"。它们有着共通之处：远离自私自利和占有欲，朝向无私和无条件的爱。老子在古代中国动荡不安的战国时期能够构想并践行无私、慈悲的爱，这确实令人惊叹！与此同时，释迦牟尼作为一个云游四方的僧人，在古印度构想与实践无私、慈悲之爱。老子和佛陀这样做都没有别的动机，只是想要帮助人们摆脱苦难的羁绊。他们都意识到，通过喂养心中那些扭曲而贪得无厌的怪兽，人们给自己带来许多苦难。

那么，怎样的爱才是健康有益的呢？我们又该如何体验？接下来，我们看看老子的看法。但首先我们从一个更为熟悉的视角，即西方视角，来看待"爱"。这将让我们得以欣赏老子的最大宝藏。

古希腊人已认识到爱分四种：情欲之爱（Eros，艾洛斯），友情之爱（Philia，菲利亚），亲情之爱（Storge，斯托奇），圣洁之爱（Agape，阿加比）。对他们来说，艾洛斯不仅是性欲之爱，更代表对一切欢愉的渴望，包括对生命本身的渴望。从更广的意义上来讲，生物都有情欲本能，首先是自我保护的本能。每当我们为了生存而努力，为了吃喝玩乐，为了爱与被爱，我们都表现出一种原始的生命欲望：这就是艾洛斯（Eros）。然而，对艾洛斯的追求给我们带来了快乐，也带来了痛苦，甚至在最糟糕的情况下，带来死亡。回忆一下那些可歌可泣的爱情故事，譬如《罗密欧与朱丽叶》或《特里斯坦与伊索尔德》，我们不得不承认，当情爱抵达浪漫之巅时，它会随之坠入死亡之谷。

这正是为什么西格蒙德·弗洛伊德（Sigmund Freud）多年来不断玩弄桑纳托斯（Thanatos，死之本能）这一概念，将其视为艾洛斯的补充。这是弗洛伊德唯一能解释即使情欲影响着我们的日常生活，为何仍然经常有人自毁、自杀。看起来，弗洛伊德似乎要再创造"道"，或者说，他至少承认了人类心理中一种基本的阴阳互补：艾洛斯和桑纳托斯，即对生的渴望与对死的渴望。一旦你唤醒了其中一个，另一个也会苏醒。因此，追求极致情欲刺激的最大冒险者，也是承担最高伤亡风险的人。

不管怎么说，浪漫的爱情虽热烈而快乐，却稍纵即逝，常被心碎之痛所抵消。倘若你经历过这一失衡（片刻的幸福伴随着永恒的苦痛），你也许会质疑老子：当我们最需要阴阳平衡的时候，它在哪里？老子会告诉你：这一失衡源于你对情爱的追求，情爱的本质是短暂的。

一朵花的花期有多长？倘若花开仍有时，那么此时片刻的盛开距离下次又要多久？道肯定了万物无常。这是一种失衡吗？是的。因为我们过度重视"地"，而忽略了它的互补面"天"。道家所说的"天"并不是指人死后去的地方，而是指此时此刻就可以共同创造的世界，是通过认同永恒的价值观来实现的。自私的爱并不长久，而无私的爱永世长存。"地"的恩惠转瞬即逝，而"天"的恩惠经世永恒。若你想永葆内心宁静，你就要认同"天"，而非认同"地"。

在实践中，第一法宝意味着要努力去体验除爱欲之外的其他形式的爱，这些爱的形式一个比一个无私、富有同情心，因此，能免受占有欲、痴心或成瘾所必然带来的痛苦。你想占有你的爱人吗？那么你会因占有欲而失去爱人，并因此而伤悲不已。你痴心于你的爱人吗？那么你会因此鬼迷心窍、魂不守舍。你对你的爱人迷恋成瘾吗？那么你要忍受一段痛苦的断瘾过程才能痊愈。这些都是艾洛斯未被驯服的后果。

老子是否希望有人听从他呢？是的，他主要希望听从他的是那些已经对道视而不见，结果使他们感到沮丧的人。谨记第六十四章的重要洞见：道的力量最胜于"为之于未有"之时。当然，在人类社会里，我们常从犯下的错误中汲取最多的教训。即便如此，道依然能很好地帮助我们不重蹈覆辙。

你十几岁或刚步入成年时，是否有人跟你提醒过放纵情欲会带来多大的风险？你那时会听吗？我想不会。你也要意识到，如果现在你家里有这个年龄段的孩子，即便有时你刻意发出警告，他们很可能也不会听你的。这就是为什么王尔德会这样打趣："韶华不为少年留。"一位伟大的英国晚期浪漫主义诗人，名叫 A. E. 豪斯曼，显然因为克制不了情欲而经历了挫折。下面这首不朽的诗篇描述的正是这一点：

　　　　当我二十一岁时，

　　　　曾闻智者言：

　　　　"宁赠王冠金银，

勿滥奉情交心；

宁赠珠宝珍稀，

勿弃自由之翼。"

但二十一岁的我，

不听良言规劝。

当我二十一岁时，

听他再叮咛：

"心一旦从胸膛掏出，

永不会徒然虚掷；

它换来无尽叹息，

并留下终生惆怅。"

如今我已二十二岁，

唉，此言不虚，千真万确。

倾情而出的菲利亚

要治愈未被驯服的艾洛斯，让菲利亚（Philia，友情之爱）倾情而出不愧是一方良药。友情之爱不包含情欲，它是朋友之间的一种无私无我的羁绊。因此，古代圣贤赞颂友谊，将其视为人类作为社会化存在的珍宝之一。亚里士多德在其《伦理学》中盛情赞扬了友谊之美，同样，孔子在《论语》的第一段中也反问道："有朋自远方来，不亦乐乎？"

友情的确令人愉悦，其中一个因素就是友情无私的一面，它是友谊的纽带。在爱情关系中，人们为彼此提供快乐的同时也不断向对方提出要求，而双方都觉得自己应该得到回报。一旦要求未能如愿以偿（在争吵不断的关系中，这种情况可能每天都在发生），预期的快乐就会迅速转变为情感上的痛苦——愤怒、挫败、责难以及激烈的言辞，伴随着沟通的缺失。在美好的日子里，爱神能抚平心灵的创伤；但在糟糕的日子里，它很容易造成伤害。

而友情则不会太糟糕。友情之爱的特点就是不向对方提出要求，而只是欣然提供友谊。我们愿意为朋友做各种事情，从不记仇。友情之爱是一种幸福的羁绊，因为它带来的快乐没有附加情欲。它让心灵愉悦，却不自我膨胀，不会令人堕落。它非常接近道，这就是为什么老子如此珍视友情的原因。

此外，友爱的对象还拓宽到了除人以外的生灵，以及许多其他的兴趣爱好上面。你养宠物吗？如果是，我敢说不论它们是否能回报你的爱，你都会爱它们。哺乳动物尤为擅长回报人类的爱，而狗自然是"人类最好的朋友"。如果你对你的宠物有情欲兴趣，那么你可能会被认为是有问题的或是反常的。但对你的宠物有一种友爱兴趣就是正常且有益的。你也可以用同样的方式去热爱音乐、园艺、阅读、运动或任何你喜欢的活动。你之所以喜欢你的宠物或爱好，因为它带给你快乐，而且除了那些你已经同意的基本需求外，它不会对你提出任何额外需求。同样，你对它也没有要求。

友谊之爱扩大了我们爱的范围，让我们得以热爱许许多多的生灵与活动，而不会让彼此之间争风吃醋。

　　我想我得提醒你——哲学本身就意味为"对智慧的热爱"。你可能会问：为什么从古到今总有一些哲学家比其他哲学家更快乐呢？为什么老子、佛陀和苏格拉底总是如此安详宁静，而亚瑟·叔本华、卡尔·马克思和弗里德里希·尼采却如此绝望和痛苦？也许这是因为他们热爱智慧的方式截然不同。如果你因爱某个人或某件事而痛苦，那么问题要么在于你所爱的对象，要么在于你爱的方式。就哲学而言，智慧并不是造成痛苦的罪魁祸首。智慧是一项基本美德，因此，我们爱它并没有错。可我们该如何去爱它？怀着菲利亚之爱或艾洛斯之爱吗？我们是否对它要求过高了？假如我们以错误的方式爱智慧，我们就不是哲学家，而是"情欲学家"（erosopher）。如果以正确的方式热爱智慧，你会感到幸福快乐；如果以错误的方式热爱它，你就会悲伤痛苦。选择权在你。

　　自老子开始，道家圣贤们将友爱作为基本的待人之道——不论是对旧友新朋，还是对完全不熟悉的陌生人，他们的默认态度是友好和善意，从而保持了怡然自得的心境。同样，将他人当做朋友相处，我们会因此得到对方同样的回报。佛教徒也修行这一尊重他人、乐善好施的精神品质。这一心态颇具感染力，且积极向上，以至于接触它的人都会争相效仿。待人友善也能促进个人利益朝着好的方向发展，正如第四章所说：圣人无私，故能成其私。

　　并不是每个人都会接纳友谊，尽管你对他真诚以待。许多人都受到愤怒、贪婪和嫉妒等心理毒素的困扰，而这些毒素会阻碍他们体验友情之爱的无私和快乐。这些人需要更长的时间接纳友情之爱，甚至实现圣洁之爱（Agape），以便清除他们心中的毒素。我们将会在第十二章中展开讨论这些心理毒素。同时，你在外也可以试着交些朋友，你就会发现友情之爱会对你的生活产生多么积极的影响。这个星球上同住着数十亿人，朋友再多也不为过。

举足轻重的斯托奇

通常情况下，父母对孩子，孩子对父母都会怀有怎样的爱？在家庭成员之间，又会产生怎样特殊的爱和情感？古希腊人将亲情之爱称为"斯托奇（Storge）"。父母与孩子之间的纽带由强大的进化动力所锻造。当代生物学家和社会学家表示，父母养育后代的背后有一股强烈的投资子女的意识。被领养的孩子也能获得养父母这一源于本能的投入。祖父母、父母、孩子和其他关系亲密的家庭成员之间有着十分特殊的联系，因此，希腊人将斯托奇视为家庭之爱特有的一种形式是有道理的。

但希腊人也痛苦地意识到人类的心灵并非可以如此整齐划一地被分隔开来。不幸的是，亲情之爱可能被情爱欲所侵害，这就是为什么地球上的每一个部落和文化都不得不发展出乱伦禁忌。当亲情被情欲腐蚀，原生家庭可能会给孩子们形成一种畸形的性认知，从而对他们造成严重的心理伤害。这是亲情最大但并非唯一的弱点。

很多父母还想通过自己的孩子间接实现自己的愿望，这是错误的。他们非但不去培养和鼓励孩子发现他们身上的个性与天赋，还将自己未能实现的愿望和梦想强加于孩子，试图操控他们来完成自己未了的使命。当子女被期望满足父母对生活的欲望时，亲情就被情欲玷污了。有时，这与孩子的个人兴趣相一致，但通常它会与之背道而驰，并且引发激烈的冲突。受亲情之爱的影响，孩子会顺从父母的要求，但他们自己的人格意识又会迫使其背离父母的要求。对任何一个孩子来说，这都是一个极为两难的困境，而太多的孩子发觉自己深陷其中。

因此，亲情之爱给我们留下了一个悖论：父母、孩子与家庭成员间的确有着一份特别的爱，但这份爱很容易被情欲所污染。与此同时，亲情之爱抑制了友情之爱的积极作用。我们无法只是简单地和孩子成为朋友，因为我们对他们有要求，他们也对我们也有要求，无论这些要求在某些时候是否合理或合法。故而法国诗人雅克·德力尔（Jacques Delille）有句名言："家庭乃命定，朋友可选择。"

宽广无私的阿加比

还有另一种爱，叫做阿加比（Agape，圣洁之爱），其力量胜于友情之爱和亲情之爱。阿加比通常指两个方面：对核心家庭成员无条件的爱——即不受情欲影响的亲情之爱，以及上帝对他的孩子（即人类）的无条件的爱。不太常见的是，一些人自身似乎也以这种无条件的方式爱着全人类，不论是以上帝的名义（像耶稣和甘地那样），还是以非个人化的宇宙力量的名义（像老子和佛陀那样）。那些在私人生活中实现了圣洁之爱的人将会是理想的配偶和父母：他们的婚姻会幸福美满，他们的子女也无比幸运。

那些在公共生活中实现了圣洁之爱的人肯定会让世界变得更加美好，但他们也将面临被迫害、处决或暗杀的风险。为什么呢？因为他们所散发出来的善良之光，会暴露出某些邪恶之人的真面目，而很多恶人无法忍受被赤裸裸曝光。恶人非但不愿改邪归正，反而可能会心怀杀人之恨。但凶手恶人虽能摧毁肉体，却不能伤害圣洁之爱本身。杀死怀有圣洁之爱的精神之师往往会适得其反，这是因为他们以身殉道唤醒了追随者心中的圣洁之爱，为他们的教义注入力量，并保证了教义世代相承。因此，你确实可以在家里践行圣洁之爱，但放到公共场合，你或许还得慎重考虑。并不是每个人都会因此而立刻喜欢上你。但不论如何，圣洁之爱是人类所能体验到的至高无上的爱。

仔细想一下，你就会意识到，维持一段长期的充满爱的关系仅仅依靠情欲之爱、友情之爱或亲情之爱是不够的。观察一下组成社会的基本单位——丈夫和妻子，或者生活伴侣——很明显，情欲之爱扮演着重要角色。人们一般在结婚前会坠入爱河，并且通常要保持持续的身体之爱。情欲之爱使这些成为可能。但婚姻或终身伴侣关系远不止于此。丈夫与妻子，以及那些正式立下山盟海誓的人，或是伴侣，或是爱人，他们的关系通过友情之爱得以维持。作为朋友，大家可以一起愉快地工作、玩耍，真正的友情会随着时间的推移而不断加深。因此，友情之爱在婚姻中扮演着至关重要的角色，但即便如此，往往还是不够的。

大多数婚姻会诞生孩子。众所周知，为人父母需要无条件地付出自己的爱，需要乐于奉献、耐心待人、牺牲自我、善解人意，而不求任何回报。这是一项艰巨的任务，仅仅依靠友情之爱和亲情之爱会力不从心。要想成为好父母，我们必须怀有圣洁之爱，在至简意义上，至少"在家庭内部葆有这份爱"。

在古代亚洲，像老子和佛陀这样伟大的思想先驱，能够将仁慈、怜悯和仁爱赐予他们遇到的每一个人，并提高他人的这种爱的能力。他们并不是有求于神灵而做这些事，相反，佛陀是为了唤醒每个人内在"至善的我"，也就是"无我"。老子则是潜心于道，在道的修行中静心而生无我。

由于"Agape"是一个希腊词汇，所以这种爱的形式在古代西方也是广为人知的，那时的人们将其与某个神或诸神的体验相联系。印度教哲学、各种各样的异教宗派，还有亚伯拉罕教（犹太教、基督教、伊斯兰教），都接受了神性的人格化，这些神赐予世人圣洁之爱（有时也会赐予世人苦难）。这些宗教认为人们凭借自己的具身化的灵魂"与神沟通"。"宗教"（religion）一词来源于拉丁语动词"联结"（religere）。与此类似，在古印度，"瑜伽"（yoga）这个词来源于梵语"联结"（yoke）。在印度教中，阿特曼（指个体生命中不灭的神性）寻求归于婆罗门（神圣的合一之海）；基督教寻求灵魂归于上帝。像耶稣和甘地这样"伟大的灵魂"能将圣洁之爱施予世上的各色人等。人们信奉神明，而这份信仰又反过来成为神爱世人的源头。

老子认为，不论是否信仰神明，我们都能修行圣洁之爱。他如是写道："善建者不拔，善抱者不脱，子孙以祭祀不辍。"

人们需要仪式来纪念他们的人生大事：庆祝新生，悼念亡者，以及所有介于生死之间的重要事件。我想老子应该也是赞成道长举行仪式的，只要他们是本着"慈"的精神，而不是为了权力和利益。佛陀提醒人们不应思议灵魂是否会不朽，活在人间最紧要的使命是修行圣洁之爱。

灵魂伴侣与婚姻

如果把这四种爱放在一起，我们会发现他们都是维系长期关系所必需的。最初，是情欲使一对恋人在一起。但如果情欲是他们关系的唯一吸引力，那么他们的关系并不长久。要进一步相守，他们除了实现肉体的交合，还要有心灵的交流，这就需要友情之爱。这就能促成一段长期关系，亲情之爱由此而生。假如除此之外，他们相互给予无私的圣洁之爱，或是从对方身上获得了圣洁之爱，那么他们就会婚姻美满，家庭幸福。

长期稳定的婚姻或爱人关系往往是实现了情欲之爱、友情之爱、亲情之爱和圣洁之爱的平衡，这种平衡不一定是恒定的比例。情欲之爱使蜜月期充满激情，友情之爱使同居生活欢乐融洽，亲情之爱使家庭关系亲密无间，圣洁之爱使育儿教育成功顺利。随着一段婚姻经历不同的阶段，重心可能会由一种爱转移至另一种爱，但长期来说，所有形式的爱都必须各就各位。婚姻的破裂常常是因为情欲之爱、友情之爱、亲情之爱、圣洁之爱的失衡造成的。

假如你恰好遇上某个人，你发觉对方与你在爱的四个维度都有着深深的联系，如果这个人恰好对你有同样的感受，那么你就找到了一位灵魂伴侣。灵魂伴侣在身体、思想、心灵和精神各层面都深度契合。最成功的婚姻是灵魂伴侣之间的结合。

在西方，对情欲之爱的病态似的强调——以牺牲友情之爱、亲情之爱和圣洁之爱为代价，几乎消解了社会结构。离婚率高涨，而出生率却骤降。人们变得更少关注内心和精神生活，也变得更加享乐主义，寻求肉体快感胜过一切。如果一个家庭、社会或文明对老子所说的第一宝（"慈"）视而不见，它们不可避免地会变得不快乐。极为讽刺的是，在美国，人们越来越强调爱欲，并肆无忌惮地鼓吹各年龄阶段的各种性行为，然而性功能障碍在所谓的"正常"人群中却从未像现在这样广泛过。这是空气的问题吗？是水的问题吗？还是食物的问题？不，这是文化的问题：阴阳失衡。

重新审视阴与阳

区分道家互补理念与极端对立理念的关键在于：道家互补的每一方都包含了对方的某些元素。阳中有阴，阴中有阳。最明亮的阳光投射出最深的阴影，而最黑暗的夜晚让最明亮的星星可见。同样，男性与女性也各自包含了对方身上的某些特质，尽管这通常需要一段时间才会显现出来。在早期的胚胎发育阶段，男性和女性的生殖器官同时存在，这让我们所有人从一开始都是雌雄同体。但不久我们就更明显地朝着性别连续体的一端或另一端发展，成为男性或女性。然而，我们互补的性征从未消失，它们往往会随着我们的成熟而重新浮现。在你十几岁和刚步入成年时，我们往往强烈地表现出我们的主要身份——男性或女性——因此，我们会通过寻找对方来补充、完善自我。

不过，要达到道家的气静神怡，关键之一在于我们的内在互补。"阳"本质上是具有创造力的，自信的、粗犷和理性的；"阴"本质上易于服从，是温柔和感性的。成熟男性最终可能会借园艺或欣赏大自然来表现"阴"的一面，而成熟女性最终可能会靠领导或捍卫社会事业来表现"阳"的一面。要想变得完整，甚至达成宁静，我们就需要培养与内在互补的品质。一段成功的关系是每个伴侣鼓励对方完成这个过程的关系。然而，一次又一次，男性和女性彼此误解，似乎无法甚至不愿意通过对方的眼睛看世界。

如果男人和女人忽视了各自内在的互补，他们就有堕入两极对立的风险。这种情况一旦发生，对彼此的爱慕很容易转化为对彼此的厌恶，进而引起误解、争吵，甚至是不可调和的分歧。培养与自身内在互补的品质，使男人和女人能更了解自己，从而也更好地理解彼此。

正如我们提到的，道在很多方面更偏向于女性而非男性，偏袒阴而非阳。《道德经》教导我们：长远来看，阴胜于阳。例如，水是阴性的（柔和而包容），岩石是阳性的（坚硬而粗糙），然而随着时间推移，柔和的波浪击碎了坚硬的石头，形成了沙滩。在人际关系中，女性以温和、温柔和温顺征服了男人。阴性的优势在短期内也是显而易见的：柔软的小草会弯下腰来以适应强风，而于风息时回弹。但硬挺的树却不能让步，因此，他们可能会倾倒甚至死去。更具悖论的或许是，柔软之物保护着坚硬之物。我们柔软的嘴唇保护着坚硬的牙齿。当我们包装如玻璃器皿那样坚硬或易碎的物品时，我们会用泡沫纸那样柔软又有韧性的东西来保护它们。

男人征服世界，但女人征服男人——阴一次又一次地战胜阳。这就是为什么拉尔夫·沃尔多·爱默生评论说，妻子对丈夫的权威超过了政府。道家圣贤创立的武术也是如此。尽管在东亚、东南亚乃至现在全世界各地都在练习着各种各样的武术风格，但它们都归入两大类别：搏斗与柔术。当你看到武术师赤手空拳劈开砖块、冰块或木板，那么你目睹的是硬派搏斗。但当你看到武术师像镜子一样反射攻击力，看起来不费吹灰之力便把攻击者制服时，那么你目睹的是软派柔术。

太极也许是诸多软派武术中最有名的。但别误会：尽管太极常被西方人当作一种行云流水的舞蹈加以传授，许多西方武术师父并不知道这些动作真正的目的是什么。实际上，太极是所有中国武术中最致命的。这是以柔克刚，以阴胜阳的再一次证明。

日瓦戈医生之道

人类有两种基本性别——男性和女性。一对这样的组合能组成一个家庭，许多家庭一起组成一个社会，这是一个社交实体。许多的社会实体在一起形成了一个国家组织，这是一个政治实体。阴和阳也蕴于其中。社交界是阴，政治界是阳。女性天生善于社交，而男性则需学习社交礼仪。男性天生政治敏锐，而女性则需要学习政治程序。在人类历史的大部分时期甚至整个史前时期，性别角色有着严格的分工：男人是猎人和战士，掌管部落政治；女人负责采集食物和照料孩子，掌管部落的社会交往。这就是阴和阳的基本表现形式。

在过去的一个世纪里，男女的角色越来越不再那么分化。然而，人们并不一定更加幸福。为什么呢？一方面，我们需要表现自己的内在互补面以成为完整的个体；另一方面，我们需要表现自己的基本身份以维持正常的机能。

如果任其自然，大部分情况下女孩会表现得像女孩，男孩会表现得像男孩。大多数女性不希望成为男性，大多数男性不希望成为女性。不过，一旦男女之间的根本差异被忽视、模糊或政治化，全人类都会变得不幸福。事实确实如此，就是这么简单。

鲍里斯·帕斯捷尔纳克的不朽小说《日瓦戈医生》巧妙而深刻地诠释了这一主题。这部小说是以俄国革命为背景，讲述了貌美动人的姑娘拉拉和三个爱她且有权有势的男人的爱情故事。拉拉的第一个情人是科马洛夫斯基，一个在革命前俄国政府中有人脉和影响力的年长男性。他曾和拉拉的母亲——一名为上流社会设计服装的女装设计师，约会过。但后来他遇到了拉拉，诱惑并夺走了她的贞操，又带她接触了上流社会，体验更精致的生活。在这个过程中，他彻底爱上了她，到了痴迷的地步，一生无法自拔。而拉拉本人却越来越厌恶他。科马洛夫斯基的故事说明了艾洛斯（情欲之爱）的本质：它充满着诱惑，令人沉醉，且具有破坏力和局限性。

后来，拉拉嫁给了同班同学帕沙，一个年轻、满怀理想主义、充满革命精神的学生。他致力于根除制度体系中遗留的不公，并以政治进步的新名义取而代之。拉拉成为一位母亲，照顾着他们的女儿，而帕沙则自愿参加了第一次世界大战，之后，他成为俄国革命的领袖，并在随后的内战中大获全胜。满怀理想主义的学生帕沙慢慢变成了冷酷无情的共产主义专制者斯特列尼科夫。他抛弃了拉拉，宣称在俄国"个人生命"已死，每个人都必须将革命置于家庭之上。斯特列尼科夫象征着菲利亚（友情之爱）：起初是对正义事业的热爱，但随后这份爱因为对人性的憎恨而遭腐蚀。斯特列尼科夫没有情欲之爱（他已禁止了这种感情），又反对圣洁之爱。受这一思想的荼毒，他虽然无所不能，却异常痛苦。

拉拉后来和一位卓尔不凡的男人久别重逢，这个男人是尤里·日瓦戈医生，他是一名医生兼诗人。他们的人生轨迹早在她与科马洛夫斯基相处期间就曾交汇，当时他们作为医生和护士一起在一所军事医院服务。那时他们都已婚，她嫁给了帕沙，而他娶了一位非常优秀的姑娘。在这一背景下，友情将拉拉和尤里紧密联系在一起，他们既是医疗同事，又同为救护人员，救助了无数受伤和垂死的士兵。尽管他们是职业同事，他们的友情之爱还是催生出了男女之间的情欲之爱。只不过他们起初忽视了情欲之爱，或者更准确地说是将其置之于后，因为他们都受到了亲情之爱的影响，忠于各自的配偶与家庭。与此同时，他们感受到了对方身上的圣洁之爱，正是这份爱驱使他们投身医疗服务行业。他们都爱着苍生，又目睹了尸横遍野、大地千疮百孔，人们饱受战争的折磨。他们想治愈人们，而非伤害他们。

几经俄国命运的周折，拉拉和尤里最终有情人终成眷属。他们于危难关头互表心意，随即相拥。拉拉还成为尤里心中的缪斯女神，他以她的名字命名写了一卷诗集，颂其美丽，也为永恒的爱情高歌。因为他们是灵魂伴侣，他们的爱就是圣洁之爱：对人类爱的能力之爱，并且坚信爱比战争更强大、更持久、更富有创造力、更能鼓舞人心、更不可或缺。在俄国坚决肃清私生活的体系制度下，他们共度了时日无多的欢愉，正因如此，拉拉和尤里作为最后的一对真心相爱的恋人，他们的相爱不仅是为了自己，更是为了全人类；他们必须不惜一切代价延续爱的火焰。他们做到了。在永远分开之前，尤里为拉拉写了一本诗集，而拉拉怀上了他的孩子。这对灵魂伴侣一起为俄国后世永葆所有的爱——情欲之爱、友情之爱、亲情之爱和圣洁之爱。

老子会赞同他们吗？是的，他会，而且完全赞同。"慈"是老子所认为的最宝贵的财富。在我们生活中，爱是重中之重。它也是我们传给下一代的珍贵礼物。没有爱，人类就无法生存。

第九章　婚姻与家庭

"六亲不和，有孝慈；国家昏乱，有忠臣。"

——《道德经》第十八章

"善建者不拔，善抱者不脱，子孙以祭祀不辍。"

——《道德经》第五十四章

　　中国哲学非常微妙，比许多西方人所意识到的更胜一筹。西方人更为熟知的是日本语言及其文化细致入微的程度。不过，不能忽略的是，日本人将中国文化奉为他们的"母文化"呢。虽然中国哲学讲究实用的一面，但也有它极其微妙之处，正如我们刚刚看到的那样，中国哲学讲究悲悯之情。一位道家大师曾讲述了一个关于中国医生的故事，说这位医生无法治愈一个病人的绝症，不过他想，接受治疗至少能让病人心理上感觉舒服一些吧，于是医生给他开了些中草药并叮嘱他如何使用就打发他回家了。

　　"那我什么时候再来呢？"病人问。

　　"明年再来吧。"医生回答。

　　你明白了吗？医生温和而含蓄地告诉他，他只能再活一年了。这话对于那些单从字面理解语言或者从不考虑其蕴意的人来说，着实匪夷所思。道只能用一种很玄的语言来描述，所以我们必须深入理解它，否则无法把握其内涵。阴阳两极不断变化，互相转换，此消彼长。中国人的思维也是如此：正如那位中医的思维，看起来正在表达的意思，实际却藏在与之相补的另一面。如果"明年再来"意味着"你只能再活一年了"，那么我们在解读老子的时候不妨要谨慎些。毕竟，无论对于个人还是文化而言，他都是位非凡的形而上学家。

同样，还有三句大行其道的中式咒语，但它们对涉世未深的人来说，听起来或许相当悦耳。第一句，你可能听过——"愿你生逢盛世"。没错，然而是什么造就了盛世呢？你从书中读到的鼎盛时代或许是人民生活最痛苦的时期，对不对？第二句，我们听到的不多——"愿你金榜题名"。这句听起来很令人向往，但授予名誉或权力的同时，还夹杂着一股自上而下的命令的语气。那第三句是什么呢？"愿你得偿所愿。"这为什么是咒语呢？原因有两个。首先，我们想要的东西通常隐含着附加条件，而我们往往没有觉察到，等发现时，为时已晚。一旦我们得到了想要的东西，我们就会突然发现，它捆绑着各种我们不想要的东西，但不管怎样，我们都深陷其中了。其次，求仁得仁会使自我膨胀，从而激发更多的欲望，这一点将在本章后面再印证。

以上论述意在厘清老子关于婚姻和家庭的看法，以及它们如何与更广的社会和政治领域相联系。每一种文明都建立在婚姻、家庭、社会和政体这四大支柱之上。如果这四大支柱稳固，那么多数人就会感到幸福，其文明也将繁荣昌盛。如果其中任何一根支柱出现裂缝或坍塌，人们，或许是很多人，就会处于不幸，文明的大厦也将岌岌可危。不要忘了，老子和孔子都活在"乱世"，并且有政府"题名"了他们。

父母慈，子女孝

老子写道："六亲不和，有孝慈；国家昏乱，有忠臣。"这是什么意思呢？我们可以从当代西方获得一些重要线索：离婚率呈螺旋式上升，儿童患上多动症、肥胖症和出现其他问题的概率大大增加。心理学家通过研究，发现离婚的一个残酷的后遗症是，许多孩子将婚姻的破裂归咎于自身。目睹父母婚姻的破裂，并参与其中，让孩子深感痛苦，因为他们最渴望在父母的爱护下长大。这意味着他们渴望的是父母不仅疼爱孩子，还彼此相爱。孩子无法理解成人的世界（否则他们就不是孩子了），因此他们无法理解离婚背后的动因。但他们所感受到的痛苦，给他们造成错觉，以为父母的离异在某种程度上是他们自己造成的，尽管事实并非如此。于是，他们开始相信自己一定可以做些什么来弥补这种情况。因此，他们变得孝顺，更关心父母幸福与否，而不是自己。

问题是，这并不会影响结果。离婚之后，孩子仍然会觉得，要是自己是一个"更好"的孩子，家庭就会保持完整。孩子内心的痛苦是真实的，但造成这种痛苦的原因是幻想出来的。孩子什么也做不了。然而，孩子对于父母生活在同一屋檐下这一基本需求，使得他不愿承认：除了自己想象出来的疏忽之外，还有更大的力量在破坏婚姻。所以，当家庭关系不再和谐时，孩子变得孝顺了。

这也许会让你认识到，特别在东亚文化中，孩子们从小就被教育要尊敬父母并顺从于父母。按照传统，孩子要按照父母的愿望和计划行事。这是儒家的核心义务。所以，孝顺是孩子的正常状态。每个孩子都是孝顺的。既然如此，人们就没有必要称他们为"孝子（或孝女）"。他们如果是孩子，他们就是孝顺的。因此，像老子那样称孩子为"孝"，就说明出了大问题了，就像医生说"明年再来吧"一样。

现在让我们从父母的角度来分析一下。通常来说，父母把孩子带到这世上并抚养成人需要做出巨大的努力。多年的付出、投入，甚至为了孩子而牺牲自身的利益，对父母来说是家常便饭。因此，通常大多数父母对孩子都尽心尽力。仅仅自称为"父母"就已意味着一种高度奉献的精神。但是如果家庭内部或更广泛的文化中出现问题，孩子们通常是最先受影响的。那么父母必须做出额外的努力来恢复和谐，这种努力是如此明显，以至于他们可能会被贴上"慈爱"的标签。但这也意味着事情进展不顺；否则，除了生育孩子之外，父母不需要额外的付出，或者承担超出常规的责任了。"愿你出身名门"的说法是"愿你生逢盛世"的亲情版本。

做了二十多年的哲学顾问，我发现几乎所有的客户在成长过程中都经历过大大小小的创伤。显然，每个家庭都在某些程度上存在着功能失调。这与家庭收入、权力或社会地位无关。富裕或有权有势的家庭可能和所谓的普通家庭一样功能失调，甚至比他们更糟糕。佛教徒相信每个人迟早都要受苦——通常是受苦较早，希望不要一直受苦。但道家不持这种看法。他们关注的不是苦难，而是维系个人与家庭的和谐，把苦难抛在脑后，让孩子幸福快乐，让成人平静安宁。心态平衡的人更能轻松地体谅、摆脱或忘掉家庭必然存在的功能失调。但是不存在完全没有问题的家庭，真正的问题在于家庭和谐能否战胜功能失调。当父母遵循道，他们能够恢复平衡；如果父母摒弃道，就会导致失衡。

老子将和谐的家庭同有序的国家联系起来。如果我们从国家的角度思考，可能会更容易理解他的观点。何时最需要、最认可和最尊敬爱国者？在水深火热之时，在乱世。例如，美国人将华盛顿、杰斐逊和林肯尊为最伟大的爱国者，但他们未必注意到这三位领导人都出现在极其动乱的年代。乔治·华盛顿从英国手中赢得了美国的独立，而托马斯·杰斐逊起草了著名的《独立宣言》。如果英国对美洲殖民地采取了更加平衡的政策，或许美国人就不会被激起反抗的情绪。

同样，亚伯拉罕·林肯执政期间，国家正处于内战时期，面临严重的内部冲突与矛盾。林肯的伟大之处在此期间凸显，但回首过去，可能大多数美国人希望内战及其惨痛的伤亡代价能以某种方式避免。世界上的每个国家都发生过类似的历史事件。伟大的政治家和传奇式的爱国者往往在国家动荡时期才出现，就像孩子的孝顺和父母的慈爱只有在家庭危机时才更得以体现。

老子认为，没有了纷争和危机，我们会过得更好。当家与国都紧密遵循着道，就能处于平衡、和谐和稳定之中。当它们偏离了道，它们的差异和分歧就会凸显出来，更容易引发矛盾。

经久不衰，绵延不绝

老子与孔子都致力于维系文明，因此他们传递了有利于文明长久发展的原则。现在看来，我们可以发现，他们的理念从长远来看非常合理。中华文明不仅经久不衰，而且蓬勃发展。在过去的几个世纪，美国和欧洲强国主导了世界，但在 21 世纪，中国成为世界领先的经济体。老子与孔子都曾意识到，一个国家或一段文明的长期繁荣与家庭的福祉息息相关。在东亚，组成社区、社会和政体的基石是家庭而非个人。相比之下，西方越来越强调个人利益高于家庭利益。从短期来看，对个人利益的强调很有诱惑力且受欢迎，但从长远来看，这会导致家庭与社会分崩离析。

我们人类面临的最困难的挑战之一，就是世世代代在日常生活中都要去平衡个体与集体（家庭、社会、政体）之间的利益。从核心家庭的微观层面到国际社会的宏观层面，个体与集体之间在每一个社会规模上都存在着持续的紧张关系。灵长类动物学家罗伯特·耶基斯在研究我们最亲近的生物亲属黑猩猩后打趣道："一只黑猩猩不是黑猩猩。"同样，没有人是一座孤岛，我们需要他人才能生存和发展。相反，让·保罗·萨特却写过："他人即地狱。"从核心家庭到国际社会，与我们生活息息相关的他人有时会让我们感到烦躁，小至惹人微怒，大至生死搏斗。平衡个体与集体之间的冲突与其说是一门科学，不如说是一门艺术，而道处理它的技巧比其他任何已知或发明的体系都更具艺术性。

如果实现平衡是一门科学，我们可以一劳永逸得出适用于所有情况的方法。不过，无意冒犯所谓的"社会科学"，平衡这种紧张关系根本不是一门科学。西方心理学家并没有让人们更加快乐，婚姻与家庭的治疗师并没有降低离婚率，经济学并没有让每个人都变得富有，政治学并没有创造出乌托邦，国际关系学并没有阻止战争。科学家已经在理解心理和社会现象上取得了重大进展，但不论是对个人还是国家而言，好好生活更多是一门艺术而非科学。在过去的一个世纪里，医疗健康科学几乎使人类的预期寿命翻了一倍，但无疑，社会科学并没有使人类的幸福感翻倍。不然，抑郁症、饮食障碍、睡眠障碍、注意力缺陷障碍和性功能障碍在发达国家就不会如此泛滥。尽管生命的数量（我们活了多久）是一个科学课题，但生命的质量（我们活得多好）是一个艺术课题。既然好好生活是一门艺术，我们必须唤醒自己的直觉，使其发挥作用，而《道德经》无疑是一个有效的唤醒号角。

你也许察觉到，人类充满了欲望。我敢打赌，你现在就能列出一长串你想要的东西。请试试看。

现在列出另一张单子，这次写下你需要的东西。我敢肯定这个列表会短很多。为什么呢？因为我们所有人的需要都比欲望少。

我们的肺需要空气，胃需要食物，身体需要温暖，肌肉需要运动，大脑需要睡眠，而心灵需要爱。但是欲望却没有尽头。你知道为什么吗？因为我们的自我希望得到满足，而且自我得到的越多，想要的越多。需求是有限的，欲望是无限的。这是我们每个人乃至我们整个物种面临的最大挑战。得到我们想要的不一定对我们有好处，实际上反而可能有害。

如果你还记得自己的孩提时代，或者你正在养育孩子，那么你肯定清楚这是真的：孩子和成人一样充满了欲望，只是他们的欲望明显更孩子气些。作为父母，我们应该满足孩子的所有欲望吗？绝对不行。为什么不行呢？你应该很清楚，因为那么做只会把他们宠坏。而且孩子并不能判断什么对他们是长远有益的。你的孩子也许想玩游戏而不是写作业；想熬夜看电影而不是去睡觉；只想吃甜点而不是健康食品；想每天都过生日，而不想看病或看牙齿；他们生病了不想吃药，等等。因此，你身为一名为孩子着想的好父母，你经常必须说"不"。

你的孩子没有和你一样意识到：想要什么就有什么会是一件坏事。

娇生惯养的孩子并不幸福。他们不得不通过艰难的方式学会：生活的宗旨不仅仅是得到自己想要的东西。因此，作为一名有远见和担当的家长，你必须知道什么时候该对你的孩子说"不"。

同时，我希望你意识到"是"为一个重要且美好的词汇。它肯定、激励、授予并打开门扉。虽然如此，并不是每扇门都应该对孩子敞开。这就是为什么我们设置了家长指导系统，以警告孩子不要观看成人电影，或拦截某些电视频道和网站。

"不"有时是为了孩子自己的好。因此，作为一个负责的家长，需要知道什么时候说"是"，什么时候说"不"，这相当于要把握好两者的平衡，正如平衡阴和阳。此为养育孩子之道。

尽管在大多数情况下，达成平衡是常识加上经验的问题，但有时，可能我们打算拒绝的时候，给出同意也是正确的，而我们打算同意的时候，给出拒绝也是合适的。这就像道家的太极图，阳中有阴，阴中有阳。

接下来各有一个我儿子小时候的例子。

我儿子九岁时，和邻居家的小朋友——一个十岁的女孩，都想看《驱魔人》。这部电影非常恐怖，即使对成年人来讲也是如此。不过，孩子们喜欢在可控的情况下被吓到，只要他们觉得恐惧在某种程度上是安全的，也就是说，恐惧来源于他们自己的想象，而不是来源于现实。假如除了恐惧本身就没有什么可害怕的，那么直面这样的恐惧可以培养勇气和信心。我问了他妈妈的意见，她和我一样认为这属于边界问题——就像阳区域里的阴点。接着我问了隔壁家父母是否准许他们的女儿看这部电影，他们也同样认为这是一个边界协定。

两个孩子一直催促我们答应，最终，所有的大人都认为他们已经足够成熟，能够应对观看这部电影的内容。重要的是，他们都在家庭环境中调整得很好，足够安全，能够承担一些可控的风险。所以我们同意了，不过有两个前提条件：第一，我们要和他们一起看完这部电影，希望我们的陪伴能给他们安全感。第二，要是他们中的任何一个人特别害怕，我们就会立即停止播放电影。

　　我们看完了整部《驱魔人》，孩子们在所有恐怖的地方都被吓得够呛。但是他们不想中止，事后还为自己看完了整部影片而自豪（一两个恐怖镜头除外，当时他们转移了视线）。他们做噩梦了吗？当然做了，噩梦持续了两三天。不过他们克服了，这没有给他们留下不良影响。回想起来，这次经历帮助他们成长了，这就是一个模棱两可情况下的范例。有时候，你得发挥自己的判断力，碰碰运气，期待会有最好的结果发生。

　　接下来是一个反例。在几年后，我们的儿子在网络游戏上浪费了太多时间，他甚至不愿意或者无法让自己停下来，他妈妈没收了他的键盘。他很讨厌这个做法，愤怒得像个被夺走了"毒品"的瘾君子。不过他克服了这个困难，并且（艰难地）学会了更好地利用自己的时间。限制他玩游戏就是一个建设性的"不"。

更宽广的愿景

　　适用于孩子的道理同样适用于成人。成年并不意味着我们想要什么就能得到什么；被宠坏的成人比被宠坏的孩子更糟。比如，女人一直告诉男人"不行就是不行"很长一段时间了，但很多男人还是不能很好地应付拒绝，也不喜欢接受否定的答案。尽管如此，拒绝有时还是必要的。而适用于孩子和男人的道理同样适用于女人，不过拒绝她们可能要冒更大的险。剧作家威廉·康格里夫于1697年曾说过一句至理名言："遭遇冷落的女人比地狱之火更为可怕。"这没错。任何人对一个女人说

"不"都可能令她们怒火中烧，祸及自身。虽然如此，但该拒绝时还是要拒绝的。对一个成人说"不"对其或许也有好处。

最坏的情况也不过如此，想想：如果阿道夫·希特勒占领莱茵兰时，遭到同盟国反抗，他就不可能吞并奥地利；如果他吞并奥地利时遭到反抗，他就不可能解体捷克斯洛伐克并夺取苏台德地区；如果他解体捷克斯洛伐克并夺取苏台德地区时遭到反对，他就不可能入侵波兰。同盟国最终在希特勒入侵波兰后发起抗议，但为时已晚了。1936 年反抗的成本在生命损失和破坏程度上本来会很小；而 1939 年反抗的代价是欧洲爆发了第二次世界大战，不论从死亡人数还是连带的其他破坏性来看，这一代价都是巨大的。

正如老子理解得那样透彻，成年男女不能像小孩子一样随心所欲。我们需要法律和道德规范来界定适当的行为。同样，好的政府需要找到允许和禁止其公民行为的平衡点，正如好的父母得为自己的孩子设立同意与拒绝的平衡点。在政府中，明智地行使道的力量比在任何地方都重要，因为如果政府这样做了，几乎所有公民的幸福与安康才能达成平衡，进而实现国家的长治久安，或是文明的持久发展。

接下来有几个例子。现在我要冒着很大的风险谈一谈女性以及失衡的两种不同情况——一种是因为一味否定，而另一种是因为一味肯定。

谈及一味否定，中东地区还存在着某些极端团体，他们实施着极不人道的管理制度，和石器时代如出一辙，其中压迫女性的措施主要有：解雇所有职业女性，并禁止其工作谋生；禁止一切歌唱、舞蹈、音乐和艺术，违反者可被处以死刑；所有女性在公共场合必须穿着全长的布卡罩袍，若无成年男性家属陪同，则不得离家；严令禁止女性化妆，即使戴着面纱也不行，前往美容院也可被处以死刑；犯通奸罪的女性将被乱石砸死……这听起来难以置信，但它却真真实实发生在最近的记忆里。你不用成为一名道家圣贤都知道这失衡得有多么严重，在该否定的时候犯了多么荒诞的错误。

现在我要冒险给您讲个一味肯定的例子，它发生在当代美国。美国不仅政治上赋予了激进女权主义者权力，而且还在另一方面造就了堕落的享乐主义者，这个国家在这两方面领先世界。请理解我要表达的语境。在世界很多地方，女性仍不像她们所想的那样自由，我也很清楚在所谓的大男子主义文化下，她们为了争取更多独立所做的斗争。我在这谈论的是一些很不寻常的事情。

在美国，由女权主义主导的高等教育体系和激进的左翼媒体对女性进行了洗脑，使她们相信采取男性生活方式就能收获真正的幸福。他们教育女性对事业的追求应高于婚姻和家庭，要同男性竞争，还要在广大的劳动力市场上取代他们。同时，男性气质和男子汉的品质受到了嘲讽、轻视和贬低。这给大多数仍想要结婚生子的女性带来了巨大的压力。但如今她们必须在为人妻母的同时兼顾事业。结果，核心家庭四分五裂。离婚率飙升，而生育率骤降。抑郁症普遍存在，而且多数患者是女性。饮食失调，特别是厌食症和暴食症非常猖獗。当代美国女性过得很不幸福，以至于她们中很多人都羡慕自己的母亲或祖母，尽管后者是未被解放的妻子、母亲和家庭主妇，但却是快乐的。过去，离婚在社会上被视为一种耻辱。而现在，传统婚姻成了耻辱。

并非巧合的是，男性正深受勃起功能障碍的困扰。在人类历史上，首次有相当大比例的异性恋男性无法被女性进行性唤起，需要借助药物或真空泵来帮助他们完成本来是自然天性的行为。为什么？因为他们在心理、经济和政治上受到了阉割。

很多制药公司成了最大的赢家，他们出产百忧解、帕罗西汀、万艾可、西力士等药品。但是，这些疾病与文化有关，和生理无关。美国文化是病态的，这就是美国人过得如此不快乐的原因所在。药物无法治疗文化弊病，美国人迫切需要道的力量。

同时，美国人还眼睁睁看着自己的孩子纵欲寻欢。让人震惊的是，在MTV纵欲文化的煽动下，女孩和男孩在很小的年纪就有了性生活，开始滥交，这令人震惊。色情作品无处不在，保守贞操成了过时的观念，按需堕胎成了一种避孕手段。不出所料，抑郁症、饮食失调以及幸福感缺失在越来越早的年纪就表现出来了。

对女性什么都不说，只是说"是的，你想做什么就做什么"，完全没有任何限制，并不会比跟她们说"不"来得更好。幸福在于寻找和维持阴阳平衡，而不是让一方倾轧另一方。

"我"和"我们"

如果你有兴趣进入一段长久的婚姻，组建一个幸福的家庭，那么你也许会听从道家圣贤的教诲。他们的意思很容易理解：如果人们只考虑自己，将个人的享乐和抱负置于家庭利益之上，那么家庭容易四分五裂，而且所有人都难以幸免。相比之下，如果人们了解为他人服务的本质，并意识到要实现个人幸福不能以忽视他人为代价来实现，那么家庭会繁荣兴旺，而且所有人都将步步高升。

为了说明这一点，我们以地铁自杀这一极端案例为例，对比美国与日本的规范。我们将对比享乐主义者和修道之人，或者说"我"的文化与"我们"的文化。

纽约市经常发生地铁自杀事件。当一个绝望的人跳到迎面而来的地铁火车前，死亡几乎是必然结果。我询问我在纽约城市大学就读的学生："如果有人在地铁自杀，会发生什么情况？"他们中很多人心里早有了答案：地铁会延误，有时会耽搁好几个小时，车上的每个人都会被滞留。我接着问："那轻生者的家属怎么办？"很多纽约人也知道这个答案："家属会提起诉讼。""他们要起诉谁？""所有人：运输管理局，纽约市，可能会包括轻生者的老板（要是他们工作不快乐的话），轻生者的心理治疗师等等。"确实如此。律师会起诉牵扯到的所有人，这样，丧亲的家属就能用金钱来弥补他们的痛苦、愤怒和损失。这就是美国作风。在我看来，这是可悲和病态的。

接着我问学生："如果有人在东京地铁自杀，那又会怎样呢？"很多西方人表示对此毫无头绪。因为这种情况在日本并不经常发生，而且是有理由的。并不是说日本的自杀人数比美国少，事实远非如此。但日本文化更接近儒家思想。如果有人在东京的地铁前跳轨自杀，他们的家属得赔偿车上滞留的所有人的工时损失。如果有数千人滞留几个小时，轻生者的家属最终可能会破产，失去他们的家园和积蓄，以补偿每个人损失的生产力。归根结底：在美国，如果你想自杀，那么这是你的问题。美国推行"自我"的文化。在日本，如果你想自杀，那么这是你家庭的问题。日本奉行"集体"的文化。

日本从中国借鉴了这一文化，而中国人则是从道中学到的。所以当礼来公司试图在中国市场推销百忧解时，他们受到了这一价值观的抵制。制药行业的销售代表表示："如果有人抑郁了，他们应该服用百忧解。""但这没意义，"中国医生表示，"如果一个人需要百忧解，那么全家都需要百忧解。"归根到底：在美国，如果你抑郁了，这是你的问题；在中国，如果你抑郁了，这是你家庭的问题。

现在来猜一猜哪种文化正在繁荣发展，哪种文化正在分崩瓦解。"我"的文化无法长久延续，而集体主义文化将经久不衰。为什么呢？因为幸福的人就像长久的文明，都来自于稳定的家庭。而稳定的家庭由道的力量所引导。

《绿山墙的安妮》

每年大约有 10 万名日本游客前往加拿大的一个小村庄朝圣，它位于爱德华王子岛中较为偏远的大西洋省份。他们主要目的是参观一间小屋，它代表了深受喜爱的虚构角色绿山墙的安妮的家。露西·莫德·蒙哥马利所著的小说《绿山墙的安妮》

举世闻名。它催生了一个虚构意义上的安妮的小屋产业，售卖"绿山墙的安妮"纪念品和周边，它的市场份额很大，大到让处事温和、热爱和平的加拿大人因为版权和商标问题而打官司打得热火朝天。日本人对安妮最为着迷，他们成群结队地来到这里，给她的小屋拍照还购买纪念品。为什么这种朝圣之旅对许多日本人而言意味深长？

起初，我天真地以为他们对安妮的兴趣和钦佩是源于该角色本身活力十足、敢于反抗。在日本，活泼和叛逆在日常生活中并不常见，特别是日本的女性，在传统上往往被教育要内敛而温顺。日本人与英国人有许多共同点——他们都有着引以为傲且无比强大的岛屿文化，有着森严的社会等级制度和严格的正式礼仪。在日本寻找非墨守成规的行为就像在英国寻找美味的咖啡或蛋糕——就算你找到了，它们也被冠以了外国名字。就像在英国，美味的咖啡或蛋糕称为"卡布奇诺（cappuccino）"和"加托"（gateau）。同样，在日本，社交活跃的人被称为"绿山墙的安妮"。

正如我在本章开头就一直强调的，东亚文明十分微妙。因此，虽然我的关于日本人对安妮着迷的说法在有些地方并不完全准确，但却是十分肤浅的。日本佛教领袖池田大作曾向我揭示了一个更深层的原因。安妮是个孤儿，一对膝下无子的中年未婚兄妹收养了她。他们共同生活在爱德华王子岛的一个村庄里。她付出巨大的努力，克服了收养过程中的种种艰难考验，促成了一个真正的家庭与社区共同体，她的所作所为深深感动了日本人。他们之所以对她的努力抱有如此强烈的认同感，是因为他们也为了同样的目标投入了这么多的精力：建立强大的家庭和坚韧的社会纽带。安妮在没有任何血缘关系的情况下做到了这一点，这就是为什么她深受日本人喜爱。对他们而言，她是一个真正的英雄。

东亚人忠于家庭，将个人利益置于家庭利益之后，从而保证了东亚文明的稳定和长久。他们的做法几近于道。相比之下，西方人早已偏离了道，西方文明随之危及自身。诚如老子所言，"逆道者亡"。道的力量不容小觑。

第十章　道德与德善生活

"故善人者，不善人之师；不善人者，善人之资。不贵其师，不爱其资，虽智大迷，是谓要妙。"

——《道德经》第二十七章

"善者，吾善之；不善者，吾亦善之；德善。"

——《道德经》第四十九章

如果你真心渴求恒久的幸福，乃至内心的宁静，那我们就必须要一直努力行得正、坐得直，恪守道德。这是什么意思呢？我们要做一个德善之人，行正道之事，为大义奉献，为此就要一直恪守原则并坚持实践。为什么呢？因为德善、正道和大义跟我们的体型、瞳色、发色、年龄这些身体属性不一样，我们的体型（包括高矮胖瘦、骨骼大小）都是由 DNA 所决定的，我们生来如此，这是我们从父母身上继承并且无法改变的特征。我们的瞳色和发色也一样，都是出生时便已决定的。尽管我们可以通过戴美瞳隐形眼镜或者给头发染色的方式来改变瞳色发色，但是我们自身真正的颜色都是先天决定的。我们的年龄也随着时间流逝一直在增长，这是无法阻止的。我们不管费多少力气都不能改变出生日期，但我们的道德人格则是另外一回事。

我们都有能力在某一刻做好人，下一刻变成坏人；今天做对的事，明天做错的事；这周伸张正义，下周却促成不公。既然幸福与道德直接相关，而且道德可以通过实践而改变，我们实际上可以通过实践来获得幸福。《道德经》解释了这是如何做到的。

罪人与圣人

善与恶是阳和阴在道德方面的表现形式之一。这就像黑暗与光明，冷与热，北与南，混乱与有序，生与死一样，它们作为永恒的互补物共存。阴阳此消彼长，无法消除其中一个而保留另一个。为什么？这是因为二者相互生化，相辅相成。没有阴就没有阳，没有恶就没有善，尽管所有的互补对都源于道，而道本身没有互补（或者说，它自己就是自己的补体），阴阳互补成就了我们可以认知的世界。

老子云："天下皆知美之为美，斯恶已；皆知善之为善，斯不善已。"没有丑，就无法定义美；没有谎言，就无法定义真实；没有敌意，就无法定义友爱；没有邪恶，就无法定义善良。

即使我们耗尽心神，也无法去除生活不如意的一面，也没有办法一味地称心如意。一些理想主义者努力将世界变得完美无缺，但是不计其数的不完美之事总会一直存在。这就是为什么乌托邦仅仅只存在于梦想之中。还有些人努力想让世界变得不甚完美，但是这些人也难以如愿，那时又会有无数完美的瞬间再次出现。老子教导我们，我们内心都有行善和作恶的潜力。

从非洲的奥古斯丁到西藏的密勒日巴，从法国的圣女贞德到印度的甘地，即使这些人都是圣人，身上也会背负罪孽。同理，每个罪人的内在当中也拥有善的种子。没有任何人能完全不受诱惑干扰，没有任何一个罪犯完全不可救赎。那么究竟是什么使我们有时候屈服于诱惑呢？又究竟是什么让我们得到救赎呢？总而言之，道家先哲表示，是我们得道的意志。道的力量就存在于我们的内在，道的运行不依附于任何外在事物。

神正论与心正论

有正善之念，便能人善，除此之外别无他物。因此，道教和世界其他宗教有所不同。相信大家并不陌生，宗教的拉丁文词根（religere）字面上的意义是"联结"。这也是所有宗教的目的：将我们的内在灵魂与外在的神性联结在一起。从定义上看，神性是全能、全知、全善的。不过哲学家和神学家却悲不自胜地意识到：按照这样的定义来看，就会出现一种永远无法解决的矛盾，这也是西方所说的"神正论问题"。神正论问题指的是：如果上帝真的全能、全知、全善，那么为什么还会让邪恶继续存在于世间呢？为什么上帝不直接根除邪恶？每个宗教都必须回答这个问题，而没有任何宗教能在不假设来生、来世，或某种将会平衡所有邪恶与善良、所有不义与正义行为、所有不公与神圣审判的未来状态下回答这个问题。

虽然这样的解释可能是出于好意，且可能为我们提供希望和安慰。但它们也使人们为了一个可能永远不会到来的未来，一代又一代地忍受并给自己及他人带来痛苦。

因为宗教无法解决当前的神正论问题，只能得出"苦难是必需的"这样的结论。现在的苦难将会成为你通往未来天堂的通行证。但与此同时，我们会陷于受苦的境地，直到 20 世纪末，数百万失望的西方人拒绝了这个对他们苦难的"解决方案"。有的人逐渐失去了信仰，有的人很快失去了信仰，然后人们又去寻求其他对于渺渺人生的解释。就连曾经虔诚的信徒埃利·威塞尔，这位从小被教导敬神的信徒，却在纳粹针对犹太人大屠杀的时候彻底失去了信仰。他在奥斯维辛集中营幸存下来，看到了人类能对自己同胞所施展的最残忍恶毒的行为。现在他会说"一言一行要如举头三尺有上帝一样"，"如……一样"这句话其实就是我们从原先深信不疑世界上一定有上帝存在，变成设想上帝可能存在，这两者大相径庭。

与此同时，存在主义哲学也流行起来。不过它们很难令人幸福。存在主义者是我所知道的最压抑的人了。另外，有很多人在失去信仰后变得愤世嫉俗。比如我就认识一个哲学家，他表示如果上帝真的存在，那么也一定是个虐待狂，而且有他这样想法的人还并不在少数。此外，如果上帝真的存在，而且是一个虐待狂，那上帝平时也一定过得非常不快乐。

老子本身并不反对宗教。事实上，他和孔子都认为礼仪祭祀具有内在价值，而所有的宗教也都彰显着礼仪祭祀的内在价值。礼仪祭祀的场合华美隆重，通常有优美的音乐伴奏；礼仪祭祀也赋予我们的生活以意义，为四季更迭增添节奏，让我们在特殊场合得以庆祝，也使得人类存在变得高尚。但是，如果宗教机构变得腐败，其教徒就遭了殃，这就是老子希望避免的。所以，他教导我们通过德善意识来抵制腐败行为，而这和我们是否信仰上帝无关。

另一方面，许多寻求者转而投向西方心理学，因为它为人们提供一种全新的、与众不同的方式。西方心理学底层逻辑是：如果我们遭受苦难，那是因为过去的事情对我们造成了影响。如果能弄清楚过去发生了什么，那我们就能明白为什么现在会受苦受难。如果我们能意识到当前是什么让我们受苦受难，那就能够帮助我们切断与过去一系列事情的联系，到那时我们就不必再受苦受难，而我们也会被治愈，这就是西方心理学的理论。

就像宗教能很吸引人一样，神秘的西方心理学对人的诱惑性极强。这就是为什么数以千万计的人投入数十亿小时和数万亿美元用于心理治疗和精神分析，这就和他们之前花费同样的时间和金钱来祷告和修建礼拜堂一样。此外，西方人正在消耗的处方药物数量之多史无前例，却一天比一天不幸福，这是为什么呢？这是因为这种心理学远离了道。怎么远离了？这是因为心理学会将其所导致的新的神正论问题隐藏起来。根据我的认知，目前还没有人对这一问题命名，所以，在此请允许我为其命名，称其为"心正论问题"。心正论问题在未来某个时刻可能会解决，但人们现在注定要受苦。同理，心正论问题也可以着眼于我们的过去从而得到解决，但人们现在注定要受苦受难。

心正论问题指的是：我们当前所遭受的苦难都是过去所导致的，但是因为我们难以完全破解过去，所以即使我们接受了长达几个星期几个月甚至几年的心理治疗也仍然会继续受苦受难。我们还需要再多几个星期几个月几年来更完全地破解过去，到那时，我们的苦难据说将得到治愈。理论上是这样的，但是转念一想，这个逻辑当中还有一个问题——如果我们几个星期几个月甚至几年都在进行心理治疗，那我们在治疗的同时其实就积累了更多的过去。时间过去，总有新的事情不断发生，而新发生的事情又会立刻变成我们过去的一部分，所以从定义上来讲，这会让我们继续受苦受难，而这些新产生的过去也需要我们破解和解释。按照这个逻辑，心理治疗是永无止境的，我们所要受的苦所要受的难，也永无止境。

如果大家觉得我只是开玩笑的话，那就再仔细想想。大家应该听过牛顿第一定律吧？"除非受到一个不平衡的力的作用，否则静止的物体将保持静止。"这直接源于道。道家的心境就像是一个静止的物体。这一定律与道家思想不谋而合。习道之人的心境就像是静止状态的物体，通过保持静止，它可以完成一切。这和我们在第六章讲过的"无为而无不为"是一个道理。此外，学道之人的心境之所以处于静止状态是因为没有让自己受外力压迫而改变平衡状态。而心理治疗理应帮助我们平衡处于不平衡状态的心境。但由于心正论问题，心理治疗本身可能成为另一个不平衡的力量。它可能激起情绪，而不是平静心灵。

大家知道心理治疗的第一准则是什么吗？我曾和全世界最卓越的心理治疗师之一的欧文·亚隆在旧金山一起喝咖啡聊天，从他那里了解到：永远有其他因素干预。所以心理治疗永无尽头，总有其他事情，某些尚未解释的不平衡力量，阻止我们的心灵保持安宁。

劳伦斯·斯特恩在他的小说《项狄传》中也反映了心正论问题。可怜的特利斯特拉姆，这位好心的主人公，尽心竭力想写一部自传，但问题是他花了整整一年却只真真切切记录了自己一天所做的事情，所以即使他能获得永生，也永远写不完这部自传。这个道理同样适用于心理治疗。心理治疗永无终结之日。我们活得越久，我们的过去就越多；我们的过去越多，我们所需要用来阐述当前自己受苦受难的解释就要写得越长。

宗教让人承受苦难的方式就是宣称"不再受苦受难的解药就在未来"。心理学让人承受苦难的方式就是告诉人们"让自己不再受苦受难的解药存在于过去"。即使是佛教，让人们承受当前苦难的方式也是宣称"当前所遭受的一切苦难都是以后走向极乐世界的必经途径"。但是道可以直接减轻痛苦，宣称苦难不是必要的。老子说，如果我们受苦受难，那是因为我们在对自己施加邪恶、错误或不公正。如果我们觉得这些事情都是自然而然定会发生的，那么我们就可以选择让自己着眼于世间的善良、正义、公正。那时，我们就不会再受苦受难了。如果我们让其他人受苦受难，那我们就是对其行不轨之事。恶因种恶果，之后我们也会因此受苦受难。

结束苦难最迅速的方式就是——做德善之人，行德善之事，伸张正义，维护公正。当他人所受苦难减少的时候，我们自己也可以从苦难中或多或少得到解脱。所以在此，让我们感恩道家思想为我们带来的力量。

何谓德善？

正如阴阳永远相依相存，善恶也永远相生相存。邪不压正，正亦无法胜邪。德善之人庆幸邪恶不会永存，心有邪念之人却总是竭尽全力破坏良善，不过好在他们也未能成功。（回想一下在纽约流传的一句格言："好心没好报。"）老子是最先发现有德与无德的矛盾镌刻在宇宙中亘古不变的人之一；佛教也认识到这一点，教导我们说，大约三分之一的人类都是以德善为主导，还有三分之一的人类以邪念为主导，其余三分之一的人类则不断在善念与邪念之间摇摆不定，一念成佛，一念成魔。

这与苏格拉底的观念相似，只不过他认为大部分人都是在善念与邪恶之间摇摆不定的，就像风吹芦苇，左右摇摆，时而行善，时而失德，有德无德往往取决于一时冲动、欲望或者从众心理，也不会审视自己的内心德能。古波斯拜火教的观念也大致相似，认为浩瀚宇宙善与恶的宏观斗争亘古不变；现代的好莱坞也在很多电影里面拍出了这种善恶之争，比如《星球大战》电影中就说道："愿原力与你同在。"

善恶之别有如云泥，显而易见。德善之人苦难亦少，其生之也愉悦；无德之人则多苦多难，其生之也少愉悦。正如肌肉经常训练就会越练越强，只要意志力尚存，我们就可以自己选择有德还是无德。

我们很少教导孩子如何锻炼自己的意志力，悲乎哀哉！不培育意志力的孩子长大后可能会觉得自己无力改变世界，也无力改变自己，并把自己看作受害者。这种无力感是一种错觉，但是这些人会自圆其说，最后自我暗示的无力感成了真。佛教深谙，人们通过不同的思维形式一起创造现实，人们也可以通过意志来调整心态；斯多葛派也同样认为，人们可以通过日常锻炼意志力，让意识自然嵌入终极现实，从而让人泰然自若、恒久宁静；老子也把握着这把密钥——用德善开启幸福之门、走向幸福人生，无论我们是谁或身处何方。

能验证这一观点较为常见的例子就是犯罪。每一个人类社会都有罪犯和守法公民，而且不管法律是否公允，总会有这两类人存在。我身为一名哲学家也深知，并不是所有法律都是公正公允的，有的时候甚至"侠以武犯禁"，只有违反不公之法，才能维护正义公正。苏格拉底就是一个很好的例子，他以身作则，遵守法律最终却导致自己被判死刑。梭罗和甘地也是因为抗不公之法最终落狱。苏格拉底坚信不管法律是否称心如意，我们都一直有义务遵守公正的法律。尽管审判苏格拉底的人腐败堕落捏造口实，最终宣判其死刑，但是苏格拉底仍然没有按照朋友所希望的那样逃离司法审判，而是接受死刑。苏格拉底宁愿光荣死去，也不愿不光彩地活着。同时，梭罗、马丁·路德·金和甘地其实在遵守公正法律方面也相应地尽了自己的义务，但是他们强调通过非暴力行为对抗不义之法，从而推动正义之法重新得以确立。他们和苏格拉底一样，也希望宁可英勇就义，也不要苟且偷生。

这些人生活于"乱世"之中，他们所在国家的政府也关注到了他们。注意，上述所有这些违背法律的人，其实从未对别人展现出恶意和仇恨，内心只有对他人的善念与爱意；还要注意，这些人从未对任何人造成伤害，也从未有过暴行、抢劫或诽谤之举。他们一言一行都并非为了一己私欲，而是为了造福他人。他们已经近乎得道，所以他们生之也宁静，死之也安详。

相比之下，心怀恶念之人在每个国家都有，绝大多数作奸犯科之事皆为这些人所做。因为尚未预谋而罪责较少的激情犯罪也都是这些人"失去理智""失去冷静"或者纯粹"失控"而犯下的。那这些心怀恶念之人又失去了什么呢？他们几乎同时失去了自己的德善以及内心的平静。没有哪个社会能够真真切切地完全消除犯罪。古代雅典暴君德拉科即使连一丁点越界的行为都要处以死刑，也未能消灭所有的罪犯。如果德拉科知道道家学说的存在，他就能省去许多麻烦了。道家对于减少犯罪到最低限度很有自己的一套，但是要做到这一点，需要三个至关重要的因素：贤明领袖，公正执法，向善之则。三者缺一不可，否则犯罪率就会飙升。以美国为例，它遭受着失控的犯罪率、过度拥挤的监狱和高复犯率的困扰——尽管绝大部分美国人认为自己是好人，或至少绝大部分时候是好人。

我相信大家都认为自己德善之心多于心中恶念，可能事实也确实如此，但如果循道之人询问我们，为何觉得自己有德善之心？我希望大家不要说"因为我诚实守信，勤劳工作，关爱他人……"之类的话来复述功德。老子规劝我们，真正的德性从不会像这样宣扬自己。有一奇闻轶事也与这种智慧不谋而合。一家犹太旅者曾接触到一位拉比。这一家犹太人严格遵守犹太教规，想在旅行途中保持犹太教的洁食（kosher）习惯。他们注意到一家自称为"犹太风格"的中国餐馆。然后这家人就询问拉比，这是否意味着这里的食物真的符合犹太教规？而拉比则回答道："你们是否会雇佣一位自称诚实如一的律师呢？"犹太人一家恍然大悟。

还有一件事也大致如此。拉尔夫·瓦尔多·爱默生曾回忆起一位政客参加了他的一次晚宴。晚宴过后，这位政客发表演讲，在演讲中大肆宣扬自己的美德。爱默生善于讽刺幽默，过后捉笔写道："他越是大声谈他的名誉，我们越发赶快数数我们的调羹。"《道德经》第八十一章明确指出："圣人不积。"这是老子在《道德经》终章中对我们的规劝，我想，这短短几句话一定自有乾坤。

德善究竟意味着什么呢？毋庸置疑，德善与高高挂起"我是德善之人"或者"我是品德优越之人"的勋章是完全大相径庭的。老子规劝我们：重拾自己德善之心的最佳方式和唤起他人德善之心的最佳方式就是，无论何时何地引导自己所遇到的心有恶念之人从善。这就是道家面对"恶"首要采取的方式：不是试图通过力量征服它（即使我们具有这样的力量），而是引发善念。老子的意思大致如此："故善人者，不善人之师。"老子认为，如果我们是德善之人，那么我们无须唱诵功德，也能彰显德善之心，而自己的德善之心能够引导他人生发善念，从而让天下愈加和美。老子曰："不善人者，善人之资。"

我们真正面临的挑战并非如何处决坏人，也并非像囚禁野兽一样把它们关起来。这两种解决方式相对来说都过于简单了。真正的解决方式是：让他们改过自新，不引发恶念，激发其德善之心。这就是为什么处理已被定罪的重罪犯的司法部门被称为"矫正系统"。不管怎么说，至少"矫正系统"这个起名的寓意是好的。但由于大多数政府远离道，即使在民主国家，他们的"矫正"往往适得其反，使得人们的行为变得更糟，而不是更好。如果恶念主心之人能像老子敦促的那样开始尊重那些帮助其引发善念的人，那么他们的身国心神定然邪不压正；如果善念主心之人喜爱身外之物，那么在这种情况下，他们的身国心神就会正不压邪。

引发他人最好的一面这种方法并非仅限于最糟糕的情况。我们日常在家庭生活、朋友交往、工作处事上也应做到如此。比如，模范家长会这样关爱自己的孩子：不寄情于他物，而是无私期盼激发孩子内在最好的一面；模范教师会这样培育学生：爱其资，此处指的是爱自己的学生，并希望引发学生最佳的学习能力；模范教练也会关爱自己培养的运动员，引发他们的最佳表现；模范老板也同样关爱员工，就如贤者领袖热爱他们的公民一样。

正向能量互相回馈将变成常态。孩子尊重父母，学生尊师重道，运动员尊重教练，员工尊重老板，公民尊重领袖。我们通过在社会每一阶层强调德善，"恶"就会减少到视若无物，最后巨大的德善能量场中只有小小的一点恶存在。这就是道家让自己本心德善的方式，也是铸造更好世界的方式，二者殊途同归。

矫正之道

领航员的工作就是保持船只的航向，因此一旦船只偏离航道——无论是因为自然因素还是人为失误造成或者需要避开途中的障碍物时，就要校准航线。优异能干的领航员爱惜船只，努力让船只保持航线，这么做的原因不是因为想让人们觉得自己尽职尽责，而是为了保护船只安全，保护船上的人的安全，也希望能让船按时到达目的地。船上需要领航员的首要原因也是因为人们期望领航员能够校准航线。当一位领航员很好地做到这一点时，几乎没人意识到已经进行了矫正。只有当船只偏离航道太远时，才需要进行大幅度的矫正，此时每个人都会意识到情况不对劲了。

老子已经认识到，在问题刚开始时就加以矫正要比拖延、否认或等待它恶化要容易得多。这在社会领域、个人事务、医药和政治领域都是如此，也与道家防患于未然的意识是一致的。不过虽然儒家、道家都同意这一点，但是观念仍有所不同。儒家期望用恩威并施的方式来校正。比如，中国和新加坡都设有死刑，通过处决罪犯来杀鸡儆猴，震慑他人。不过，老子对死刑持反对态度。老子和苏格拉底一样，深信我们不可能通过处决坏人来培养、改进或引发坏人的德善之心。圣雄甘地对于道家学说有自己的理解，他曾说过："以眼还眼会蒙蔽世界的双眼。"

当道家矫正他人时，采取欲抑先扬的积极方式。因而闻者从善如流，自愿自行改善。这样的矫正方式适用于亲子关系、师生关系、教练与运动员的关系、上级与员工的关系等等，适用于人类互动的整个范围。以大名鼎鼎的大提琴演奏家帕布罗·卡萨尔斯引例为证再合适不过。

如果你曾经在大师班为一位音乐大师演奏过，你就会知道很多地方容易出错。毕竟你只是一介学生，整个屋子坐满其他学生等待轮番上台演奏，而你又要面对世界级音乐家进行演奏。大家心知肚明，至少会有一人在关键时刻彻底崩溃，每个人也都希望那个倒霉蛋不是自己。大家精神高度紧绷，即使乐曲开头的时候演奏得很好，你也永远不知道何时你的紧张会让你偏离轨道，导致你弹错音符，或甚至让你忘记那个你已经练习了一万次的曲子。同样，你也永远不知道，什么时候大师会决定打断你，以便提出修正建议。

你还记得我们在第六章讨论的竞争之道吗？在大师班中，这一点表现得尤为明显。

当然，真正的目标不是要比别人弹得更好，而是尽可能地发挥出自己的最佳水平。不过，人无完人，有时候我们确实也会失误。我的中国师父不断提醒我们：蹒跚学步，跌跌撞撞，乃是必经之路。如果摔倒后不站起来，就永远学不会走路。

我学习乐器（吉他）这么多年也是蹒跚学步，跌跌撞撞，有幸参加了许多大师班，也在大师课上演奏了几次。有时候演奏顺利，有时候也确实会失误。相信我，没有什么比在独奏音乐会中途突然崩溃更让人感到尴尬或孤独无助了。突然间，原本流畅的音乐中有一段演奏搞砸了，随后就会出现一阵寂静，令人汗毛竖立。

卡萨尔斯，一位伟大的大师，是这样处理这种情况的。一个问题学生犯了许多小错误，然后是几个大一些的错误，直到一个灾难性的错误导致了彻底的崩溃。像往常一样，一种不祥的沉默笼罩了大师班，只有那位可怜的学生试图忍住眼泪。突然间，卡萨尔斯爆发出掌声，大喊："Bravo（太棒了）!"房间里的其他学生也非常乐意模仿大师，所以每个人开始鼓掌并喊道："Bravo!"面对这一切，学生似乎感到更加尴尬，并对大师说："但是我演奏得很糟糕!"

卡萨尔斯回应道："不，并没有那么糟糕。有一个乐段你弹奏得妙不可言……就是这个乐段……现在请为我们再演奏一遍吧。"

这名学生深受鼓舞，心怀感恩又演奏了一遍这个乐段。在课程快结束的时候，终于能把整篇乐曲演奏得很优美了。这是因为为人师者重视优点而不针对缺点，纠正了这名学生。这就是有为之道的力量，我们可以运用好这种力量。当我们激发他人最可圈可点的一面的时候，我们也为自己创造幸福，并激发他人展现出最佳的一面。如果只盯着他人缺点不放，我们只会制造痛苦，并诱发他人展现最暗淡的一面。道理就这么简单。

我坚信单凭这一点，道家思想就和宗教、心理学都有所不同。宗教和心理学注定只关注我们的问题所在，而道家却会关注我们的正善之事。

当不幸之事发生

牧师、部长、拉比、伊玛目、心理学家、精神病学家、伦理学家和乐观主义者都面临这样一个真切存在却难以回答的问题：为什么不幸之事会发生在德善之人身上？当不幸之事发生的时候我们应该如何应对？那么再次回到之前那个问题：如果信仰上帝，我们就需要解决神正论问题才能找到上述两个问题的答案。因为我们可能认定上帝的意志是我们凡夫俗子估摸不透的，我们甚至没有理由期待答案，所以我们更加依赖上帝的怜悯。这样的想法虽然会让我们的信仰至甄至深，却也会让我们所受之苦愈来愈多。

那些信奉心理学的人，则必须要解决心正论问题，才能够找到上述两个问题的答案。当他们遭遇不幸——比如亲人离世、生理疾病、无妄之灾、或任何形式的挫折时——他们会感到愤怒、悲伤、愤慨或委屈。情绪如排山倒海之势，使得幸福快乐变得虚无缥缈。因此，他们寻求心理学的安慰和解释。他们怎么解决这样的问题呢？是哪些过去的事件使他们对这个问题表现得特别脆弱？心理学法则又怎样帮助他们适应当下，走向未来？当他们的自我已经伤痕累累，又该怎样得到治愈，再次变得健康？他们通过深刻复盘自己所遭受的事情，希望能从苦难中解脱出来。这听起来相当奇怪，对吧？

应对苦难的另一种方式就是服用药物——不管是服用医生开的处方（如百忧解），还是自行服用的药物（从酒精到大麻到麻醉品，合法或非法物质均有）。

在此我们还要明确一下：疼痛与苦难之间是有天壤之别的。如果摔断了腿，可能感觉非常痛，因此服用止痛药也是理所当然的。强忍身体疼痛并非乐事，直到痛感消失之前，忍痛对身体都没有好处；而痛感消失之时，浑身畅通。但是痛感消失之后，你可能仍会以其他方式遭受苦难——比如，你可能会因为暂时失去行动能力而感到愤怒或挫败；也可能因为在腿脚愈合期间不得不取消或推迟某些活动而感到遗憾。这种苦难不能通过止痛药消除。即使你通过服用麻醉药物暂时转移注意力，但是当药效过后，你将很快回到苦难中。

在上述这些情况下，减轻痛苦的三种最有力的方法是哲学方法。在哲学领域，道家思想、佛教思想、斯多葛学派的实践方法对于面临不幸之事时维持内心宁静、处乱不惊是最为有效的。这是为什么呢？主要是因为这些思想实践方法能够帮助我们改变对于"不幸"本身的定义，我们可以在心中将"不幸"转化为"有幸"。我们在第七章通过奥运健儿"心能转境而不被境转"的能力已经见识到这样的方法是怎样起效的。不管是意外事故或者有人恶意中伤，这种方法都屡试不爽。不管是选取斯多葛学派将我们从他人控制之下解放出来的实践方法，抑或是佛教将吾之砒霜换为吾之良药的实践方法，抑或是道家超脱于他人恶意的实践方法，这三种哲学观念都着眼于辩证转换，并且恪守这一信条：护持德善之心，身随心动。

老子曰："善者善之，不善者亦善之，德善。"只要坚守德善之心，就无人能置我们于多苦多难。没有什么在我们看来会

是坏的。我们会在每个人身上和每件事中发现德善之处。这是
一种高端实践。老子也教导我们，千里之行，始于足下。现在
开始，为时不晚。感恩道家思想为我们带来力量。

第十一章　发现价值

"甚爱必大费，多藏必厚亡。故知足不辱，知止不殆，可以长久。"

——《道德经》第四十四章

"不可得而贵，不可得而贱。故为天下贵。"

——《道德经》第五十六章

《蜜月期》是 20 世纪 50 年代情景喜剧的先驱，展现出了杰基·格里森和阿特·卡尼的出众才能，成为后世喜剧系列片的模板。从《摩登原始人》到《全家福》再到后来的《宋飞正传》（在放映期间多次致敬《蜜月期》）等喜剧都纷纷效仿它。

《蜜月期》中由杰基·格里森饰演的拉尔夫·卡拉姆登是一个大腹便便、工作劳累、薪水微薄、不受赏识的纽约公交车司机。拉尔夫·卡拉姆登的脾气总是一点就着，也就是过去我们常说的"喜怒无常"的那种性情。如果放在今天，他一定会被确诊为"慢性愤怒综合征"，医生会给他开百忧解治疗，让他接受心理咨询。拉尔夫·卡拉姆登的妻子爱丽丝（由奥黛丽·米德斯完美演绎），纵然是个具有智慧和讽刺幽默之感的女人，却无以为用。爱丽丝没有自己的工作和事业，因而无处施展才华

（在 20 世纪 50 年代的大环境下，拉尔夫不允许妻子出去工作），也没有独立的经济能力，于是她便每天只能对丈夫拉尔夫进行冷嘲热讽。

卡拉姆登是二战后庞大的蓝领群体的一个缩影，是实实在在的"工人阶级硬汉"。在追求美国梦的路上，拉尔夫被日常的大大小小的事情所烦扰着（不信的话就在纽约开一天公交车体验一下这种感受）。他试图通过很多异想天开的计划一夜暴富，并且逃避妻子爱丽丝警觉的目光。观众边看边为他加油鼓气，一刻也闲不下来。如果你怀疑他对美国的影响，可以谷歌搜索一下卡拉姆登这个名字，或者参观他在纽约港务局客运站第八大道第 40 街区的八英尺高的铜像。铜像上的铭牌写的是"拉尔夫·卡拉姆登"，而不是"杰基·格里森"，因为格里森只是扮演了他。

显然，卡拉姆登并未遵循道家思想，而是道家思想的反例。因为他总是心浮气躁，大吵大闹，能力配不上野心，却总是渴望自己比各个不同的对家都要强上几分，胜出几尺，甚至要对他们进行打击报复。卡拉姆登是宁静的对立面。但当时全美国也没有多少人了解"道"。当时美国人对中国文化的刻板印象仅局限于洗衣店和中餐馆的幸运饼干（fortune cookies）。我们还需要另外一个十年的时间，才能认识到中国哲学博大精深之处。

阿特·卡尼所饰演的艾德·诺顿是拉尔夫·卡拉姆登最好的朋友和邻居，也是他的互补人格，相当于卡拉姆登之"阳"的对立面——"阴"。艾德是个热心快乐、机智聪敏的瘦子，每每出场都令人捧腹大笑。他和妻子特里克茜·诺顿（由乔伊斯·兰道夫完美饰演）的婚姻生活也比卡拉姆登夫妇美满幸福，尽管在社会经济上并没有更好。很多夫人都喜欢艾德的幽默感：每当生活不如意，艾德都能够调侃自嘲，一笑了之。艾德很少愤愤不平或闷闷不乐。

艾德·诺顿符合道家思想。这也源自于其内心的宁静平和。何以见得？这是因为虽然艾德在卫生部门工作，每天大部分时间都在下水道里作业，大家也瞧不起他或者取笑他，但是艾德毫不在意，谁都不能让艾德失去内心的宁静平和。（卡拉姆登看到艾德这副模样觉得不可理喻。）为什么艾德在下水道工作却仍然能循道而行呢？老子曾经规劝我们："上善若水，水善利万物而不争。处众人之所恶，故几于道。"（《道德经》第八章）

艾德·诺顿乐善好施，不喜争吵。他所处之境，众人鄙之，仍几于道。接近得道之人，定会心存宁静平和。不论何时、何种职业、何种婚姻生活，这条准则适用于所有人。不管是艾德的幸福，还是我们的幸福，都不依赖于社会经济地位的上升，而是取决于我们循道而行的方式。

知止

在 20 世纪 50 年代，当数百万美国人收看《蜜月期》这部电视节目时，美国开始了半个世纪的繁荣与增长。当时，美国金融系统已设有保障，当时公交司机和公司 CEO 的财富差距虽大，但却不是天差地别。那时候，我们可以在一天之内买下自己的房子，无需律师帮忙，无需各种手续费，也无需签署海量文书。工薪阶级和中产阶级也都在追逐美国梦——希望拥有属于自己的房屋和汽车，送孩子去上大学——大部分人也实现了美国梦，所以美国才在这个过程中得以成为世界第一大经济体。

遗憾的是，过去几十年来，道家关于"知止"的思想在美国乃至整个西方文明中并未得到广泛传播。华尔街高管、银行家、大公司老板已经富得流油。我们当中的许多人都犯有过度浪费和过度爱财的错误，特别是对于拥有房产所带来的虚幻财富的痴迷。在贪婪和傲慢的共同诱惑之下，许许多多个人和机构被卷入了庞氏骗局。如今，轮回以一种道家的方式转动，这才看出贪财好利确实荼毒匪浅，正如老子所警示的那样。

20世纪80年代到21世纪初，美国通过借贷这种虚无的财富表现形式，走上了繁荣昌盛之路，但是借贷却导致了金融历史上最大的泡沫。道家认为：万物无时不变，包括金融泡沫也是如此。当金融泡沫一次次膨胀，直到最后破裂，能量最终消散得无影无踪。金融泡沫越大，泡沫破裂后引发的后果也就越严重。这正如老子的警言："甚爱必大费。"

老子还注意到："富贵而骄，自遗其咎。"如果那个年代的人能够遵循《道德经》的戒律，量入为出地生活，应该也就不需要承受大萧条之后最为严重的经济危机了。2008年经济衰退所带来的严重影响如海啸般吞没世界各个地方的市场，整个地球村被淹没在了金融危机的浪潮之下，而这场金融危机的始作俑者就是美国。金融危机发生是由多种因素共同促成的，而这些因素的共同特点就是贪婪。

消费者很贪婪，期望白得到东西。例如，消费者希望手里没什么钱，或者根本就没钱，就想买套房子，还希望通过赌博一夜暴富，这都引发了房地产泡沫越发膨胀，最终走向爆裂。银行也很贪婪，银行通过放次贷及其他形式的贷款，使得消费者最终无力偿还贷款，一旦低息或者无息的初始优惠利率到期，消费者购买的真正成本就开始显现。

此外，美国汽车公司贪婪成性。尽管我们生活在交通拥堵已经失控的时代，却仍然制造了很多更大型、价格更高的 SUV 汽车。这些新型汽车耗油甚多，造成道路拥堵，并在碰撞时产生毁灭性的影响。

健康保险公司也因贪婪而不断提高健康人的保费，但是买保险的人一旦真的生病了，却拒绝回馈客户，部分原因是声称他们有"既往病史"。

华尔街利用贪欲而唯利是图地进行交易，经纪人和消费者都未能吸取世纪之交震惊市场的安然事件和世通丑闻的教训。CEO 贪得无厌，无论公司业绩如何，他们获得的收入是其员工平均收入的数百倍。中产阶级美国人因贪婪而助长了共同基金和对冲基金的疯狂炒作，痴心妄想每年都能赚回本钱的 30%。

总而言之，我们沉溺于奢靡浪费、骄横放纵的狂欢，逆道而行，那么就避无可避地导致经济崩溃。随着全球经济越来越互联，全世界都受到了这些金融动荡的影响。这与十年之前亚洲发生的金融危机并不相同，和 1980 年代美国的储贷危机也截然不同。2008 年所发生的金融危机确实类似于传奇的 1929 年华尔街股市崩盘，那次崩盘也使欧洲陷入了经济萧条。

学道之人皆有此深谋远见。我个人也在 2006 年凭借《中庸之道》预测到了大厦将倾。我在书中写道："众多消费者负债累累，现金匮乏，想方设法能够赶在成本猛涨和美国梦破碎之前先行一步，美国经济现在就像一个巨大的泡泡一样，就快要爆裂开来了。"不过道家所提倡的中和之说在当时奢靡浪费的大环境当中并不让人引以为意。

值得注意的是——中国和印度并没有像西方那样受到经济泡沫破裂那么大的影响。准确来说，中国和印度并没有损失那么大。中国自古以来崇尚勤俭节约，现在中国人已经能够不用信贷，而是用现金买到更多商品，中国的中产阶级也日渐蓬勃发展。中国人和印度人都已开始聚集大量财富。而我们这些西方人可能需要以此为榜样，学习他们勤俭节约的好传统。

中国古代的学道之人也同样一边循道而行，清心寡欲，一边深知逆道而行，多苦多难，并以此规劝王侯将相和天下百姓。有些人觉得于己有益，则从善如流；觉得于己无益，则置若罔闻。不过总而言之，道家学说的力量百试不爽。在 2008 年这次经济衰退的时候，很多中产阶级美国人出发点是好的，但却被经济崩溃搞得伤痕累累。中产阶级美国人的股权、房屋、工作和美国梦全都一夜之间烟消云散。

我居住的纽约州北部村庄最近开了一家施粥铺，这是 20 世纪 30 年代大萧条发生以来所开设的第一家施粥铺。我居住的郡的食品配给点的数量增加了 4 倍，因而每个食品配给点每个月都会给更多的家庭分发更多的食品。许多当地宗教团体为所有饥饿的人提供餐食，而且有越来越多无家可归和赤贫的人依赖这些慈善供应来生存。

好在希望未泯，美国传统中邻里友好、乐善好施的精神依然鲜活。《道德经》所言不虚，疾风知劲草，逆境显真心。不过上述这一系列的悲剧其实本都可以通过循道而行，通过道的力量来得以避免，下述这个小例子足以佐证。

几年前我和儿子去美国西部旅游，某天早晨在优胜美地国家公园的巨杉之下叹为观止，晚上又因不同原因在拉斯维加斯的巨型博彩场而惊奇不已。当时我给了儿子 100 美元，告诉他好好享受游戏的过程。当然，我已经打算不要这笔钱了。儿子一会儿就回来了，手里拿着 200 美元，他把 100 美元还给我，然后把 100 美元装进自己的口袋。儿子是玩扑克时赢的这些钱，而且决定在赢钱越来越多之前就收手走人，换言之，我儿子知道什么时候该收手，深谙知止之道。儿子当机立断，以道为佐，这让我作为父亲骄傲不已，也让他作为一个男子汉无愧于心。他口袋里的 100 美元就足以证明我所言不虚。

巨杉的一生与道不谋而合，知止而后有定，故而长成参天大树，百年流芳。无须赘言，拉斯维加斯的大型博彩场并非以道为基准而经营下去，它要经营起来，一部分是允许人们适度游戏，即使输钱也是在自己经济可控范围之内，同时能自娱其乐，这些人也知道何时该收手；但更是靠着赌瘾成性、欲罢不能、愈战愈勇、愈勇愈输的堕落不堪之人来支撑下去的。这其中的原理则是因为赌博之人根本不知何时以何种方式收手。

投资股票、债券、共同基金、对冲基金、房地产等也是另一种形式的赌博。如果稍微尝到甜头，就必须知悉何时需止。

循道而行则内心宁静，免受贪欲无厌带来的悲伤、懊悔和哀叹。如愿循道而行，道的力量将伴随着你。

成吉思汗与道

一代天骄成吉思汗，东征西战，威力无比，经过一系列史无前例的征服，建立了强大的蒙古帝国。虽然它存在的时间不长，昙花一现却也震惊了世界。成吉思汗的孙子忽必烈在中原建立了元朝。蒙古帝国鼎盛之时疆域辽阔，成吉思汗甚至将中国海域延伸到多瑙河。

诗人罗伯特·勃朗宁曾写道："人之所达当超越其所及。"即使是一代帝王的成吉思汗亦是如此，同普通人一样也有无法实现的野心、无法圆满的梦想；不过成吉思汗也和全天下所有青史留名之人一样，想要实现野心和梦想难于登天。成吉思汗在甲子之年正处帝国势力最盛之时，开万世不胜之功业，于是便担心无法在有生之年完成自己所有的野心梦想。无法长生不老使其内心不堪重负，因此成吉思汗想寻仙求道，以延天寿。但是成吉思汗的蒙古族亲友、国师、盟友、参谋、萨满都没有办法让成吉思汗回避死亡这一永恒的话题。成吉思汗也曾经拜问基督教、穆斯林教、佛教和拜火教圣人，但都无疾而终。

最终成吉思汗遣人去寻找全天下最为睿智敏慧之人——也就是时年已过古稀的长春真人丘处机。丘处机曾以拒绝江左一带的南宋朝廷之邀而闻名，但是成吉思汗此次派人前来却是不容推辞的。古稀之年的丘处机也无法婉拒，于是他开始了一场史诗般的跋涉，从山东半岛出发，一直向西深入兴都库什山，再返回。丘处机历时四年，跨越一万英里。丘处机的弟子记录下这段西行之旅，名为《长春真人西游记》。这本书后来在 20 世纪的时候由亚瑟·威利翻译成英文，并且以 *The Travels of an Alchemist* 为书名出版。

丘处机见到成吉思汗之后没有三跪九叩，甚至没有作揖。道家贤人受世人尊崇（儒家弟子和佛教弟子亦如此），从不会曲眉折腰事权贵，即使直面帝王也行将如此。他们的身国心神比统治者要强大得多。丘处机直言不讳地告诉成吉思汗——世上只有养生之道，而无长生之术。成吉思汗作为庞大帝国的统治者也并不知道如何运用道之力，便随丘处机学道。

丘处机引领成吉思汗学道之时最为精要的要数这段话——"养生之道，无非是清心养气，固守精神；气全则生，气亡则死，气盛则壮，气衰则老"。处在权力之巅的成吉思汗当然不会把丘处机所提到的修身之钥作为必做之事。成吉思汗只希望自己能够凌驾于万人之上，所以学道之路自然受挫；另一方面丘处机则从不外求，而是内求于己，掌控自己内心，获得内心平静。所以道家贤人从习惯和思维状态上引导成吉思汗，提高生活质量。

成吉思汗和他的帝国一样，都遭受了阳气过剩的困扰。成吉思汗一意孤行，丘处机则和道家先人老子一样，并没有因为他的所作所为而大加批驳。就像老子曾说过："将欲取天下而为之，吾见其不得已。"成吉思汗终其一生阳盛阴衰，避无可避，同时为帝国也带来同样的命运，所以蒙元帝国才会迅速土崩瓦解。阳盛阴衰让蒙元帝国坚硬强盛，但是缺乏韧性，过刚易折，无法长久地维持下去。

这就是忽视道家思想的代价。道家先贤努力使阴阳中和，达到平衡。如因缺而妄补，则过犹不及。对于成吉思汗如是，对我们普罗大众也一直如是。道适用于天地众生，明晰将行之路，必造不凡之势；浑浑噩噩，则必然自尝恶果。怎样做出选择取决于我们自己。

西方很多人已经抛弃了这样的宗旨，无所顾忌，为消费主义放浪形骸。如果西方有更多人能够重拾这些原则，我们就能够窥见道的力量，开启阴阳中和、内心平静的高质量生活。

安全之道

试想一下对我们所有人都很重要的安全形式，也许你会发现一个共同之处：比如，让我们考虑个人安全、财务安全、工作安全、医疗安全、情感安全和国家安全。

个人安全感是指我们在街头漫步或在家休息时感受到的安全程度。个人安全不管是在战区，抑或是在衰落之国，又或者是在黑帮的地盘上，都岌岌可危，这些地方暴力频发，人的寿命也相应较短。即使在和平年代，在治国有方的国家和富裕的街区，人们依然对于个人安全都较为警惕。很多人在家中会安装警报系统，或者甚至在家门口养狗看门；各个公司雇佣安保人员，贵宾和名人也享用顶级的安保服务。不管我们是谁，身处何处，我们都需要积极保持警觉状态，及时发现和规避风险。

不过即使这样也没人能保证我们的个人安全。

在资本主义黄金时代（1946-1973），工作安全达到了前所未有的高度。当时的人们一生都不愁丢了饭碗。在那个时代，科技发展速度相对缓慢，世界上最大的雇主也相对稳定。然而到1980年代，当计算机取代打字员的工作，很多人开始恐慌，认为新技术将取代他们的工作。而我们现在再回过头来看，这些担忧完全是毫无根据的。信息技术革命改变了我们每个人工作的地点，但与此同时也在各个领域相应创造了很多妙不可言的工作机遇。与此同时，由于全球化的动态以及发展中国家快速增长的市场，西方国家的工作安全性大大降低。

在发达国家，过去一个世纪里人们的预期寿命几乎翻了一番，这很大程度上要归功于医学和科技的进步。然而，活得更长也意味着要承受新的疾病或更严重的旧病，以及不断增加的医疗费用。通常，美国的医生在跟保险公司理论的时间要比治疗病号的时间还要长。保险公司会雇佣一些筋疲力尽的医生核查病人档案，希望能找出投保人既往病史和其他原因来拒绝为参保人报销医疗费。即使在实行社会化医疗的国家，也存在医生和护士短缺的问题，这导致治疗的等待时间越来越长。更有甚者，全球性流行病的威胁也从未如此严重。换言之，没有人能保证我们的医疗安全。我们只能尽力为我们自己争取有利条件。

我们的情绪本质上是变化不定的，因为我们的大脑不断地对周围环境以及我们的神经化学变化做出反应和调整。试想一下，我们一天当中会出现多少不同的情绪和感觉？只要我们是个正常人，就会有很多情绪情感。在最糟糕的情况下，不论是悲伤抑郁，抑或是强迫症和创伤后压力心理障碍症，我们可能会一直受控于低迷的情绪或行为状态。尽管我们已经服用了大量的人工合成药物，接受了很多心理治疗，那么可能也正因如此，受控于这些情绪的西方人数量已经达到了历史最高。从道家到佛教到斯多葛学派等等很多古已有之的高明的哲学践行都能有效帮助我们保持情绪稳定。但即使这样，也没有人能完全保证我们的情绪安全。

国家安全是许多西方人今天最关心的问题，主要但并非唯一关注的是由恐怖主义以多种形式构成的可信威胁。劫持飞机的恐怖分子和自杀式爆炸者都仅仅只是冰山一角。全美国也在激烈讨论是否应该以牺牲公民自由为代价提高安保措施。全美同时也在热烈讨论很多外交政策，在如何应对恐怖主义威胁方面几乎没有共识。美国的国防安保系统之前忽视了最显而易见的事情，比如"9·11"事件的恐怖分子在佛罗里达州的一所飞行学校接受过飞行训练，但是并没有参加起飞降落的课程。现在，我们的机场安保系统以矫枉过正的方式应对之前出现过的问题。比如，如果有哪名乘客开错了门或者偷偷越过安保人员在登机口吻别女友，那么所有航站楼都会关闭。我们从"9·11"事件中学到的经验教训，以及我们每天都在获得的信息是：没有人能保证我们的国家安全。

既然如此，为什么我们还妄想有人能保证你的财务安全呢？《道德经》规劝我们：万事万物皆在变化。如果你让自己的宁静依赖于股市、共同基金、股权等，那么除非我们懂得知止，否则我们就一定要做好失望的准备。人生当中最美好的事情都不收费，道就是其中一项。老子那个年代没有 401K 计划（美国养老保险制度）、养老金计划、投资搭配方案、房产和循环信贷。但是老子是定然洒脱宁静的。

何出此言呢？因为老子发现保证安全的代价就是情绪焦虑。几百万合法移民成群结队地来到美国，确实为之后几十年美国的繁荣发展作出了贡献，但他们几乎没有任何安全保障。这批移民没有现金，但充满希望，愿意勤勉工作，希冀为下一代创造更美好的生活。这批移民确实做到了，他们从毫无安全感的现在创造了一个繁荣发展的未来。

庄子也是老子的道家门人，庄子梦蝶被誉为经典。庄子从梦中醒来之后，不知道自己是否是一只在做梦以为自己是庄子的蝴蝶。没人能偷走庄子这场梦，所以庄子终其一生洒脱快活。

蝴蝶是美丽的生物，但它们远非安全。它们的生命短暂，面临众多危险。只需几滴雨水或一阵突如其来的强风，就可能宣告它们的死亡，更不用说还有所有视它们为快餐的鸟类、蝙蝠、蚂蚁和猫了。蝴蝶看似脆弱不堪，薄如蝉翼的翅膀飘忽不定，面临着无数的危险。但是帝王蝶却会为了繁殖，一路从加拿大飞到遥远的墨西哥南部，迁徙四千英里。蝴蝶此行根本没有安全感可言，它们只是有道的支撑而一路飞来。

我们亦可以做到如此。我们可以做梦梦见自己变成一只蝴蝶，而当那只蝴蝶睡着的时候，就让蝴蝶做梦，梦见它自己是你，然后完成人生当中的目标。当我们和蝴蝶都在做梦的时候，道就会让我们离目标越来越近。从梦中醒来之时，我们会发现确实如此。如果蝴蝶只考虑安全，那就永远不可能飞到墨西哥，也不可能梦见自己变成庄子；如果我们只顾安全，我们会错过很多因道而在险境才会出现的精妙绝伦的机遇。

泡沫事件

历史总是不断地重演。伟大的西班牙裔美国哲学家乔治·桑塔耶纳曾说过："不能铭记历史的人注定要重蹈覆辙，不能铭记过去的人注定要旧错重犯。"1720年大英帝国金融崩溃，也就是"南海泡沫事件"。不到一年的时间，贪婪的投机者就把南海股票的价格从每股100英镑抬到了1000英镑。狂热的投资者则进一步促生了很多并无资产也无商业计划的空头公司产生。其中一家空头公司就自称能为人带来很多好处，但没人知道是什么。即使这样的骗局也会吸引从贵族到农民的各个身份阶级的投资者。相似的泡沫事件也出现在了阿姆斯特丹和巴黎。1721年，南海泡沫终于破裂。成千上万的企业破产，成千上万的人遭遇毁灭之灾。作曲家乔治·弗里德里希·亨德尔也是当时南海泡沫事件中受骗上当的名人之一。

英国议会调查了这次南海泡沫事件，结果意外地发现腐败不仅仅只发生在公司董事当中，甚至发生在政府内阁部长当中。议会内阁成员中涉及腐败的人从此名誉毁于一旦，审判定罪，打入大牢。南海泡沫事件影响程度之深，以至于托马斯·杰斐逊在几乎100年之后还将南海泡沫事件作为预防腐败的典型案例写出来，并认为这样的腐败事件不仅需要在领导阶层杜绝，也需要在普罗大众中杜绝。"全美现在头脑发热，这在其他国家之前也经常出现，很多美国人被诱导，认为腾跃于纸上的花招骗术能够和我们在乡间田野踏实劳作所结出的看得见摸得着的财富别无二致。"（1816年《致查尔斯·燕西上校的信》）

如果杰斐逊今天还活着，他将会不无遗憾地找到更多更新颖的腐败例子，付之笔墨。如果我们让贪婪牵着鼻子走，我们一定会付出代价，就像这些人一样——英国财政大臣约翰·艾斯拉比和英国邮政署署长老詹姆斯·桂格思在南海泡沫事件里是同谋共犯，最终遭遇长期监禁。安然公司的前CEO兼主席肯·莱在2000年因为诈骗而入狱，美国前股票经纪人和投资顾问伯纳德·麦道夫在2009年也因为上述原因而锒铛入狱。

现在的中国政府对于类似骗术的惩罚力度非常大，每年都会处决很多从腐败当中获利的罪犯，以此杀鸡儆猴。

当普通公民允许自己为贪婪辩护，理由是"其他人都这么做，我为什么不可以"时，代价可能会变得无法接受，正如美国人和全世界其他人都正在发现的那样。泡沫破裂并不标志着资本主义落幕，而是腐败的陷阱。当鲨鱼疯狂抢食的时候，它们甚至会互相啃食吞噬。不过鲨鱼嘛，并不能够学道，而人类则可以学道。每一种金字塔骗局都是下述模式：行骗之人毫无道德，站在金字塔顶尖；而很多受骗上当的傻瓜则处于金字塔底部。当越来越多的美国消费者循道而行，行骗之人可能也就找不到人去薅羊毛了。

下次如果受到鼓动要投资泡沫，要搞清楚那只是浴缸里的泡沫，骗术不同而已。

价值之道

我们身处经济危机的时候，就可以借此殊遇提出这样一个问题：人生中到底什么真正具有价值？我们怎样创造持久价值？婴儿潮一代是在大萧条发生后很长时间之后才出生的，但是我们的祖父母仍然终其一生都生活在大萧条之中，我们的父母也都是在大萧条的负面影响之下成长起来的，他们又学习到了怎样的经验教训呢？

不管怎么说，他们这两代人都开始意识到尊重团队合作和牺牲让步的价值。所有家庭成员都必须工作或找工作，为房租和食物作出贡献，甚至连家里的孩子都需要在上学前和放学后出去工作。在一些情况下，孩子为了让家里得以糊口，甚至要放弃上学的机会出去工作。与资本主义黄金时代的中产阶级富裕相比，这听起来似乎艰苦到了匪夷所思的程度，但是须知资本主义黄金时代所带来的富裕也都是因为经济崩溃或者家庭破裂才得以萌生的，而大萧条所带来的逆境则使得千千万万的家庭更加紧密地联系在一起。

奥斯卡·王尔德有句妙语十分出名："一个愤世嫉俗的人只知道每样东西的价格，却不知道它们的价值。"按照王尔德的意思，美国已经变成了一个愤世嫉俗者的国度。全世界的观察家都评论说，美国人总是忙于无意义的消费，这是一个热衷于购物的"文化"。几年前的黑色星期五，34 岁的保安迪马泰·达默尔被一群疯狂冲进沃尔玛的购物者踩踏致死。这些人在外露营了一晚上，等待感恩节后的折扣，这已成为一个全国性的习俗。当保安迪马泰·达默尔打开前门的时候，人群蜂拥而至，这些人只为急于省下几美元，就把这一条鲜活的生命活活践踏致死。当天还有其他四人，包括一名孕妇，也被踩踏并住进了医院。这是一群愤世嫉俗的美国暴徒：他们对所有事物的价格心知肚明，但是却对礼让人先和人类生命本身的价值视而不见。

长春真人丘处机告诉成吉思汗："我们最宝贵的资源既不是金钱，也不是权利，而是时间。"时间是那份赠与我们在自己的生命及他人生命中创造价值的礼物。与历史的恒流和宇宙的永恒相比，人类一生便如蜉蝣一般短短几十年转瞬即逝。道家学说规劝我们：不要只着眼于延长人生的长度，也要提高人生的价值和质量。我们通过窥探人生的价值和质量，就能体验到幸福感；通过逐渐加强这种幸福感，就能获得内心宁静。彼时我们已经深知一切事物的价值，以及无价之物的宝贵。

人生之宝何谓也？《道德经》告诉我们：造福世界，相亲相爱，家庭亲和，邻里友爱，生活至简，环境和谐，崇尚自然。这几样为人间珍宝，无可估量，金钱买不来，只有通过循道而行才能够获得。

回到戴安娜的案例上。戴安娜是一位成功且单身的三十多岁金融分析师。尽管金融危机对她没有影响，但是在金融分析师的职业中她并没有觉得有成就感。她想读医学博士，因此她利用夜晚和周末的时间刻苦学习。她牺牲了自己的社交时间，准备美国医学研究生院入学考试。戴安娜为了申请医学院投入了大量时间，在被拒几次之后，终于有一家医学院接收了她。

但是此时戴安娜就面临着艰难的抉择：是否应该辞职放弃稳定有保障、薪资不低的工作，并在接下来六年当中变成负债累累、只能做实习生的医学生呢？戴安娜的生育钟在滴答作响。如果她选择就读于医学院，那么未来结婚生育都要推迟到至少几年之后；如果戴安娜没有选择就读医学院，那就会一直感觉人生尚未圆满，戴安娜只有仅仅两周时间做出最终决定。

戴安娜来找我做哲学咨询。我们通过中国哲学的视角探讨了成就感的问题。戴安娜遵循我的意见，参考了《易经》。这本书在老子和孔子的一生中都起到了指导作用，也引导了卡尔·荣格和赫尔曼·黑塞这样的 20 世纪的杰出人物。给戴安娜算出的卦（第三十八卦：睽卦）意味深刻。其中一言特别引起她的共鸣：

"本性相同的人却因为彼此误解，不能够按照毫无差错的方式相遇。因此，如果本性相同的人之间内心亲和力尚存，那么偶然在非正式场合相遇，则可能让他们相见恨晚。"

长期以来，戴安娜都感受不到金融工作中与同事之间的内在亲和力，这也是她一直保持单身的部分原因。与此同时，她相信自己天生属于医疗行业。但一个简单的误解阻止了她追随自己的本性：她误认为财务安全是成就感的关键。戴安娜后来受到道家学说的智慧启迪，决定就读于医学院，拥抱没有财务安全的生活，并且深信这样做才能够在事业和个人层面都获得成就感。

虽然放弃稳定的工作去当学生让她的生活经历了一次净化，但戴安娜突然灵光一现：这就是她幸福感所在的地方。所以戴安娜在道的指引之下，勇敢迈向了自己的命运之路。戴安娜曾经跟我说，当我们处于低谷的时候，反而更能看得清一些事情，我深以为然。虽然站在巅峰之上能够清晰地看到峡谷的风景，但是峡谷却能让我们最清楚真切地看到自己的价值；当我们处于低谷的时候，身边流水潺潺，我们就知道自己已近道矣。

装点心灵

卡尔·瑞彼达依靠室内装潢发家致富成为奥地利的百万富翁，最近却把企业和高档住宅一并出售。他将自己资产当中的500万美元全都捐献给了发展中国家的慈善机构。然后退居幕后，来到深山之中的小木屋里生活。为什么他要做出这样的选择呢？答案就是为了获得幸福感。

卡尔·瑞彼达向记者袒露："金钱会事与愿违的。金钱会让人不快乐，而我这么做只是听从内心的声音。"从道家的角度来看，卡尔静静地从公众视野消失，隐居深山，真是一名贤者！有可能他就是老子本人的化身吧！卡尔通过室内装潢积累了大笔财富，而现在却通过装点内心获得了幸福。那么卡尔是怎样装点自己内心的呢？他是通过做慈善保持大道至简，静观内心，保持平和，也就是道家推崇的品质来做到的。

美国梦的根基在于想象从底层一跃变成富人；可是许多人，即使不是绝大多数，认为反其道而行之——都觉得自己只会从富有变成贫穷，只会失败不会成功。所以我们再次提出这个问题，为什么即使说不上大多数人，但还是有很多人觉得不幸福，没有成就感呢？到底为什么呢？因为他们在意装点他们的物质自我，而不是他们的心灵和灵魂。

孟加拉国经济学家穆罕默德·尤努斯也深信修心养神并创立了格莱珉银行和微型贷款的概念。穆罕默德·尤努斯向没有抵押品的家庭手工业工人微额贷款。这些手工业工人基本都是居家编制篮筐的女性工作者。穆罕默德·尤努斯深知即使这样微薄的一笔贷款也能够大大改变他们的生活状况，他也深信正直守信的手工业工作者一定会偿还贷款。他这种微型贷款的理念确实有效。尤努斯为成千上万名本来可能变成边缘群体或者变成传统借贷机构的受害者的人们赋权，让大家人人有份，参与了"孟加拉国之梦"，让公民生产高效，为子孙提供更好的生活。2006 年，他和格莱珉银行当之无愧地获得了诺贝尔和平奖。

无论有意与否，尤努斯展现出了老子的一个核心教义："圣人不积。既以为人，己愈有；既以与人，己愈多。天之道，利而不害。"如果一位银行家能够做到这一点——帮助他人同时还能赚钱，只做好事不做坏事——那么我们每个人都可以用自己的方式做到如此。

我们刚才简要分析了三则互不相同的案例：一位美国金融分析师，一位奥地利商人，还有一位孟加拉国的银行家，这三个人有什么共同点呢？那就是——这三个人都是通过发现人生至善至宝之物来获得内心宁静的。在这个过程当中，他们帮助或激励了其他人做同样的事。换言之，他们也实施了道的教义。

我们的幸福当然也不寄身于外，而需向内索求。如果我们循道而行，很快也能获得幸福。

第十二章 三种毒药：嗔、贪、妒

"祸莫大于不知足，咎莫大于欲得。"

——《道德经》第四十六章

"和大怨，必有余怨，报怨以德，安可以为善？"

——《道德经》第七十九章

大约在佛陀于印度传教之时，也就是耶稣宣扬爱的五百年之前，老子写道，我们应当"以德报怨"。此箴言甚至比耶稣的"爱邻舍如同自己"更发人深省，且与其"爱你的仇敌"境界不相上下。老子的见解记录于一个兵荒马乱、内战不止的年代。道家意识到，荼毒心灵至深、让心灵最痛苦的，乃佛家所言之"三毒"（嗔、贪、妒）。老子深知，真正且持久的和平并非来自外界强加的法律与秩序，而是内在的宁静。只有清除"三毒"，心灵才能返璞归真，回到"朴"的状态。在本章中，我们将一一深入探讨"三毒"以及如何将其从心灵中清除。

保护心灵远离毒素是一种日常的修行，为此你义不容辞。这不像居家打扫、除草、洗菜这些杂务一般，可以与伙伴分担、雇人为你代劳或者你为他人代劳。为心灵排毒，只有自己才能做到，他人爱莫能助。即便你付钱接受心理或药物治疗，净化心灵仍为己任。只有你会使自己愤怒、贪婪、嫉妒，也只有你才能扫除这些通往清静的阻碍。

道家、佛学和斯多葛学派都会教给我们净化意识的最有效的实践方法。你越早开始实践，你就会变得越快乐，并且保持这种快乐状态，因为心态也是心智的习惯。你的心智在愤怒、贪婪、嫉妒的状态中花费的时间越多，它就越想在那种状态下停留更多时间。与之相反，你远离这些毒素越久，你对这些毒素的抵抗力就越强。

第一毒：嗔

我有一个名叫杰森的客户，他承受了很大的压力。他的事业正经历低谷期，上司还从中百般阻挠。与此同时，他的婚姻也开始破裂，这比工作问题更令他头疼。但由于工作不顺，婚姻问题变得尤其棘手。因为人都有寻求避风港的时候，当生存风暴来袭，它是庇护我们的安全港湾。人们常在"另一半"那里寻找庇护，比如伴侣或是配偶。人们也会在心理治疗室或祷告中寻求庇护。佛教徒则一门心思"皈依佛门"，在修行中找寻那方净土。但以上这些庇护都不能保证幸福。杰森认为他可以依靠妻子玛莎，她过去曾为他提供过这种避难所。但如今玛莎是泥船渡河，自身也面临着一个艰难的转变，而且实际上她对杰森心怀怒气。究其原因，玛莎早就想要个孩子，而杰森却无动于衷。

杰森之前说服玛莎推迟几年再要孩子。直到玛莎四十五岁左右，她终于怀上了孩子。夫妻二人都很激动，但玛莎的身体却有气无力。最后，不知是因为"卵子太老"还是"精子太老"，也不知是运气不好还是命中注定，玛莎流产了。不久后她接受了此生无法再怀孕的命运，但她内心感到愤怒，仿佛被剥夺了本该属于她的某样东西。虽然失去一个孩子对父母双方都有很深的影响，但失去一个胚胎可能对母亲的影响更大。玛莎对杰森怀有恨意，因为他没有让自己在尚年轻、更容易成功怀孕的时候和她一起孕育一个孩子。杰森虽然对玛莎的流产真切地感到心痛，但他一心忙于工作上的问题，期待玛莎在家为他提供避风港，以至于对她的愤怒毫无察觉。

男女对愤怒的感受别无二致，它对两性来说是同等的毒药，但男女表达愤怒的方式却大不相同，这还是因为男女的原始本性，即阴阳差异。当男性愤怒时，倾向于将愤怒外化。他们会失去理智，大发雷霆。因此，路怒症、家庭暴力大多由男性实施（虽然不全是）。而当女性愤怒时，她们倾向于将愤怒内化。她们会自我惩罚。因此，罹患抑郁症的女性远远多于男性，抑郁往往是内化的愤怒。同样，被动攻击型的女性也多于男性，她们会通过激怒他人来代替自己表达愤怒。

诚如"阳"的本性，杰森在工作中爆发了，和上司公开叫板，但他无法赢过上司。诚如"阴"的本性，玛莎在家里开始变得被动攻击性很强，她通过挑衅杰森以表达自己的愤怒。她这招屡试不爽，因为杰森当时的心理状态不堪一击。无法消除的愤怒让两人都受到了毒害，并让他们的婚姻走向失控的轨道。由于杰森是我的客户，这个矛盾由我和他一起解决。从他的叙述中能明显看出他和玛莎都需要帮助，而且他们的婚姻岌岌可危。事实上，他们咨询过一位婚姻顾问，是一位纽约的持证治疗师。此人告诉他们，他们夫妻的关系没什么大问题。这个结论让我感到愤怒，因为这显然不是事实。

众所周知，男人往往不善于表达自己的感受（而女人则常常过度沉浸于自己的感受中），因此杰森花了几个月才意识到，他在家时比在工作时更容易感到愤怒。这也"得益"于玛莎非常擅长被动型挑衅。杰森在家的办公房里放了一本小日历，每次他在家里生气时，都会用红笔圈出那一天。直至那时，他才开始意识到每周有五六天玛莎都在挑衅他。两三个月后，日历上几乎每一天都被圈上了红色。

玛莎发现日历时，二话没说便扔掉了。等到下一次杰森生气的时候，他甚至都不能用红笔圈出那一天。他知道玛莎扔掉日历不仅是为了进一步激怒他，而且是因为她不想让他意识到自己竟然每时每刻都在发怒。

正如老子在公元前 500 年所写的那样："祸莫大于不知足。"杰森确实如此。他在工作中感受不到满足，在家庭中亦是如此。实际上，他在这两个地方都体会到了满足的对立面：极度不满，并渐渐过渡到持续愤怒。在这种情况下，净化心灵的唯一办法就是停止让自己接触负能量源。这就类似于戒掉瘾症。当瘾君子想要戒掉酒瘾或者毒瘾，他们必须住进康复中心这样的庇护所才不会每天接触成瘾物。之后，他们才能有自由做必要的内在工作来纠正成瘾倾向。

男性和女性不仅对愤怒的反应不同，对愤怒管理的需求也

不同。阳气本质是创造性的，阴气本质是接受性的。愤怒的男
人需要私人空间来创造解决方案，愤怒的女人需要与他人亲近
来获得情感支持。每个男人都需要一个洞穴、书房、车库，一
个他可以退隐的地方，一个他可以独处反思的地方，一个不受
入侵者（包括他的妻子和孩子）干扰的地方。许多女人不明白
这一点，她们把愤怒的丈夫追赶到洞穴里，在男人需要独处的
时候跟他索要情感支持。这可能会火上浇油，因为如果一个男
人被堵在洞穴的角落里，他便无处可去，就没有空间创造解决
问题的办法。如果给予男人空间和隐私，他就会在冷静之后现
身，能够给予女人其所需的情感支持。

　　杰森无路可退。他正在面临一场典型的两线作战：一条战
线在办公室，另一条则在家里。玛莎甚至闯进了他家中的办公
房，扔掉了他用来记录愤怒天数的日历。因此杰森不得不创造
一个新的空间，能让他退隐，免受侵扰。对于玛莎而言，她则
需要找到一个能给予她爱和理解的人。这些她肯定无法指望杰
森，尤其是当她已经对杰森十分怨恨，几乎每天都在惹恼他的
时候。人是不可能通过激怒一个人来爱你的。

　　杰森和玛莎最后同意分居，当时这对他们都有好处。当彼
此的吸引力使两个人走到一起时，任何力量都无法将他们分开，
杰森和玛莎曾经就是如此。但如果这种相互吸引在某天变成了
对立面，即相互厌恶，那么任何力量都无法让两个人留在一起。
我坚信，婚姻只要有挽回的可能就应该尽力挽回，但在这个案
例中，为了两个人的共同利益，杰森和玛莎需要分开。

　　杰森后来搬到了一个静谧、避世绝俗的隐居地，在那里他

每天都能回避世事，远离挑衅，并能重新思考自己的职业状况。他成功想出了解决问题的办法，在这一过程中脱胎换骨，发现了成就感。玛莎的情况也很顺利，她最终再婚并领养了一个小孩。显然，当两个人都感到激怒的煎熬，每天都让对方怄气，那他们就必须分道扬镳以平息怒火。急性问题需要急性的解决办法。分手也可以防止气愤转化为暴怒，否则后果可能愈发不堪设想。

嗔怒之道

如果杰森加入了宗教团体，他会祈求上帝来扫清他未来的烦恼。与之相反，如果他选择了心理治疗，那么他便会重启昔日的愤怒记忆。但杰森没有这么做，相反，他求助于《道德经》。对他而言，老子和《易经》的话语适用于此时此刻。道家的建议不仅能解决他与玛莎分手的紧急问题，亦能解决工作中上司阻挠的长期问题。

急性案例类似于蜕皮。许多种类的昆虫、蜘蛛、甲壳动物与两栖动物都需要时不时蜕皮或脱壳以继续生长。这是自然的历程，亦是宣泄的历程。这些动物必须从旧皮中爬出来，在新皮变硬或变坚固到其自然状态之前，通常会有一段时间的脆弱期。这与我们脱离一段关系毫无二致。我们会在一段时间内感到不舒服抑或情绪脆弱，但这整个过程指向成长。旧皮使命完成后，必须功成身退让位新皮。关系亦复如此。两栖动物不蜕皮就无法存活。人不成长，便会在理性、情感、精神上走向死亡。

就事业而言，无论是在自然界还是人类世界，低谷期都是普遍存在的，而我们必须要感谢它们周期性地发生。在冬季，河里的冰雪或许会阻挡船舶的道路，但是当春季来临时，冰雪消融，春雨降落，船舶便可以在河上畅通无阻。人生旅途亦是如此。正如老子从《易经》和他的人生中感悟到的那样，有时外界的力量会与我们的志向相符，助推我们实现志向；有时外界的力量会与我们的志向相违，阻止我们实现志向。人人皆知在顺境中应如何行动（除非他们自甘堕落），才能乘势而为。而生活真正的艺术以及道经久不衰的力量只显现于逆境之中，即我们面临阻挠之时。在这个案例里，《易经》常劝告我们的"内圣"要脱离阻碍性的人际关系和程序，退隐到一个安静、适合沉思的环境里，进一步磨炼我们的内核。如此一来，当世界循环回到我们的方向时，我们便恰逢其时，甚至更加蓄势待发，去实现我们最美好的渴望。

杰森将这个建议铭记于心。他不再与上司起冲突，并把精力用在培养内核上。这最终有了回报。当头脑不再关注成百上千的冲突，杰森很快发现自己无拘无束了，而且比以往更加胸有成竹去实现职业理想，这多亏了道的力量。

嗔怒之源

道家如佛家及斯多葛派一样，并不认为人类的苦难、不满与愤怒取决于天意或个人心理史。相反，他们认为心理毒素是负面自我观和世界观的副产品。如果我们将消极观念转变为积极观念，思想的副产品便不再有害，而是变得令人愉悦。那即是持续幸福的源泉。形成这一转变，须日日练习、勤奋地锻炼意志、持续地加强对自身和世界的正面看法而非负面看法。对此，世界会报以同样的回应，就像音叉振动，弦乐器会发出同样的共鸣。

如果你的心灵发出了负面的频率，你的世界也会发出负面的共鸣；如果你发出了正面的频率，世界便会发出正面的共鸣。这，也是自然之法则。

如果你感到愤怒，那么按照道的理解，这份愤怒既非来自上帝的愤怒，也非来自你童年时期的某种心理障碍。恰恰相反，这仅是源自你不愿认清现实。当世界没有成为想象中特定的模样时，人会变得愤怒。当某个人没有以想象中的特定方式，而是以其他方式对待自己时，人会变得愤怒。当你对现实的期望和现实本身有落差时，愤怒便会即刻出现，将之填补。愤怒源自放任自我，对未满足的期望感到不平。而当你把期望从自我中剥离，让你的意识与现实产生共鸣，而不是与之格格不入，愤怒便会烟消云散。

这并不意味着我们必须对世上的一切不公都麻木不仁，让步屈服，绝非如此。但是，如果你调查最伟大的政治改革家和社会改革家是如何纠正不公的，从苏格拉底到梭罗，从甘地到马丁·路德·金，你会注意到他们从不生气，从不屈服于仇恨，从不诉诸暴力。任何事业的正义之光、最闪耀之处都在于同情，而非愤怒。

道家让人戒除愤怒的方式是将自己安置于一个安静的地方，被简朴和自然围绕，并调整呼吸。之后，你的心灵会渐渐平静下来，与现实合一，并开始欣赏你周遭环境的美丽与和谐。在这一过程中，你对世界和对他人的期待会被你置之脑后，愤怒会消散，取而代之的是无私的爱。当这种变化发生时，你尽可以安全地使你的生活变得更加复杂，通过更深入地投入到这个世界及其无尽的问题中，只不过你现在是从一个平静和内在充满力量的状态出发。

《易经》认为当我们从这样深刻的境界来行动时，我们便不会犯错误。换句话说，我们便不会制造痛苦，而且会让这个世界变得更美好。这只有爱（一种强有力的善意）才能做到，而恨（一种恶毒的愤怒）是绝不能做到的。

如果你寻求更具体的技巧来消解对非现实状态的不良依恋（这是所有愤怒的源泉），并且如果你在当地的电话号簿上找不到修道之士，那么你可以找佛家之士，他们也能极好地实践这种方法，与道家相差无几。而如果你寻求更具体的实践方法以强化意志，你可以请教罗马斯多葛派人士：爱比克泰德（Epictetus），马可·奥勒留（Marcus Aurelius）和塞内卡（Seneca）。爱比克泰德教导人们："一切事物都有两个把手，一个把手可以用来拿，另一个则拿不了。"这两个把手互为补充，就像阴与阳。如果你抓错了把手，事情可能就会变得难以忍受。如果你抓对了把手，那么一切都会变得可以忍受，并且令人愉悦。归根结底，这就是道的力量。

第二毒：贪

希望老子的规诫已经说服了你，"咎莫大于欲得"。我们已经粗略地了解 2008 年美国经济崩盘及其全球连锁反应。这个庞大的泡沫之所以膨胀，是因为银行家、经纪人和借款人的贪婪。泡沫破裂对所有相关人士来说都是一场灾难，这包括数以百万计的无辜旁观者。尽管旁观者并不是特别贪婪，但在这张套住所有人的全球经济网中，他们无法脱身。无论出于有意还是无意，贪婪会伤害其范围内的所有人。

我们人类几乎都有获取欲，生来如此，而且任何人在一个地方随便待一段时间，都知道积累东西是何等容易。尽管如此，很多东西都是有用的，比如家具、衣服、工具、书籍、纪念品，尽管这些东西不是每天都有用到。当然，积累储蓄也是个好主意，不仅为了孩子的教育，也是为了自己的退休。然而，获取欲和贪婪是有区别的。获取东西是我们的天性，但贪婪则违背我们的本性。

你会注意到，贪婪的人永远不快乐。为什么？因为他们永远无法得到满足。贪婪会用欲望压倒心智，而欲望永无止境。我们起码暂时可以通过达成需求得到满足，然而，得到想要的东西通常会导致更多的欲望和永久的不满。事实上需要某种东西的人可以通过达成需求而感到满足，而心理上处于"渴求"的人永远不会满足，因为他们总是想要在数量上或种类上得到更多的东西。这是自我在作祟，而满足自我只会让它变成贪得无厌的怪兽。贪婪通过剥夺人们的满足能力，不仅使人不快乐，还使周围的人也不快乐。因为贪婪的人会从他人那里夺走自己需要的东西，徒劳地尝试满足自己的欲望。和愤怒一样，我们的贪婪变得有破坏性，对我们自身、我们的环境以及他人皆是如此。

从心理学角度来看，我们可以在童年早期找到贪婪的根源。当一个孩子被不公地剥夺了他应得的东西（从玩具到父母的爱），或者被溺爱，得到了超过他应得的份额，或者他开始害怕拥有得不够多，或者害怕失去他已经拥有的东西，贪婪便会控制心智，以一种试图弥补的方式出现。但这从一开始就注定要失败，因为正是贪婪的本质决定了无论多大的份额都无法填补空虚。我们得到的补偿越多或者获得的越多，我们就越剧烈地感受到空虚本身，我们也就更狂热地寻求进一步的补偿或者获得，不惜一切代价。这便是贪婪的恶性循环，一个欲壑难填的折磨。

贪婪具有多种形式，可以表现为色欲、抢劫、暴食、囤积、享乐主义以及对他人的邪恶冷漠，伴随着长期无法分享、给予、原谅以及同情、仁慈或者博爱的能力。贪婪的任何形式无一不导致自己和他人的不快乐，大多数的宗教也意识到这一点。例如，在基督教中，贪婪被视作一种对抗上帝的原罪。最著名的针对贪婪的警世故事之一，是查尔斯·狄更斯的《圣诞颂歌》，其中的主角守财奴斯克鲁奇，已经成了冷酷贪婪的代名词。守财奴既吝啬又可怜，但最终得到了救赎。

嫉妒即贪婪

贪，是"三毒"中的第二毒，与觊觎相关，但又有所不同，这点我们稍后探讨。与此同时我们需要探讨嫉妒，它很容易与觊觎混淆，尽管它实际上是贪婪的一种形式。当一个人渴望得到别人拥有的而自己缺乏的某种东西时会感到羡慕，比如财富、名誉、权力等等。这与贪婪显然不同，因为一个贪婪的人不缺少东西，而是所得不足以满足其渴望。当一个人害怕失去已经拥有的东西会感到嫉妒，比如当一个女人看到丈夫在盯着别的女人时，她或许会嫉妒那个女人，因为她害怕失去丈夫对她的欲望、爱意或者忠诚。所以嫉妒更像是贪婪，因为它会使我们过多占有别人的关注，以至于我们可能希望独占其有，并且得陇望蜀。毋庸置疑，嫉妒经常会引发愤怒，尽管其本身就祸害无穷。

最近我出席了一场晚宴，宾客包括几位男性作家和他们的妻子。我们这些作家受到主人的盛情邀请，聊聊新书的情况并逗宾客们开心。作家们聊起自己的书真是信手拈来，就像妈妈们跟人们聊自己的孩子一样不需打草稿，所以我们轮流对自己的所有最新文学作品进行介绍。我们当中是作家的读者会相当清楚，写一本书很像孕育一个孩子：有受孕（构思）、妊娠（孕育）、分娩（撰写），最终如愿诞生（出版）的过程。当作家们围着桌子十分自豪地轮流介绍他们的新作以及正在撰写的作品时，他们的妻子们非常直白地表现出了嫉妒之情。

总体而言，男性倾向于把生气和愤怒表达得比女性更直白、更暴力，而女性（正如我们所见）则倾向于内化她们的愤怒并密谋报复。相比之下，女性在日常生活中倾向于把嫉妒以及由嫉妒而生的气表达得比男性更直白。我甚至敢推测，平均而言，男性比女性感到更多的愤怒，而女性比男性感到更多的嫉妒。每一位妻子都知道让丈夫生气有多容易，而每一位丈夫都知道让妻子嫉妒有多容易。男性已经注意到他们的妻子不仅会因为别的女人而嫉妒还会因为丈夫任何"过多"关注的事物而感到嫉妒，包括他们的事业、爱好等等。

晚宴上，作家的妻子们都坦率地透露了她们有多么"讨厌"丈夫们的书！为什么？因为写书是一件独自完成的爱的劳动。写作本身每天就要消耗数小时，还未算上额外的研究和反思的时间，甚至晚上做梦的时间，这一切都是写作过程的一部分。而所有这些时间，从许多妻子的角度来看都是从两人的关系中抽走的时间。因此她们嫉妒丈夫的作品，因为在许多情况下书得到的关注一点不比妻子的少——一连数小时、数天、数月不断地关注。

而这也就是为什么男性所著的书大多数都会致谢其妻子，这次晚宴上介绍的书籍正是这种情况。妻子们自己乐于拿丈夫的这波操作开玩笑，说只要一读题献她们便爱上了这书。但实际上，她们承认，书籍写作期间她们讨厌它们，而这种讨厌源自嫉妒。

任何规则都有例外，列夫托尔斯泰的妻子——索菲亚是一位不凡的女士，她便是其中之一。她不仅生育并抚育了十三个孩子，还手写抄录了不下七版的丈夫的杰作——《战争与和平》。每一次丈夫修订完冗长的手稿，她都会誊出一份新的版本以呈现丈夫的修订。她一定同丈夫一样爱这本书，并且肯定不会嫉妒它。这可能是大多男性作者让他们的妻子参与写作项目的一个好策略，只可惜文字处理技术已经终结了手写文稿的时代。

另一个极端，是一个关于欧内斯特·海明威的故事，同样真实但也有些令人难以置信。他刚刚在巴黎写完一本小说，正同一位想阅读它的出版商见面。因此海明威给妻子玛戈特打电话，让她把原稿带到出版商的办公室。玛戈特答应会做到，捆好了原稿，乘上了地铁。但是玛戈特不知怎地在路上不小心把原稿落在了地铁车厢里。令她丈夫伤心欲绝的是，她两手空空地来到了出版商的办公室！这不仅是原稿丢失的问题，还是因为在那个没有电脑和 U 盘的时代，那是仅存的唯一的稿件！海明威是用打字机打出来的原稿，没有复写本。因此那本小说彻底遗失了。我知道有些心理学家会设想玛戈特对手稿遗失之事感到开心，而且她很可能是故意将原稿留在车厢里的，或许是因为她嫉妒这本小说，或许是海明威忘记在小说里向她致谢了！

也许你不写书，并可能怀疑嫉妒对男性作家妻子的不良影响，那你不妨思考一下更为普遍的兄弟姐妹之间的竞争现象。例如，一个头胎孩子习惯了成为其父母关注下的单独受益人，但是当新的宝宝来到这个家庭时，这个婴儿自然在相当长一段时间内成为关注的中心。长子女会敏锐地感受到父母关注的丧失并目睹所有人集新生儿于一身的宠爱。结果就是，长子女会对年幼的兄弟姐妹感到嫉妒。这只是兄弟姐妹竞争的开始，随着兄弟姐妹一起在一个屋檐下长大，竞争会呈现出许多的形式。但这绝对是一种嫉妒，而且我们人类，无论女孩和男孩，显然从小就对此有明显的倾向。这是可以扭曲童年之"朴"的东西之一。

驱逐内心的贪婪

像愤怒一样，贪婪也可以从心中被驱散。我认为宗教、心理学和哲学都提供了比对付愤怒更直接的疗法。为什么？因为从短期来看，贪婪比愤怒更容易处理，因此我们可能更容易与遭受贪婪之苦的人进行理性交流，从而在他失控前将其根除。

心理学疗法大致如下：贪婪的人试图补偿他们心中感到的某种过去的缺失，或许他们没有从父母那得到足够的爱，或者没有得到他们应得的一份玩具，或者可能他们在童年时被剥夺了其他机会。不管怎样，心理学专家都会认为，一个人要是现在试图超额获得某样东西，可能是在表明他在过去缺失了这样东西。在此基础上，心理学可以一探他贪婪的特殊根源，或许有能力帮忙将之驱除。

然而，这种方法也有其缺陷。孤立地治疗一个个体的自我，会带来一种风险，即虚幻中的"人格"的负面被强化了。病人或许不再对其他事物贪婪，转而对心理治疗变得贪婪。这或许代表了一种改善，但并不代表痊愈。

宗教的疗法可能采取这样的方式：我们应该感恩上帝为我们提供了我们已经拥有的东西，而不要奢望拥有过多的东西。反思我们已经拥有丰盛的礼物，比如生命、健康、爱情、家庭、事业，我们会逐渐意识到我们是非常幸运的，我们无法报答父母、朋友、同辈、整个社会对我们的恩情，最终也无法报答上帝给予我们的恩赐。除此之外，世界上还有许多人没有我们那么幸运，数亿人甚至缺少基本的生活必需品。他们无法满足日常所需，根本没有条件可以让他们沉溺于贪婪。因此我们应该以捐助或慈善的方式帮助他们，以此来表达我们的感恩之情。

这个方法比心理治疗更完善，因为它将自我中心的贪婪（"我需要更多东西给自己"）转化为以他人为中心的给予（"他人需要从我这得到更多"）。关于宗教的正能量之一就是他们对慈善捐赠的承诺，这是对抗贪婪的一剂强力解药。

道家的方法通常会令人惊讶或反直觉。正如我们所知，贪婪是一种想要索取太多的病态。但根据老子的观点，这是因为已经拥有太多。一个饥肠辘辘的人去寻找食物，我们很难称之为贪婪，他显然是在奋力求生。但一个酒足饭饱的人寻找一顿盛宴无疑是贪婪的，因为他想吃的比他需要的多得多，而且很可能会在饕餮盛宴之中剥夺他人需要的食物。所以道家说："知足不辱，知止不殆。"那些只要求食能果腹、衣能蔽体的人不是贪婪的；而那些贪婪的人总是这山望着那山高。贪婪的解药在于索要的越来越少，而不是越来越多。减少你的欲望，你将阻止它们遮蔽你的真正需求。仅仅通过满足你的需求，你会发现满足之感取代了贪婪之欲。一旦这种情况发生，你将体验到幸福。

米克·贾格尔（Mick Jagger）和滚石乐队也发现了这一点，他们是拥有足够财富和影响力的全球摇滚明星，可以追求远超一般人想象的欲望。但是，正如老子所预言的，这并没有让他们感到幸福。他们最风靡一时的早期歌曲是"（I Can't Get No）Satisfaction"（《我无法得到满足》），其歌名意思就是，即使他们功成名就却仍无法感到满足，或者诚如老子之意，正是因为他们事事成功，米克·贾格尔才会如此感叹："我无法得到满足。"为什么呢？因为他的欲望在那时远远超出了他的需求。随着时间的推移，他也许是吸取了教训。因为在之后的一首爆红歌曲中，贾格尔改变了他的调子。在"You Can't Always Get What You Want"（《你不能总是得偿所愿》）这首歌中，他写道："如果你愿意付出努力，你能得到你需要的东西。"恰如其分！如果连集财富和名声于一身的米克·贾格尔都不能总是得到他想要的，那其他人又有什么机会呢？

老子将这种推理延伸，得到了最终的结论：世上最幸福的人是那些什么都不想要的人。这就是道家对抗贪婪的最浓缩的解药。如果你逐渐减少欲望，那么你的幸福将会增加；如果你达到了什么都不觊觎的状态，你的幸福将会满溢，这多亏了道的力量。

第三毒：妒

众所周知，嫉妒是害怕失去已经拥有的东西，而觊觎则是想要拥有别人已经拥有的东西。尽管这两者境界不同，但它们都是有害的，而且无一例外地会造成痛苦。嫉妒是一种无所不在的负能量源，几乎我们所有人都曾经沦为其牺牲品。嫉妒的传播如此之广，影响如此之恶劣，以至于各大宗教很早以前就已对其进行过强烈的谴责。《圣经》第十诫有言："不可觊觎。"它给出了许多例子：比如，我们不应该觊觎我们的邻居所拥有的东西并悄悄地想占为己有。罗马天主教认为，嫉妒是七宗死罪之一。它对你的幸福而言肯定是有百害而无一利的。

在众多语言中，英语里充满了提醒我们小心嫉妒这一陷阱的表达。嫉妒长期以来都与疾病关联在一起，据说受嫉妒困扰的人脸色苍白，所以他们"green with envy"（嫉妒得脸发绿）；我们还会说，"The grass is always greener in the other pasture."（别人家的牧草总是更绿）。虽然草是绿的好，但我们心里似乎总是认为邻居的草皮比自己家的更令人向往。哲学家托马斯·霍布斯曾写道：虽然男人们总是嫉妒其他男人的妻子、房产、财富和权力，但他从未遇到什么人嫉妒别人的智慧——这意味着我们不仅是心怀嫉妒的生物，而且也是骄傲自大的生物。散文家和社会思想家约翰·罗斯金，在他罕见的恶劣情绪中，一口气描述了贪婪和嫉妒："并无所谓的福音，不论拥有何许，我们总渴望更多；不论身处何方，我们的目光总投向远方。"

为什么嫉妒心理遭到宗教如此强烈的谴责？尽管嫉妒不像愤怒一样易燃易爆，它也概莫能外地播下了自我毁灭的种子。亚当和夏娃由于嫉妒，忍受不了诱惑而品尝了禁果。蛇说："吃了这个你就会同神一样。"但他们所付出的代价是被逐出了天堂。他们的孩子该隐与亚伯也因嫉妒而陷入了悲伤，引发了谋杀和永远的谴责：所谓"该隐的印记"。无独有偶，他们的后代之间相互竞争，同父异母的兄弟以撒和伊斯玛利因为嫉妒对方从亚伯拉罕那里继承的产业而导致了犹太人和阿拉伯人之间的裂痕，随后是基督教和伊斯兰教之间的文明冲突，这现在已经波及全球。因此，也难怪道家和佛家把嫉妒视为心理毒素中最致命的一种。

心理学家也拿嫉妒大做文章。弗洛伊德曾提出著名且饱受争议的关于女性如何嫉妒男性的理论。"阴茎嫉妒"成为他所谓的心理学定律之一。几十年过后，哲学家布瑞恩·伊斯利（Brian Easlea）和女权主义者菲利斯·切斯勒（Phyllis Chesler）各自观察到男性也同样嫉妒女性。他们两人都援引了许多男性表现出"子宫嫉妒"的令人信服的例子，男性试图创造或模拟生命，但未能成功。自然科学哲学家也调侃社会科学家，嘲笑他们拼命地试图发现像物理定律那样强大的数学定律（到目前为止仍徒劳无功），称他们的努力为"物理嫉妒"。

尽管宗教和心理学都认同嫉妒是一个根深蒂固的问题，老子还是提供了克服嫉妒心理的哲学践行的建议。但众所周知，《道德经》内容浓缩，需要细致解读。"祸莫大于不知足"，老子如是告诫。的确，嫉妒的人之所以悲惨正是因为他们对自身和命运的不满足。在他们的想象中，别人是开心的，因为别人有这样那样的伴侣、这样那样的事业，以及这样那样的财富。

道家对嫉妒的疗法有两种：一种是外在的，一种是内在的。你可以更仔细地观察外部世界，或者更深入地探索自己的内心。选择权在你，两种方式都可行。外部的疗法可以这样：选择一个你嫉妒的人，然后深入了解其生活。如果她很出名，你可以读她的传记；如果她名声不好，你可以一并读她的丑闻报道。随后你便会发现一个简单的真相：任何人实现、达到或拥有任何东西，总有附加条件。我们嫉妒别人拥有众星捧月的某样东西，可单凭我们的嫉妒，却永远无法知道她私下所经受的折磨、所做出的牺牲，以及为了那些惹人眼红的东西而付出的代价。别人家草坪上的草从来没有更绿；它的颜色和你脚下的草叶完全一样，或许甚至更黄一些。

道家了解，每一个公之于众的喜悦背后也有不为人知的悲伤。我们觉得自己想要的东西背后总有附加条件，这些看不见的附加条件只有在我们"品尝禁果"的时候才会变得可见。这再次体现第三个中国式咒语，即我们在第九章中看到的"愿你得偿所愿"。无论我们想要什么，它都必然和我们不想要的东西捆绑而来。所以如果你深入观察那些事事嫉妒者的生活，你总会有理由庆幸你不是那个人。最终，你会感恩你是你而不是他人。当你感激自己是自己的时候，你会获得满足。你心中的嫉妒将被驱逐，取而代之的是宁静。

治疗嫉妒的内在方法是回归到"素朴"的状态。通过调节呼吸，保持宁静，大道至简，无为而为，你会愈发清晰地看到"三毒"是如何在自私的心灵中产生，又是如何不可能在无私的心灵中出现。没人让你愤怒、贪婪或嫉妒，除了你自己。推翻那个自我，幸福将因道的力量如期而至。

第十三章　感悟生死

　　"出生入死，生之徒，十有三；死之徒，十有三；人之生，动之于死地，亦十有三。夫何故？以其生生之厚。"

——《道德经》第五十章

　　"盖闻善摄生者，陆行不遇兕虎，入军不被甲兵；兕无所投其角，虎无所措其爪，兵无所容其刃。夫何故？以其无死地。"

——《道德经》第五十章

　　一旦我们明白生与死（存在与空无）只是阴阳的另一种表现，道就会给我们带来裨益无穷。对许多西方人来说，这是一个难以理解的概念，因为我们在一个强调"东西"的物质主义文化中长大。因此，人们过度关注世俗存在之物——房子、汽车、学校、衣服、职业、税收、体育、政治和丑闻——而忽视了空无之用处。欣赏空无能让我们更充分地存在。我们需要正视空无以达到充实。当子宫被清空时，婴儿呱呱坠地；当自我被清空时，宁静的心智便会浮现；当死亡的恐惧被清除时，生命才会充满喜悦。专注于空无，我们才能欣赏充实。

　　从宇宙的角度来看，即使人的寿命再长，比如长达一个世纪，也不过是意识的瞬间闪烁，就像在无尽夏夜中萤火虫之光闪烁一小时般短暂。接受生命源自某个本源（道）且有一天会回归此源，只不过是以其他形式重现，就是意识到存在与不存在是相连的。你的自我会因死亡而消解，但你的生命能量会被循环和转化。西方物理学花了很多个世纪发现非生命能量遵从守恒定律，而古代中国和印度哲学则知道生命能量也是守恒的。

在我们的文化中，对死亡的认识是一个永恒的话题，但却经常遭到误用，因为把注意力都集中在八卦小报上的谋杀案以及电影电视中无休止的暴力上。我们为死亡着迷，甚至把它当作一种娱乐形式，也许是因为我们惧怕死亡；但在现实生活中，我们却试图采取英勇的医疗手段，希望能阻止甚至不切实际地逃避死亡。临终问题就是这一悖论的特例。在最近的公共医疗辩论中，许多人对医生应与病人谈论其临终愿望的建议表示反感，似乎谈论这不可避免之事会在某种程度上加速死亡的到来。安乐死的意思是"美好的死亡"，古希腊人对此颇有体会。如果我们希望有尊严地活着，当然我们大多数人都希望如此，我们就必须也有勇气去迎接有尊严的死亡。

通过正视我们的死亡，我们可以栖息于一个宁静的空间，道家称之为"无死地"。他们知道生与死是相辅相成的。如果我们能正视这一真理，我们就会像修道者一样从生命中获取最多。例如，我们知道，有过濒死体验的人都会更加珍惜生命，这些人也会失去对死亡的恐惧感。道家以平和的心态面对生命的终结，因为他们知道我们的生命能量会回归本源。请回想一下庄子的话："昨夜，我梦见自己变成了一只蝴蝶。今晨醒来，不知是否是蝴蝶梦到自己变成了庄子。"就像睡眠一样，生与死也如梦如幻："现实"可以在无尽的轮回中消解，又变形为另一种现实。现在，我们活着，猜测着死亡。将来我们会死去，可以想见，我们会猜测着生。

里卡多的案例

里卡多是一位成功的企业高管，他一生烟瘾极重，每天抽两包烟，到了五十多岁的时候，这种习惯终于让他付出了代价。一天，他感到身体严重不适，被送往医院。在那儿他被确诊为肺癌四期，并已扩散到其他重要器官。他被告知只能活几个月。里卡多一直是"最大限度地"享受生活，现在他决心也要"最大限度地"享受死亡。

里卡多做的第一件事就是避免把时间浪费在通常与灾难性消息相关的消极心理状态中。如果心爱的人突然死于意外，或者你被告知自己或心爱的人很快就会死于致命疾病，很自然地就会产生心理防御机制。伊丽莎白·库伯勒·罗斯精辟地提出了人们在突然面对死亡和临终时最常出现的悲伤的五个阶段。这五个阶段分别是：否认（"这不可能发生在我身上"）、愤怒（"我拒绝让这种事发生在我身上"）、讨价还价（"如果我能幸免于难，我保证会好好做人"）、抑郁（"我的处境真的毫无希望"）和接受（"我必须顺应死亡，就像我顺应生活一样"）。你可以真实地看到人们在这五个阶段中的变化，但请注意，没有一个阶段是快乐的。前四个阶段实际上都是相当难过的，而第五个阶段则是一种不偏不倚的顺从。因此，在面对死亡时，我们的本能心理并不利于获得幸福感。

我们还能做什么？面对死亡，有两种保持幸福感的方法由来已久：宗教和哲学。许多有宗教信仰的人能够愉悦而平静地死去——通常是因为他们相信，即使他们的肉体即将死去，他们的灵魂也会继续生活在天堂或转世到另一个肉体。对这些信徒来说，死亡并不是终结。这种信念给了他们慰藉和安慰，让他们在某种程度上感到幸福。至少，这让他们免去了不必要的悲伤。即使是信仰已经衰退的人，或者生前拒绝宗教的人，在临终前也往往会信教。无论上帝是否存在，宗教一定是对抗悲伤的一剂解药。

哲学也是一剂解药，而且对于那些不相信上帝存在的人来说，是一剂非常好的解药。在我为临终者提供哲学咨询以及面对自己的死亡时，我发现道家哲学、斯多葛主义和佛教哲学是能让幸福重现并保持下来的最有力的三种哲学。幸福的一个重要因素是能够眉开眼笑，不是嘲笑别人，而是笑对自己的处境。道家和斯多葛派即使面对死亡也能乐观面对，大多数佛教徒也是如此——只要不把自己看得太重。从一个人离世时有多安详、多幸福，就能看出他活得有多好、多幸福。我不是说我们应该寻求死亡；没必要这么做，因为死亡会找上我们所有人。我是说，恰当的哲学观会帮助我们即使在最悲惨的情况下也能保持愉悦。

伊丽莎白·库伯勒·罗斯没有把临终幽默列为悲伤五阶段之一，但在我的概念里，它应该也是悲伤的一个阶段。日本俳句大师大多是禅宗信徒，也深受道的影响，他们有在临终前写下辞世诗的传统。这些诗不仅寓意深刻，不可否认其中有些还带有点俏皮、讽刺和幽默。例如：

来时空手，去时赤脚；一去一来，单重交拆。

——固山一巩，1360 年

今日，便是那
融化的雪人
化做真人。

——富森（音译），1777 年

若我化作幽魂——盛宴，至此终结。

——光居（音译），1806 年

笑是全人类共有的一种情感的表达，西方同样有许多临终幽默的例子。我最喜欢的两位临终幽默大师是奥斯卡·王尔德和伏尔泰（单口喜剧"standup comedy"看似跟临终喜剧"deathbed comedy"相对立，后者对喜剧演员来说才是真正的考验）。他们都捕捉到了道不可抗拒的幽默。王尔德死于巴黎的一家廉价旅馆，据说他的遗言是："我们中有一个人必须离开，要么是我，要么是这张墙纸。"（1900 年）

伏尔泰是一位臭名昭著的无神论者。在他临终前，几位神父来探望他，他们警告他："现在是你放弃撒旦及其所有作为的最后机会。"伏尔泰回道："现在可不是树立新敌的时候。"
（1778 年）

亨利·大卫·梭罗是一位平和的哲学家，这在一定程度上归功于他与自然的虔诚联系。我们将在第十五章中看到，他的这一做法也符合道家的重要洞见。在梭罗弥留之际，他的姨妈写信对他说："是时候与上帝和解了。""亲爱的姨妈，"梭罗回信道，"我不记得我们何时有过争执。"

我的朋友里卡多，在弥留之际活得像个行道者一般。他躺在安宁疗护病房里，身边是他最爱的书籍、音乐、家人、朋友。他的离世像是对自己生命的一种庆祝。我前去探望他时，他让我把他推到外面呼吸些"新鲜空气"。这是抽烟的暗号。我扶他下床，坐上轮椅（他虚弱得走不了路），有一位安宁治疗的护士对我眨了眨眼，把一盒火柴塞进了他的口袋。我们走出病房，靠着里卡多的指引来到医院院子里一个安静的角落，那里的人行道上印着大大的"禁止吸烟"标志，但病人和工作人员都会聚集在那里偷偷抽烟。既然里卡多的烟瘾真的在要他的命，他终于可以无所顾忌、无所内疚地抽烟了。他总算可以尽情享受抽烟了，他也就这样做了。（但我不是建议你也这样做！）

里卡多在世时过得很充实，去世时也了无遗憾。我在拜访他时，另一位朋友要带他去看电影，他跟我长话短说聊了几句就走了。我扶他上车时，他很随意地跟我道别（那是他最后一次同我道别）。车开走时，他对我说的最后一句话是关于女性的一些明智的建议。他走后，我和他的妻子维多利亚一起喝咖啡，她和里卡多一样泰然自若。在里卡多生命的最后几周，他们的婚姻以及里卡多的生活都异常幸福。为什么呢？因为他们两人都学到了道家的一课："以其病病"才能感受到幸福。里卡多把哪种毛病当作毛病呢？在这种情况下，他把"癌症是无法治愈的"当作毛病。正视癌症的痛苦和死亡并不会治好他的癌症，但他却可以治愈另一种疾病，即认为死亡一定是悲伤的、不幸的这一想法。里卡多厌倦了痛苦地走向死亡，所以实际上他最终快乐地走向了死亡，这要归功于道的力量。

幸福与生命的礼物

我经常问学生这个问题，以促使他们体验幸福感："死亡的主要原因是什么？"学生们很快会列出一连串貌似合理的死因，诸如癌症、心脏病、中风和年老。

然后我说的一番话让他们大为吃惊："死亡的主要原因是出生。这是百分之百致命的。每个出生的人都会死，只是时间问题。"当我这么说的时候，学生们都笑了。为什么呢？因为这话没错，也很幽默——属于道的幽默。我知道没有验尸官的报告会把出生列为死因，但或许那是因为他们未曾听说过道。每一个出生的生物终将死亡。生与死就像阴与阳：两者构成了一个不可分割的整体。

这个玩笑的言下之意其实非常严肃。它让大多数学生都更认真地思考生命，懂得生命是一份美好又短暂的礼物。当收到礼物时，我们应该对它心怀感激，并感谢赠予者。生命的每一份礼物都有"保质期"，因此每一刻都弥足珍贵，值得庆祝。只要你把生命视作值得庆祝的事物，你就会感受到一种深刻而持久的幸福。这就是为什么循道之人如此从容安详：他们从不认为生命是理所应当的。如果我们把事物看作是理所应当的，我们就不会再欣赏它们，不会再对它们心存感激。而这种情况一旦出现，幸福感就会烟消云散，而不幸便会取而代之。

自杀的人心中充满了不幸，压得如此沉重以至于他们无心庆祝生命的礼物。他们想在生命这份礼物自然到期之前就将其归还。在另一个极端，那些惧怕死亡、不惜一切代价避免死亡的人，同样心中充满了不幸，饱受其折磨。他们无法在礼物尚存之时心怀感激，只在意如何延长生命的有效期。这两个极端都会让人不快乐，因为他们所关注的是不幸而非幸福。

值得反复强调的是：孩子通常是快乐的，因为他们心中洋溢着幸福感。他们不把任何事情看作理所当然。他们庆祝每一个瞬间。他们没有偏见。他们不需要"病病"以恢复幸福感。他们非常接近道。这就是为什么孩子是宁静安详的。亲近道的成年人也是宁静的。道不偏爱任何人。它不在乎你年轻还是年老，就像太阳一样，它照耀着每一个人。

痛抱西河

天底下最令父母伤心欲绝的，莫过于孩子去世。白发人送黑发人，显然是不顺应自然的生物规律的。因此，埋葬孩子就像埋葬了父母的未来。父母们还会受到心理上的自责，产生内疚感。他们会扪心自问："要是我这样做就好了！""要是我那样做就好了!"保护孩子并提供给他们最好的养育是我们作为人的天性和周围的环境使然。然而有时,如面对不治之症或致命事故,我们无力回天。自责只会在失去孩子的伤口上给自己平添无能的耻辱感。

没有人能对孩子的死亡或它带来的悲伤免疫。当孩子离开家时,母亲和父亲的反应也有所不同,但离家毕竟不是天人永隔。做母亲的会想念孩子在身边的时光。母性身份里面情感色彩比较浓,只要孩子不在身边,母亲就会担心孩子。父亲则不同,他们可能会计划把新空出的卧室改成书房。因为父性身份中带有领地意识。但如果孩子去世,父母双方都会经历同样的悲伤。

丧子之痛对于哲学家同样不能免疫:例如,弗朗西斯·培根有过辉煌的哲学生涯,却始终不能摆脱小女儿因发烧而在童年时夭折的阴影。培根因"知识就是力量"这句话而闻名于世,但他却对道的知识一无所知(在十六世纪的英格兰他也不可能知道)。因此,他没有能力安慰自己,终其一生背负着伤痛。艺术家对丧子之痛也不能幸免。巴塞罗那的传奇吉他演奏家和作曲家费尔南多·索尔(Fernando Sor)被誉为"吉他界的贝多芬",他的女儿朱莉娅可爱且天赋异禀,22岁时在巴黎因发烧去世,他因此黯然销魂。费尔南多为她谱写了一首催人泪下的弥撒曲,而他本人仅在一年后就撒手人寰。有人说,这在一定程度上是由女儿突然离世带来的悲伤所导致的。如果你认识丧子的父母,你就会知道这种悲伤有多深。

威廉的案例

几年前，我住在美丽的沃尔顿小湖边。我的隔壁邻居威廉家的码头就在我的旁边。夏日的一天，我看见他坐在码头上，双手托腮，茫然地凝视着水面。他看起来好像哭过，这似乎不太正常。威廉平时是个快活的人，我从他的肢体语言能看出他有些不对劲。于是我跟他打招呼，问他最近怎么样。而他的回答令我措手不及。

威廉告诉我，他的小儿子本（17 岁）和几个朋友前一天在长岛湾划船。傍晚时分，他们在潮汐上缓缓漂流，一边垂钓一边享受美好时光，突然，一艘大马力快艇从舷侧撞过来，把他们的船撞成了两半。本当场死亡，他的一个朋友受了重伤。事后证明，原来快艇上的驾驶员和乘客一直在吸毒、酗酒，撞船时他们都已神志不清了。这些人可能会面临刑事指控，但对威廉来说已无所谓，他的儿子已经死了。

我跟他说了些安慰的话，却显得微不足道，我问他在码头上做什么。他的回答引发了我们对哲学和道的一段探讨。他说，他需要独处一段时间，远离妻子、另外两个儿子和亲戚。他说，他和本在这个码头上有过许多快乐的时光，在沃尔顿湖上划船时有过许多更快乐的时光。他说他想重温那些快乐的时光，确保自己永远不会忘记。他还说，他需要透过某种角度来看待这场悲剧。对他来说，这一切毫无意义。他无法理解其目的。

那年夏天发生了严重的干旱，沃尔顿湖的水位非常低。人们急迫地需要降雨，但滴雨未下。湖上的小生态系统因此受到了严重威胁。由于浅滩的水蒸发殆尽，在湖岸边生活或捕食的生物处境艰难。这场干旱引起了连锁反应，影响了湖边所有动植物和其深处的生态平衡，眼看这湖要干涸而死了。威廉对大自然有着敏锐的观察力，我知道他也意识到了这一点，于是跟他说："也许湖泊需要用眼泪来填满。"

威廉奇怪地看了我一眼，忽然间，他在悲伤中露出了笑容。那一刻，我们都知道他会好起来的。他会找到一种方式来理解本的死亡悲剧。

那个夏天，威廉在码头上度过了许多时间。有时，他会重温与本这些年的快乐时光，有时他在湖边痛哭流涕。我通常能看出来他什么时候想独处。而每当他想有人陪的时候，我就会陪他在他的码头上，或者在我的码头上，我们一起聊哲学。多数时候，我们会聊"道"，以及超越死亡的意义何在。

克里斯蒂娜的案例

克里斯蒂娜·泰勒·格林出生于 2001 年 9 月 11 日这个不幸的日子，她是一个聪明活泼的女孩，渴望从政。九岁时，她当选为学生会主席。2011 年 1 月 8 日上午，克里斯蒂娜来到亚利桑那州图森市郊区的西夫韦超市，参加一场公共活动，在那里她能与崇拜的偶像，美国国会女议员加布里埃尔·吉福兹（Gabrielle Giffords）见面交流。后来，那个恐怖的上午被称为"图森大屠杀"，如今痛苦地铭刻在美国人的记忆里。一个丧心病狂的枪手试图暗杀吉福兹，并在此过程中打伤了她和其他十几人，杀死了六人，其中包括一名联邦法官和九岁的克里斯蒂娜。

与威廉的情况一样，克里斯蒂娜的父母和家人悲痛欲绝，无法即刻得到安慰。突如其来的丧女之痛，无论是出于意外还是谋杀，都必然会给家庭带来绝望和嗟叹。

然而，克里斯蒂娜的父母在遭遇这难以言喻的悲剧之后，立即做出了一件难以置信的慷慨、富有同情心的事。即使他们往后余生要在克里斯蒂娜缺席的痛苦中度过，这一行为保证会缓解他们的悲痛，让他们逐渐恢复平静。他们做了什么呢？他们捐献了克里斯蒂娜的器官用于移植，以此挽救了其他年轻的生命。克里斯蒂娜的死并非徒劳。她的父母这样做是非常明智的，这使他们接近了道。

这是怎么回事呢？如果你想想道家生与死相辅相成的含义，就会明白个中缘由。正如我们所见，互补双方都包含了对方的某种东西。因此，生命中蕴含着死亡的种子，而死亡则蕴含着生命的种子。只要我们还活着，每一天都在向死亡靠近，那时刻可能随时到来。但如今由于现代医学的发展，人刚离世，就能通过捐献器官和组织，获得挽救和延长他人生命的能力。克里斯蒂娜渴望在政治上为公众服务，虽然她的生命过早夭折了，但她的一片好心没有被扼杀。她提供的公共服务在她死后仍在继续，只不过是通过器官捐赠的方式，存在于另一条不同的道路上。她在死后拥有了生前无法行使的权力：用没有生命的躯体拯救其他的生命。因此，她的早逝为其他人带来了生命的种子。

是什么力量使生命中产生死亡，又从死亡中带来生命？那就是道的力量。

超越"死地"

我们都能理解道家思想中生与死如阴阳般互补的观念，但是否生命是短暂的，而死亡是永恒的呢？当谈及个体时，这似乎并不平衡。但若从更宏观的角度来看，这就能平衡了。如果生与死是互补的，那么一些生命的逝去能帮助其他生命的延续。因此，即使是一个人，也能带来巨大的影响。例如，捐献器官的人就是在用自己的死亡来延续其他生命。埋葬的尸体会分解，火化的尸体会化为灰烬。不管哪种方式，他们的原子和分子都会被道回收，返回到由恒星锻造的原始元素中。有些人还相信，而且有充分的理由相信，生命的活力——作为守恒的能量的一种形式——也会返回到宇宙的能量库中，以供未来的生命体依次利用。在印度教的宇宙观中，宇宙要经历72,000个劫，然后完全消失相等长度的时间，之后重新诞生，如此循环，永不休止。这听起来像是阴与阳的动态版。当然，从道家的视角来看，的确如此。但无论是从印度教还是从道家的角度来看，死亡都没什么值得悲叹的。

在这浩瀚无边、超脱个人的生死轮回中，悲叹没有立足之地。正因如此，深受道影响的中国和日本佛教徒将生与死视为同一回事。许多西方人会觉得奇怪，因为他们所学的哲学与宗教传统对"生命""永生"和"永远在地狱中燃烧"等概念有着明确区分。道家没有这个问题（像佛教和印度教一样），他们不认为有任何事物会是永恒的。在佛教教义中，没有人能以稳定的个人身份从一天持续到下一天。这可能听上去像禅宗公案一样神秘，但大多数佛教徒都明白，这是"亦无生，亦无死"的道理。

斯多葛派也有类似的观点。爱比克泰德（Epictetus）建议我们将包括生命在内的一切事物都视为暂时的礼物。当一个人死后，这份特别的礼物就会被送还。斯多葛派绝对不会为死亡所动，因为他们已经接受了所有的礼物迟早都要归还的事实。爱比克泰德建议，每当一天结束后与所爱之人吻别时，你都应该想象自己再也见不到他们了。但是，想要达到并保持佛教徒和斯多葛学派这种波澜不惊的心境，需要多年持之以恒地练习。

道教对西方人来说更容易接受，更能成为即刻苦难的慰藉。至于佛教，如果未曾学习或实践过，在亲人去世时被告知"别担心，没人会死"，不会得到很大的安慰。同样的，不熟悉斯多葛学派的人被告知他们逝去的亲人只是像不需要的礼物一样被归还，也不会感到安慰。

同时，道家将温柔、慈悲和幽默结合，可以把人从沉痛的深渊中解救出来，从而打开一扇可以恢复幸福的大门。这就是为什么我向威廉说"也许这个湖需要用眼泪来填满"的原因。这也就是为什么他会微笑，他马上深刻地理解了我的话，他知道自己的眼泪不会白流。从比喻义上来说，他的眼泪可以填满干涸的湖泊，为大量的生命创造机会。他看到儿子的生命也没有被浪费，即使儿子过早地死去，也是属于更大循环的一部分。此外，正如我们所看到的，克里斯蒂娜·泰勒·格林的父母采取了明确的举措，确保女儿的死亡能为其他生命的繁荣创造机会。这就是救赎之恩：正确看待生与死，可以让我们进入一个特殊的意识区域，老子称其为"无死地"。这个区域是宁静的，超越了悲伤和哀叹。它甚至能让刚刚失去儿子的父亲脸上露出笑容，为刚刚失去女儿的父母带来慰藉。

短期内，面对孩子的去世，男性和女性的反应往往不同。母亲以一种特殊的方式与她们的孩子连接，因为，当然（不同于父亲），她们孕育了孩子，生下了孩子，并哺育了孩子。尽管脐带在婴儿出生时就被切断了，但连接母亲与孩子的心理和情感的脐带却从未真正断开。即使孩子已经长大成人，母亲总是把他们当作自己的宝宝。当孩子去世时，母亲会觉得自己生命中的重要一部分也随之离世了。这种反应在短期内会让人不堪重负，因此，平均而言，女人可能需要更长的时间才能恢复常态。当男人遇到丧子悲剧时，需要独处的时间，来重新思考和重绘他们眼中的世界。相比之下，女性需要与家人、朋友和支持团体共度时间，来释放情感并得到情感上的慰藉。这是阴与阳的又一个区别。

男女悲伤过程的区别也为佛教徒所认可，这也就是为什么佛陀的芥菜种子寓言2500年以来一直是核心教义。一位母亲因婴儿夭折而悲痛欲绝，带着悲痛，她疯一般地找到佛陀，问他是否有能力让她的婴儿起死回生。而佛陀的回答极其慈悲和智慧。他没有直接说"没有"，而是告诉她能让她的孩子复活，但有一个条件：她首先要走遍村里的每家每户，并在没有遭遇过家人离世的家庭里收集一粒芥菜种子。当她开始照做之后，她逐渐发现，每家每户都经历过死亡，因此，她根本收集不到这样的芥菜种子。于是她明白了，死亡会触及每一个人，无人能够幸免。她开始在心中分担村里每家每户的悲痛，也正因为如此，她自己的悲痛最终得到了缓解。这个寓言中，不把事情看得太个人化是关键之所在。

要注意到，母亲缓解悲伤的方式是在社交过程中与他人交流，而父亲的方式可能是在独处过程中与大自然交流。无论采用哪种方式，最终的结果都是一样的：一旦心中根植了基本的哲学理念，人们就会正确看待死亡，重获福祉。逝去的亲人我们永远不会忘记，但我们不必一生都沉浸在悲痛之中。我们可以通过帮助其他生灵来更好地纪念逝去的亲人，而不是沉浸在悲痛的茧房里，与世隔绝。

道引领着我们到达"无死地"。在这一区域，我们的机能处于最佳状态。生命充满了意义和目的，而死亡无法夺去生命的意义和目的。无论生命长短，修道者都比大多数人更有能力过上高质量的生活。道是他们获得安宁的关键，也是你获得安宁的关键。

转化个人悲伤：避免报复，乐善好施

当有人威胁我们或伤害我们时，我们的生物特性和文化传统一样，都赋予了我们以自我保护为目的的反应。战斗或逃跑是面对威胁时的一种普遍而本能的反应，而血债血偿和司法制度则是面对伤害的文化响应。

让我们明确一点：道家不会容忍谋杀或其他形式的暴力犯罪行为。他们也不容忍过失杀人或鲁莽危害他人生命的行为——例如，在酒精或药物影响下驾驶车辆。道家、儒家、佛家、基督教徒以及自由主义者都会谴责此类行为。但在如何处置被定罪的杀人犯的问题上，他们却各持己见。例如，有些基督徒支持死刑，有些则反对。犹太人也是如此：有些人支持死刑，有些人则反对。以色列废除了死刑，而中东还有些国家仍在实施死刑。欧盟、英国和加拿大都废除了死刑，而美国的五十个州中有三十七个州仍在执行死刑[①]。大多数受儒家文化影响的国家也存在死刑：例如中国和新加坡。哲学家对这个问题持有许多不同的观点，其中一些观点相当复杂。众所周知苏格拉底反对死刑，但他在自己的案件中却接受了死刑。佛教徒和修道者大多都不赞成死刑，原因也多种多样。

老子反对死刑是基于两个方面的考虑。首先是苏格拉底式的思想主张。事实上，他和苏格拉底是同时代的人，尽管相距遥远且显然彼此不认识，然而他们在关于死刑的问题上都得出了相同的结论：社会的主要目的之一是改造人，而我们永远无法通过杀死某人来改造他。

老子进而言之，杀人是谓"代大匠斫"。这是一个强有力的比喻。如果我们代替伟大的木匠去砍伐，那么建筑或家具会被

---

① 截至 2019 年 7 月，美国未废除死刑的有 29 个州以及联邦政府。——译者注

毁坏，而不是修复。自然界亦真是如此。砍伐原始森林或者砍伐焚烧热带雨林，就像"代大匠斫"。这样只会让事情变得更糟，而不是更好。人类没有能力创造原始森林和热带雨林，因而我们也不应该僭取破坏它们的权力。

尽管我们人类拥有繁衍生命的能力，但我们没有创造生命的能力。因此，老子认为，我们也不应该僭取摧毁生命的权力。这不仅仅是一个抽象的原则，而是需要付诸实践的。任何形式的报复，即使是合法的，都只会让事情变得更糟，而绝不会更好。老子、苏格拉底和释迦牟尼是有记录以来最早传授这一道理的人。不久后，耶稣也传授了这一道理。之后甘地、马丁·路德·金也是如此。

那么，我们应该如何对待杀人犯呢？受害者的家属常常高呼"正义"，亦即应给杀人犯判处死刑。他们想看到凶手死去。毫无疑问，这暂时满足了人们内心深处最初的复仇欲望，但这不能也不会带来内心的宁静。它也不能满足更大范围内的社会等式方程，使世界变得更美好。老子教导我们，我们的挑战是如何找到一种方法，将罪犯转变为有用的人。当然，这说起来容易做起来难。但如果我们只是因为他们杀了人而杀了他们，我们只是"代大匠斫"，而不是努力使自己成为伟大的木匠。

当前面提到过的威廉坐在码头上，用泪水灌溉干涸的湖泊时，他并没有密谋报复杀害他儿子的凶手。他没有要求判处死刑，也没有雇佣杀手来扳平局面。他没有"代大匠斫"。相反，他探究了自己的悲痛，以期从中得到启发。这是他在恢复幸福的道路上，朝着正确方向迈出的一大步。

在美国，每年都有成千上万的人被酒后驾车的司机撞死，其中一些受害者的母亲也同样探索了她们悲伤和绝望的深渊。她们中的一些人可能会去寻找芥菜种子，而另一些人无疑会寻求报复。但是，有一大批母亲按照老子的建议行事，只不过是在现代背景下：她们成立了母亲反酒驾组织（MADD）。作为天生的社会组织者，这些特别的母亲正教育人们不要酒后驾车，以预防酒驾带来的可怕的人命损失。她们将个人的悲痛转化为对社会正义的集体追求，在此过程中，她们每年挽救了成千上万的生命。她们利用孩子的悲惨死亡来滋养生命的丰富，这也给她们带来了满足感和内心的宁静。这就是道家之道。没有比这更好的方式了。

伟大的木匠

有些人，尤其是富有创造力的艺术家，他们的生活方式和习惯都比常人孤独。他们不是活动的组织者，而是作品的创作者，他们创作出的作品将由他人诠释、表演、记录。将这些作品呈现给听众总是需要组织的，但作曲家首先关心的是创作。而当死亡降临到富有创造力的艺术家身边时，往往会激发他们创作出一些经久不衰的作品。

当伟大的法国作曲家莫里斯·拉威尔还是巴黎音乐学院的学生，师从加布里埃尔·福雷时，他对16、17世纪西班牙的宫廷舞蹈，特别是帕凡舞产生了怀旧之情。这个时期的音乐令他陶醉，但它早已在历史上消亡。于是，他自己创作了令人魂牵梦萦的《悼念公主的帕凡舞曲》。这首曲子哀伤而庄严，纪念了一个逝去的时代。当作曲家以这种方式获得灵感时，他的思维已经超越了"死地"。

最感人的事例之一，非约翰·塞巴斯蒂安·巴赫莫属。1720 年，他陪同雇主科滕公爵前往卡尔斯巴德温泉。公爵是去泡温泉的，而（身为公爵的）他让他最得意的作曲家和一队乐师一同随行取乐。巴赫把他的娇妻芭芭拉和疼爱的孩子们留在了家中。当巴赫从卡尔斯巴德返回时，却惊恐地发现芭芭拉已经撒手人寰，并且已入土安息。

在接下来的几年里，巴赫创作了小提琴独奏曲《C 小调第二号帕蒂塔》，以表达他的悲痛之情。这是一首恰空舞曲，以主题变奏为特色的慢舞。但它更广为人知的名字是《恰空舞曲》，因为前无古人后无来者创作过与这首乐曲相似的作品。巴赫的《恰空舞曲》是以小提琴创作的最优美、最精益求精的乐曲之一，20 世纪的所有演奏大师都曾演绎过这首乐曲。此外，这首曲子还被改编和录制到钢琴、管风琴、吉他、巴松管和管弦乐队之中。

不要误解，芭芭拉·巴赫的意外辞世将约翰·塞巴斯蒂安·巴赫推向了极度绝望的边缘，很容易就会坠入深渊。然而，他却找到了一种方法，可以将个人的悲痛转化为不朽的音乐，在近 3 个世纪里，深深打动了全世界的音乐家和听众。按照道家的说法，生与死是一个更大整体上的补充。每一次诞生都以死亡告终，而每一次死亡也可以激发一次新生。巴赫妻子的去世激发了他的灵感，创作出了其最伟大的作品。他最悲惨的个人境遇转化为一份奇妙的公共艺术礼物，这份礼物反过来又启发了数以百万计的人。

因此，如果你遵循我的一位道启蒙导师的建议，或者听从这位正在写作的成熟的哲学家的建议，你就可以更好地熟悉巴赫的音乐，学会在其深处遨游——无论是作为演奏者还是听众，或两者兼而有之。如果能沉浸在巴赫的音乐中，你的心灵也会栖息在"无死地"。因为巴赫离道很近，近到足以将你带入其中。

如果你不信我的话，请看看另一位杰出的作曲家约翰内斯·勃拉姆斯写给克拉拉·舒曼的关于巴赫《恰空舞曲》的信："在一个五线谱上，在一个小乐器上，这位作曲家写出了全世界最深邃的思想和最强烈的情感。如果我想象自己会创作，甚至构思出这首曲子，我敢肯定，过度的兴奋和震撼的体验会让我失去理智。"

作为一名天才作曲家，勃拉姆斯不仅能欣赏巴赫的《恰空舞曲》，他还能想象出创作这首曲子所需的心境。事实上，你需要"忘我"才能创作出这样的作品。

忘我有两种方式：疯狂或宁静。这两种状态都能产生不朽的艺术。但其中一种是煎熬，而另一种则是陶醉。文森特·梵高（Vincent van Gogh）疯狂得失去了理智。每个人都能欣赏他的画，但很少有人愿意（或能够）像他那样疯狂地生活。疯狂的诗人吉姆·莫里森也是如此。他精神错乱，失去了理智。每个人都喜欢他的歌，但很少有人羡慕他短暂而癫狂的一生。再想想巴赫或费尔南多·索尔，他们平静地忘我，全世界都钦佩他们的艺术，同时他们的生活也令人钦佩。

　　道家面对死亡的方式就是如此。宁静致远，栖息于"无死地"。其反面是非道家的方式：疯狂地失去理智，沉浸在失去亲人的悲痛和对生命本身的漠视中。好在，道的力量允许你做出自由的选择！

第十四章　道的践行

"以道佐人主者，不以兵强天下……善有果而已，不敢以取强。果而勿矜，果而勿伐，果而勿骄，果而不得已。"

——《道德经》第三十章

"夫兵者，不祥之器，物或恶之，故有道者不处……不得已而用之，恬淡为上。胜而不美，而美之者，是乐杀人。夫乐杀人者，则不可以得志于天下矣。"

——《道德经》第三十一章

正如我们所知，道家崇尚并赞美生命，并非特别害怕或畏惧死亡。同时，他们也不招徕死亡。他们摒弃暴力，尽量避免冲突。他们的心态（正如我们反复看到的那样）是保守的，以预防和防御为主。他们注重保护生命，防止过早地死亡，并在必要时保护自己。正如健康的免疫系统能让我们的身体抵御入侵的疾病一样，健全的自卫哲学也能让我们抵御潜在的攻击者。这对个人和国家均适用。道家既不称霸，也不好战；他们从不对别人或别国进行无端的侵略。同样，道家既不是懦夫，也不是和平主义者；如果受到威胁或攻击，他们会以最小但足够的力量进行自卫，以击退攻击者。

药与毒

如果你想探究以上这一立场背后的基本哲学，你会发现它源于自然。我们将在下一章进一步了解到，道家是自然的学生和追随者。中国古代的圣贤和医生开创了系统研究中草药的先河，因为他们坚信道能治百病——无阳不成阴。由于疾病困扰着所有的人类以及动植物，道家认为疾病的起源是自然，而不是魔力或超自然力造就的。他们相信道总能保持平衡，因此认为既然所有疾病都源于自然，那么自然也必然蕴藏着治疗疾病的秘密。草药和针灸便成为中医的两大支柱，一直流传至今。

此外，几乎所有东西都可能入药或者致毒，这取决于我们如何使用它。事实上，我们的身体中通常包含所谓的"微量元素"——如微量的砷，剂量过大会致命，但微小的剂量则对生命来说必不可少。毒蛇的毒液中含有致命的神经毒素，被毒蛇咬伤的人，可以用抗毒血清治疗，而抗毒血清就是用毒液本身制造的。同样，路易·巴斯德在人体注入少量的活病毒来刺激人体的免疫系统，从而发明了疫苗接种学。再次申明：正如道所规劝的那样，毒物和药物是阴阳两极，有害或是有益，取决于如何利用它们。

针灸作为中医的权威艺术和科学，很好地诠释了这一道理。历时几个世纪，针灸师们绘制出了一幅人体地图，苦心孤诣地记录下他们发现的穴位和穴位组合，这些穴位在针的刺激下可有效治疗各种疾病。新的穴位仍在不断被发现。例如，当代法国针灸师仅在耳朵上就已经绘制出了 200 多个穴位！但基本上，人体常见的穴位多位于被称为经络的能量"河流"之上，经络共有十四条（两条分布在身体的前后侧，另外十二条分布在身体的左右两侧）。每条经络上都有所谓的"强穴"和"弱穴"。强穴同时与其他穴位相结合，是治疗各种疾病最常用的穴位。

针灸是如何发挥作用的呢？针灸通过刺激和引导人体的自然能量及生命力（气）流经脉络，从而加速并增强身体愈合的过程。针灸也可用于阻断能量流动，通常用作手术病人的麻醉替代物。通过针灸代替麻醉的病人通常恢复得更快，因为他们在手术过程中保持清醒，没有全身麻醉带来的（有时会非常大的）风险以及令人难受的后遗症。我本人也曾接受过针灸治疗，它治愈了我肘部的慢性神经损伤——这种损伤有时让人相当煎熬，但任何 X 光片都显示不出来，西方医学训练下的神经科医生根本无法发现，更不用说治疗了。

再次强调，针灸也是基于道的疗法。古代中医正确地判定了人体内的每一个器官和系统都在外部有反射点，而这些反射点可以与内部相通并影响人体。从机械的角度来看，西医是相当成功的：检查体液、调整添加剂、移植器官、更换关节，就像机械师保养汽车一样。但相比之下，中医从整体的角度来看也同样成功：维持身体整体功能的平衡，调动元气以达到治疗效果，通过外部反射点而非侵入性地进入内脏和身体系统。这让患者免于受到动刀子的创伤，切开身体总是会消耗生命能量。

如果你仔细思考，就会发现医生比地球上任何人，都更了解杀死人的方法。他们需要了解对身体致命的东西是什么，以便拯救生命；了解是什么让身体生病，以便让身体恢复健康。大多数有这方面知识的医生是可信赖的，因为他们大多数都是心善的，而且他们学医的目的很明确，就是为了治愈病人，而不是为了伤害病人。所有医生都是如此，不管他们接受的是西医还是中医的培训，抑或是两者兼修。

对于西方人来说，中医与武术之间的联系可能不太明显。我们已经注意到，一种物质可以是药，也可以是毒，这完全取决于如何使用它。在西方，我们也有类似神奇的迷信传统。在非洲，那里许多人仍然相信"白巫术"（用于美好的祝愿）和"黑巫术"（用于邪恶的目的）。如果有幸跟随中国大师学习武术，您可能还会学到一些中医知识。为什么呢？因为用于制服甚至杀死攻击者的身体穴位，正是针灸师（以及指压师）用于治疗患者的穴位。

我敬爱的师父李星明大师是一位中国功夫大师，也是一位有名望的中医，他要求学生理解互补的两方要素。他坚持认为："如果你学会了如何伤人，你就必须学会如何治人。"这才能平衡你的业力。习武之人如果只学如何伤人（即使只为自卫），也可能会助长一种不平衡的观念。因此，他们可能在某些时候造成的伤害超过了必要的范围，并且在需要时无法提供帮助。技艺最高超的武术家就像医生：他们知道如何防御（无论是面对疾病还是攻击者，视情况而定），但他们的意愿首先是帮助他人，而不是伤害他人。

毒与药互补的观点深深根植于道，因此当大乘佛教从印度传入中国时，道家非常乐于接受。尤其是印度的佛教祖师龙树菩萨传授了如何化毒为药的方法——即如何将产生痛苦的负面经历转为通往觉悟之路上的积极迈步。龙树菩萨借鉴了释迦牟尼的《妙法莲华经》，该经已经成为中国天台宗和日本日莲宗的奠基之作。印度的这一教义之所以能在东亚开花结果，很大程度上归功于它扎根的道家的肥沃土壤。

自卫的本质

一个寒冷的冬夜，大卫结束了在大学的晚间课程，等待着回家的公交车。他心情愉悦，若有所思地回味着当晚生物学讲座的一个话题。天空飘着小雪，市中心的街道显得格外冷清。公交车站的街对面有家酒吧，大卫看到三个醉醺醺的男人走了出来，他立刻觉察到他们是来找麻烦的。街道上一片静悄悄，他们不得不四处张望，寻找可以下手的对象。随后，他们注意到了独自在车站等车的大卫。他们开始晃晃悠悠朝他的方向走去，速度不快，但很有目的性。大卫甚至早在他们发现自己之前就知道他们要攻击自己。他接受过的武术训练令他心思缜密，对周围环境保持警惕，并能轻而易举地读懂肢体语言。因此，他有足够的时间做准备。实际上，他什么也没做——无为——只是观察和等待，看他们会如何攻击自己。

当他们走近时，大卫发现他们并没有携带武器，否则局面将更加危险。对于训练有素的跆拳道黑带高手，三个醉醺醺的赤手空拳的流氓恶棍，根本不是大卫的对手。但黑带说到底也只是高阶的学徒，并不是大师级别的。如果大卫的师父被一个拿着武器的人不知死活地攻击了，那么他一定会迅速地将武器转向攻击者，因为大师栖息在"无死地"。不过，他们没有携带武器，这让大卫如释重负。大卫也知道，醉酒的人比清醒的人更难打，说来讽刺，因为酒精会麻痹这些人的痛苦和意识。他曾见过醉酒的斗殴者不愿倒地，这有时是因为他们醉得都意识不到自己被打晕了。因此，他决定不打他们的头部或躯干，而是像砍树一样打他们的腿。

大卫本可以转身跑开，但他不想错过公交车。那是漫长的一天，他只想回家。此外，他知道，如果他躲开这些恶棍，他们很可能会攻击下一个他们看到的人，可能那个人是妇女或老年男性或自卫能力较弱的其他人。因此，大卫冷静地站在原地，不抱恶意。

当三个人走近时，他们分散开包围了大卫。他们的领头，也就是体格最大的那个，直接向大卫走来。另外两个从两边来，一个到他的左边，另一个到他的右边。大卫摆出了战斗的姿势，给他们一个明确的警告，但他们喝醉了，或者太无知，根本没有注意到。他们挥舞着拳头冲了过来。他们的领头一进入攻击范围，大卫的右脚就像鞭子一样快速出击，正中其膝盖骨下方。只听见一声脆响，那个领头痛哼一声倒地。大卫退后一步，看着另外两人，实际上是在问谁是下一个。他们都退了回去，过去搀扶他们的同伙，那人正仰躺在雪地上，抱着膝盖，痛苦地嘶吼。那人站不起来了，于是他们就从腋窝拖着他，雪天里把他拉走了。那晚，他们再也不会打扰别人了。几分钟后，公交车来了，大卫坐车回家，他的思绪又回到了生物学上。

因为我和大卫是同学，他给我讲了这个故事。大卫是一位绅士，温文尔雅，彬彬有礼。通常情况下，他连一只苍蝇都不会伤害，也许你也一样。你可能也在忙自己的事，不想惹麻烦，只想在一天漫长的工作和学习之后回到家。你可能对所有人都心怀善意，只希望平平安安，就像任何修道者一样。但即便如此，麻烦可能还是会找上你。而如果它找上了你，最好的办法莫过于用武术来防御。

大卫的故事体现了自卫的本质。你宁可不动手，你也绝对不做任何挑衅的事。你甚至考虑逃跑——不是因为害怕，而是为了避免冲突。自卫是你不得已的手段。但即便如此，你也会尽量用最小的力量来保护自己，就像大卫一脚踢走三个挑事者一样。你不会以此为乐，你宁愿跟他们友好相处。你对攻击者没有恶意，相反，你还同情他们。他们因愤怒、无知和醉酒自找上门。也许通过让他们的领头暂时失去行动能力，你给了他们一个改过自新的机会，以免他们做出更坏的事或者激怒别人对他们开枪。预防胜于补救，这句话对攻击者和自卫者都是适用的。只要你按照道的方式来自卫，你就不会犯错。最好的武术家，就像最好的中医一样，都能以防患于未然的方式召唤道的力量。

同样值得重申的是，我们在本书别的地方（如第十二章）提到过，道经常偏向阴（即具有接受性特质的一方），而不是阳（即具有创造性特质的一方）。这意味着什么呢？它标志着中西方思想之间一个非常重要的区别。回想一下西方的体育运动，会发现先出动的一方通常会占优势。在国际象棋中，白方先行，这使得白方比黑方更有优势。而黑方的首要任务就是从白方手中夺回主动权。同样，在网球比赛中，发球员比接球员有优势，因为他是那一回合的发起者。接球员必须设法击败发球员。在棒球比赛中，投手相对于击球手也有类似的优势。在足球比赛中，拥有球权的球队比没有球权的球队更有优势。在所有这些西方游戏和运动中，进攻都比防守有利。

相反，在道家哲学中，就像在武术中一样，先出手的一方通常都会输。当两个武林高手相遇时，谁也不愿意先出手。为什么呢？因为当接受方"阴"发展到足够高的程度时，就能反制创造方"阳"所采取的任何行动。完美的接受方就像未经雕刻的木块（"朴"），它里面包含了所有可能的回应。因此，"阴"总能找到对"阳"的适当回应。

接受性并不等同于脆弱性。恰恰相反，善于接受意味着能够意识到周围正在发生的事情，就像大卫在攻击者察觉到他之前就意识到了他们要做什么。缺乏接受能力会让我们对周围的环境视而不见，无法欣赏每一刻的美景，也无法感知即将到来的危险，从而使我们容易受到任何潜伏的伤害。

动物王国

古代的道家圣贤崇尚自然，敬畏能够接受万物的大地，并不断向它学习。他们不仅研究植物，以期发现自然界的丰饶草药宝库，还研究动物，模仿它们多种多样的攻击和防御方法。由于道家珍视并赞美生命，他们认识到地球上的每一种动物

（除了一些有自杀倾向的不幸人类）都有自我保护的本能。所有动物，包括大多数人类，都试图保护自己并繁衍后代。在文化层面上，我们的自我保护本能通常被表达为一种自卫的权利（若非义务的话）。受道的影响，中国武术家从动物王国中学到的自卫知识比迄今为止任何其他文明都要多。

中国有许多武术流派。有时，这些流派是以发展和传承它们的家族命名的；有时是以它们成功模仿的动物的动作命名的。虎、豹、蛇、鹤、猴、章鱼、蝎子、螳螂和龙等动物的动作都被融入了中国武术。人类的手本身也能模仿多种抓握技巧——比如虎爪、鹰爪、龙爪等。在西方，我们认为人类位于食物链的顶端，所以我们可以食用任何喜欢的生物。在中国，人们很早就认识到，人类处于自卫链的顶端，所以我们也可以向任何我们喜欢的生物学习。

亚里士多德和《创世纪》的双重影响在很大程度上塑造（或扭曲）了西方的自然观及我们在自然中的地位。在《创世纪》中，上帝赋予人类对所有其他动物的统治权，而亚里士多德同样教导我们，我们是动物的主人，动物是我们的奴隶。这助长了人类对自然的负面态度，以及对生命的蔑视，导致不计其数的物种因人类而灭绝。

相比之下，道家热爱自然。正如孔子谦虚地视所有人为他的导师，相信他遇到的每个人都能教给他一些东西一样，道家也谦卑地把大自然本身视为他们的导师，即我们可以从造物者的每一个生命体中学到一些东西。我们将在下一章更深入地了解到，人类的幸福不是源自征服自然，而是源自与自然和谐共处。

所有最高阶的防身术都源自与周围环境和谐相处的理念。虽然武术家知道如何抵御野兽和人类的攻击，但最高级的自卫方式还是无为而为。无为而为的原理是什么？它让潜在的攻击者把你视为难以攻击的目标、非目标或者（最好是）隐形目标——因而他们根本不会攻击你。

最高尚的自卫方式不是击退攻击者，而是首先预防攻击。怎么预防呢？回想一下第十三章，我们讨论了超越死亡之地。栖息在这个区域的圣人很少受到攻击。为什么呢？因为，正如老子所写，"兕无所投其角，虎无所措其爪，兵无所容其刃。以其无死地。"如果你也想身栖于这一区域，那么你就必须（同其他事项一样）避免对自然的侵犯。

当然，不幸的是，由于我们的现代生活方式在很大程度上依赖于对自然的攻击和亵渎，如砍伐和焚烧森林、屠杀动物、恶化环境、毒害水源，我们很难与周围环境和谐相处。因此，我们远离了"无死地"，远离了无为而为，更远离了道。人们也因此遭受痛苦。

物理力、道德力和生命力

大卫自卫的故事每天都在世界各地上演。20 世纪 60 年代，中国武术被全盘引入西方大众文化，尤其是通过电视和电影。李小龙是第一个普及功夫的人，尽管他可能为此付出了生命的代价。有些秘密是不能公开的，至少不能向公众公开，甚至不能向忠实的学生公开。大师所保留的东西总是多于他所传递的东西。在李小龙拍摄流行电影的同时，大卫·卡拉丁（David Carradine）也在主演电视连续剧《功夫》，该剧通过丰富的动作场面以及老师父在中国耐心地教导这个年轻男孩的倒叙画面，将道家智慧融入其中，引人入胜。

如今，全世界有数百万人在练习各种不同的中国武术，或者练习来自韩国、日本或泰国的一种或多种的衍生或相似的武术。数千万中国人自己也每天练习太极拳，这有助于他们心平气和、精力充沛和延年益寿。

尽管如此，到目前为止人们已经普遍认识到，武术家并不依靠纯粹的力量或蛮力来保护自己和制服攻击者。相反，他们利用的是久经考验的技巧，其中许多已有数百年的历史，所有这些技巧都依赖于对人体的了解以及对使用武力的正确理解。例如，美国航空公司有一位身材娇小的女乘务员洛林·戈尔曼，她最近在一次跨国飞行中制服了一名不守规矩的醉酒男乘客。男乘客的体型是她的两倍，力气可能是她的三倍。她是怎么做到的？她用韩国武术跆拳道迅速而安全地制服了他。这生动地展示了道在行动中的力量。

正因为道家圣贤除了研究人形之外还研究动物，而且学会了调节呼吸和身体姿势，所以他们对生命力的理解比迄今为止的其他文化都要透彻，印度和西藏的瑜伽修行者可能是个例外。事实上，西方人甚至不习惯听到"生命力"这个说法，因此需要对它进行特别的说明，而我很乐意提供一个说明。

在西方，"力"是物理学的核心概念。自然界中有四种基本力：强力，它使原子核结合在一起；弱力，表现为放射性衰变；库仑力，是电磁中介；以及引力，使物质相互吸引。这是物理学家公认的仅有的四种力，他们花费了几十年的时间，试图将它们统一在一个单一的普遍规律之下。物理学家做此尝试非常有趣，因为他们认为这四种不同的力有一个共同的起源，而这一假设与中国古人不谋而合，中国人称这一起源为"道"。

在日常生活中，当我们谈到力量时，哪怕是在政治或社会学的背景下，仍然习惯性地指向物理力量。例如，一个国家以武装力量构建防御机制，一个城市以警察力量负责执法。这些力量都依赖于一定程度的物理强制。入侵者必须被击退，罪犯必须被逮捕。有时，使用这些力量可能是合理的，但它们仍然离不开这样或那样的机械或电化学力量（例如，手铐离不开机械，催泪喷雾离不开化学，泰瑟枪离不开电）。这就是为什么孔子试图说服诸侯要用道德力量而不是物理力量来治理国家时遇到了困难。很不幸，虽然我们都明白"物理强制"的意思，但却很少有人，乃至没几个诸侯会明白"道德力量"的意义，更别说如何产生这种力量了。

本节的重点是生命力，而不是道德力。不过，让我先来谈谈道德力的含义。你知道什么是道德指南针吗？它是指你心中的隐喻（按弗洛伊德主义者的理解，就是超我中的隐喻），它能准确无误地指向正确的方向，让你远离错误的行为。是什么让指南针指向北方？是磁力。是什么让道德罗盘指向正确？是道德力。但物理学家并不研究道德力，也许是因为它是非物质的。

据哲学家们推算，就在不久前的十九世纪到二十世纪初，西方哲学中有一个分支，名为"活力论"。诺贝尔奖获得者亨利·柏格森（Henri Bergson）就是其中的主要代表人物之一。活力论者认为，生命本身就是一种赋予物质活力的力量。毕竟，我们的身体里只有 75％的水和价值 7.5 美元的其他化学物质。但这可不等同于一个人，也不等同于一个人的生命价值。因此，一定有其他东西在起作用，某种东西使死的物质和活的生命区别开来，并产生了意识。死亡本身只不过是生命力抛弃了身体，回到了它的宇宙储藏库。现在，西方科学已经变得相当唯物，活力论不再时髦。可那又怎样？它可能仍然是正确的。而它绝对与道一致。

中国的武术家们认识到至少有十四种生命力，所有这些生命力都可以由人产生。你可能看过空手道的表演，它是一种来自日本的硬功夫，黑带武术师可以徒手击碎砖块。也许你还看过韩国的跆拳道，黑带高手飞跃空中，用脚击碎木板。我敬爱的中国师父李大师花了几个小时、几天甚至几个月的时间，讲述了不同情况下所需的各种不同的力量。有经验的武术师可以用多种方法击打一摞砖。他们可以只打碎最上面的一块砖，也可以只打碎最下面的一块砖，还可以打碎中间的任何一块砖，同时保持其他的砖完好无损。他们也可以击碎整堆砖块。他们可以用劈砍的力量把砖头劈成两半，或者用大锤的力量把砖头砸碎，或者用粉碎的力量把砖头打成碎片。但上面这些都只是小把戏。试想一下，他们会对攻击者的身体造成怎样的伤害。他们可以使攻击者的内脏器官破裂，同时却不会在他们皮肤上留下任何痕迹。

我见过，也可以说是感受过的最神奇的力量之一，就是太极拳大师在攻击者试图抓住他们时产生的所谓"电击力"。有一位体重约125磅的太极拳大师，邀请四位身材魁梧的学生尽可能紧地夹住他——每只胳膊两个人。他们照做了。他说："尽量不要松手。"然后，他产生了电击力，这是气的一种表现。随后四人就像抓住了一条电鳗一样，立刻被弹飞，几乎摔倒。大师本人则面带微笑，不费吹灰之力。我亲身感受过这种力量，任何人都不可能抓住产生这种力量的人。同样的，这股力量来自太极拳，一种所谓的"柔"拳。但正如道一再教导的那样，柔能克刚。

每一种武术都植根于道，从调节呼吸和身体姿势开始。学生们从空拳和赤脚开始，逐渐学会正确使用力量以及多种类型力量的运用，最终学会使用武器，武器是手和脚的延伸。如果他们师从高明的师父，那么他们也会吸收其武术的礼仪和精神。真正的武术大师就像一个骑士般光明磊落——他光荣而谦逊地为正义事业服务，力求预防伤害而不是造成伤害。修炼这些武术首先是为了精神上的发展，就像印度瑜伽一样。每个习练者都要学会调节呼吸、控制身体、增强活力、锐化感官、集中精神、尊师重道、发扬传统、行事公正并为他人树立榜样。传奇一般的中国少林寺僧侣住在寺院里，修炼少林功夫，他们是禅宗和道家哲学完美结合的典范，这种修行也强调了武术的首要目标，即精神发展。在电影、电视和大众文化中，人们广泛鼓吹武术的自卫用途，其实这是次要的。

如果美国和其他西方国家的儿童在有名望的教练指导下经

常习练武术，那么他们也会因此纠正两种严重的社会流行病：欺凌和注意力缺陷多动症（ADHD）。因为所有的欺凌者都是懦夫，任何勇敢地站出来反抗欺凌者的人都能阻止他们。学习自卫的孩子们会树立起为自己挺身而出的信心，这样很快就能制止欺凌行为，这比大堆的心理学家有用得多！

多动症是一种破坏性的社会流行病，不一而足，大多数情况下是由大量过载的电视、电子游戏、网上冲浪、多项任务处理，再加上对阅读、写作、逻辑推理和自制力的全面放弃造成的。与印度瑜伽一样，亚洲武术也能提高注意力和自我控制能力，而这正是多动症儿童所缺乏的。武术加上教育改革可以一劳永逸地治愈多动症，而每天给数百万儿童服用利他林并不治本。大规模的儿童服药只能说明我们的文化已经病入膏肓。

当更多的人将老子的教诲铭记于心，学会调动自己的道德和生命力时，他们必然会变得更加健康和快乐。

道的器具

尽管武术植根于道，但老子坚持认为，只有在万不得已的情况下才能使用武器——手脚及其延伸部分。他称武器为"不祥之器"，并教导圣人只有不得已而用之。这一原则不仅体现在个人自卫中，也体现在保卫家庭、社区、城市、省份或国家中。因为老子从亲身经历中了解到，战争只会带来死亡、毁灭、匮乏、饥荒以及各种与道相悖的东西，因此与幸福背道而驰。在战争中幸存下来的战士和在战争中失去亲人的家庭，几乎都会终生留下伤痕。至于阵亡者，他们当中大多是年轻人，我们只能想象如果他们能活到正常的寿命的话，可能会取得怎样的成就。

最近一次去荷兰旅行时，我在荷兰乡村的一个相当美丽、保存完好的墓地散步。当地人自豪地告诉我，这是荷兰十大公墓之一。我不知道这种地方还有评比，我承认，听到这话时我差点笑出声来。到底是谁评的，活人还是死人？我并不是对死者不敬，而是想知道他们是否真的更乐意葬在那里。墓地有一个区域是一排排的军事墓地——他们是在第二次世界大战中牺牲的年轻人。我读了他们墓碑上的许多名字和日期，几乎所有的人都是在二十出头的时候牺牲的。典型的碑文这样写："生于1920年，死于1941年。"我们这些有幸活到更大年龄的人都知道，生命无论如何都是短暂的，因此，想象这些勇敢的年轻人——实际上是男孩——奔赴战场，哪怕是为了正义的战争，也是如此突然和暴力地死去，几乎在他们的成年生活还未开始之前，我深感悲痛。难怪老子对武器和战争如此深恶痛绝。

然而，老子并不是和平主义者。他从未说过"当邪恶降临世间，并试图奴役或消灭生命的善良时，善良的人们不能反抗，必须顺从地走向末日"。相反，他说，我们必须首先用善良抵制邪恶，然后一而再，再而三地用善良抵制邪恶……只有在万不得已时才拿起武器。即便如此，我们也不能以征服为目的，而要以解救为目的。如果我们通过武装干预，将被征服的人民从暴政的控制下解救出来，我们必须要庆祝的是他们的解放，而非我们的胜利。我们"果而勿骄"，也绝不能以屠杀人类为乐，即使屠杀的是那些被邪恶蛊惑之人。

战争贩子自欺欺人，错误地认为他们可以将自己的嗜血意志，无限期地强加于世界，摧毁爱和家庭，破坏幸福与和谐，草菅人命，挥起木匠的斧子乱砍滥伐。然而，和平主义者也有可能陷入另一个极端，他们可能自欺欺人，误入歧途，以为自己永远没有义务捍卫宝贵的自由，没有义务维护和保护赋予他们和平自由的生活方式，没有义务宣称和平比战争更可取。老子认为，我们有权利，更有义务在受到攻击时进行自卫。这就是平衡之道。

道家既不是热衷于屠杀的好战分子，也不是任人宰割的羔羊。他们是爱好和平的人，但也愿意并能够抵御侵略者。在这个不完美的人类形态和不完美的政治世界中，这就是我们能做的最好的事情。

那么，我们人类的道器是什么呢？是所有能增进健康、幸福和文化的商品和艺术，如书籍、音乐、诗歌、园林、体育、教育、社交场合和社区服务。循道之人热衷于为他人创造价值，避免破坏。他们喜欢和谐的生活，避免不和谐地生活。他们希望恪守文明，摒弃粗鲁。他们渴望和平相处，避免冲突。他们希望化恶为善，避免屠杀。他们是极好的朋友和理想的邻居。

无论如何，请试着向他们学习，以轻松的方式。但无论如何都不要去触犯他们，否则你可能会学得很艰难。学什么呢？道在行动中的力量。

第十五章　与自然和谐共处

"善行无辙迹。"

——《道德经》第二十七章

"天下神器，不可为也，不可执也。为者败之，执者失之。是以圣人无为，故无败；无执，故无失。"

——《道德经》第二十九章

老子清静无为的秘诀之一，在于他与自然和谐相处的能力。这与其他让我们更接近道的事物一样，亦是一种修行。好消息是，与自然之母和谐相处已深深地根植于人类本性之中，因此，重拾与之相关的思维习惯和生活方式并非难事。坏消息是，现代和后现代生活方式常常使我们愈发脱离自然，因此颇具讽刺意味的是，我们需要付出额外的努力，去做这些再自然不过的事情。

假设你是一位来自高级银河文明的科学家，正从轨道空间研究地球和地球上的居民，你的仪器会记录下人类在公元 2009年发生的一个非常重要的变化。当然，如果你已经在银河大学学习过关于地球的知识，你就知道有一个叫智人（Homo sapiens）的物种，已经发展出足够先进的科学技术，对地球本身的进化产生了重大影响。这正是吸引你研究地球的原因。你想衡量这个物种对地球生物圈的影响：它的大气、海洋、气候、自然资源等等。而阅读人类自己发表的大量科学报告是没有用的，因为这些报告充满了政治偏见以及这样或那样的人为错误。于是，你决心亲自测量。

你一进入太阳系时，便会注意到其中一件事：地球是一个令人难以置信的无比喧闹的星球，或者更确切地说，人类是一个相当聒噪的物种。除了道家、佛教徒、斯多葛学派和其他修炼心灵宁静的人之外，人类的心智习惯性地在每一个可能的频率上嗡嗡作响。到了 21 世纪初，这种嗡嗡声已经被放大成了一种通过无线电和电视波长、光纤网络、卫星传输、微波塔等传输的电磁广播的杂音。在某些频率下，从地球上辐射出的电磁噪声量是其恒星——太阳的数百万倍！从银河系的角度来看，地球人是相当闹腾的邻居。难怪他们这么不开心，他们的思维和技术愈发活跃过头了。

2009 年，你的仪器会记录到另一件事，即人类居住地发生了前所未有的变化。那一年，自人类出现在地球以来，首次出现了多数人居住在城市里的现象。从以迁徙和乡村生活为主，到以城市生活为主，人类花了大约 25 万年的时间完成这一转变。如今天平已经倾斜，并将继续倾斜。与此同时，你的仪器也会证实老子在古代观察到的事实：在自然环境中体验宁静更容易，在人造环境中则更具挑战性。鉴于大都市是所有人造环境之母，21 世纪的人类正在挑战自我极限，他们涌向大都市，涌向拥有一千万乃至更多居民的特大城市——这些数字还在不断增加。

在地球上研究了一段时间后，你可能渴望回到自己的银河系，在那里，真正先进的文明恪守道的力量。它的公民沉浸在大自然中，而不是被困在大都市里。你们关于地球的报告得出结论，如果人类继续涌向特大城市，他们将不得不开始在供水中添加百忧解来对抗抑郁症。

圣人的居所

遥想古来圣贤身居何处，我们便能从中得到启示。答案往往是在乡村，而非城市；在小社区里，甚至在孤独处，而非在熙熙攘攘的人群中。精神静修的理念包含着回归自然、崇尚简朴、摆脱牢牢缠绕我们的科技和官僚主义的复杂网络、重新发现做人最根本的意义、放松感官、放下习惯性的顾虑、沉浸于自然环境的宁静之美，以及回归"朴"的状态。如此即使你每次只能坚持几个小时或者几天，也能获得宁静。

轴心时代（公元前 800 年至公元前 200 年）的圣人及其哲学后人认识到，回归自然是获得幸福的关键，这种觉醒绝非偶然。在印度，居于森林的圣人远离主要的人口聚集地，在乔木傍生处找到了宁静。佛陀本人为了寻求觉悟，放弃了宫殿，在此过程中孤独地生活了许多年，终在菩提树下冥想时获得了全然的觉醒。许多杰出的希腊哲学家，从毕达哥拉斯（Pythago-ras）到伊壁鸠鲁（Epicurus），都在远离城市的地方建立公社并生活在其中，在那里他们可以在和平与宁静中进行哲学思考。

相比之下，苏格拉底、柏拉图和亚里士多德都陷入了雅典城邦混乱的政治之中。苏格拉底在雅典被处死；柏拉图的学园在雅典遭到不良之风的腐蚀；亚里士多德最终逃离雅典，以挽救自己因公众舆论风云变幻而岌岌可危的生命。

喜马拉雅山脉山高水远，藏族人得以发展出世界上最强大的瑜伽；而以色列的先知们则走进沙漠，遁世离群，体验他们最清澈的憧憬。新英格兰理想主义者居住在马萨诸塞州绿树成荫的康科德小镇，而 20 世纪 60 年代的嬉皮士的中坚力量则逃离城市丛林，前往佛蒙特州的公社。世界各地的城市居民如果买得起乡间别墅，每个周末都会去乡下，这并不足为奇。同时，城市里的孩子哪怕坐公交车去乡下体验一天，他们的压力和攻击性也会明显降低。这就是与道非常接近的自然力量。

当然，老子深知自然的神圣性，以至于他对理想社会的憧憬是在一个小村庄里展开的，这个我们将在下一章进行描述。

我并不否认，城市可以为人类提供很多东西，其吸引力在几个世纪以来飞速增长。城市吸引的人数越多，就越能吸引更多的人。城市提供了无数的经济机会和社交场合、大量的知识资源和艺术活动、无与伦比的财富和权力集中地、建筑奇迹、娱乐、购物以及适合各种品位和预算的夜生活。不难理解为什么城市如此具有吸引力，尤其是对于寻求新的可能性和感官刺激的年轻人来说。你很容易被一座大城市，甚至一座不是很大的城市所吸引，而一旦你陷入其中，就很难逃脱其掌心。但是，请允许我提醒你，世界上最棒的城市都保留着位于市中心的公园，而且引以为豪，即使是最见多识广的城市居民也喜欢在这里脱掉鞋子，或在草地上漫步，或坐在树下休憩。纽约的中央公园、伦敦的海德公园、马德里的雷蒂罗公园、温哥华的斯坦利公园、斯德哥尔摩的哈加公园和孟买的桑贾伊·甘地公园就是其中的几个例子。即使在坚硬的城市"阳"网中，我们也能发现葱郁的乡村"阴"点。

这，也是道的力量。

在城市所能提供的一切好处的背后，人们对其缺点也心知肚明。其中包括高成本、拥挤、腐败、传染病、不友好、不文明、精神错乱、噪音、犯罪、暴力、压力、冷漠、孤独、污染、堕落，以及当下的恐怖主义。房地产投机浪潮使得许多年轻的职业人士（如，西班牙和欧盟其他国家月薪一千欧元的人），甚至连普通公寓都买不起。

那些生存能力最弱的人必须忍受这一切，他们要么被困在贫民窟里，要么沦为无家可归。如果你作为一名银河系科学家，参观了墨西哥城、达卡、孟买或里约热内卢（仅举几例）等城市的棚户区，你一定会奇怪地球的全球社区怎么敢自称为一个地球村，当人类吹嘘人类进步时，你肯定会竖起眉毛感到难以置信。

城市是神奇的地方，也确实有很多矛盾的地方值得研究。它们既展示了人类最美好的一面，也展示了最糟糕的一面。在道家看来，最糟糕的在于：与城市过于紧密地结合，就意味着与自然过于疏远，而这往往会让人不快乐。

我之前的一些作品中就有案例研究对此进行说明。多年来，作为纽约的一名哲学顾问，我曾多次遇到一些客户，他们在物质上很成功，但个人生活却很不快乐。这些客户都是职业女性和职业男性。他们有的是律师，有的是金融分析师，有的是医疗工作者。他们在职业上都有丰厚的经济回报，但在纽约巨大的城市网络中，他们却生活得紧张且不快乐。他们向哲学家寻求什么呢？他们想得到确定的答案。这些客户都处于人生重大转变的关头，即将放弃高压的城市生活方式，转向低压的乡村生活方式；即将重新塑造自己成为花艺师、园艺师或整体医学治疗师。他们来到哲学家面前，探讨他们打算进行的转变好不好，斟酌其利弊，并想知道我（就像他们的一些家人或朋友一样）是否认为他们的想法太疯狂。

大多数时候，我的回答都会让他们喜出望外，我告诉他们，在我看来，他们的想法听上去非常理智。唯一疯狂的是，他们竟然花了这么长时间才走到这一步。这些客户中的许多人在搬家后与我联系，向我确认他们的生活已经发生了翻天覆地的变化，并且大有可为。我们人类是适应性很强的生物，几乎可以习惯任何事情，包括压力重重的生活方式，然后错误地认为我们既有的生活就是正常的。

天人合一的幸福

无论站在原始角度还是现代角度，都有很多原因说明为什么人与自然的统一能够产生幸福感。从原始角度来看，我们人类都拥有根植于阴阳的原始本性，在自然（而非人造）的环境中会感到全身心的自在。人们之所以喜欢露营、远足、狩猎、采集、钓鱼，喜欢在星空下围坐在篝火旁，无非是因为回归到人类最早的生活方式，回到某个迷雾笼罩的古老时期。在那个年代，男人是猎人和战士，是神话的创造者，为他们的女人、孩子和部落提供食物和保护；女人是采集者和养育者，也是家庭的创造者，她们照顾自己的孩子、丈夫和社区。

早期人类的预期寿命短，婴儿死亡率高，工具和着装都很原始，生活条件艰苦，然而，这些早期人类的小团体是伟大的生存者。否则，我们今天也不会站在这里瞻仰他们。他们狩猎、采集和迁徙，以这种方式生活了十万或二十万年，直到农业、畜牧业和冶金学的发展使得大型、永久定居点成为可能。最早的哲学经典，如《道德经》，也只有几千年的历史。

现在，世界上超过一半的人居住在城市中，他们在黄金时段的电视上看什么？如今，他们看到的是一档又一档这样的节目，节目中野外生存专家返回大自然——我们的生命起源的地方，在日益缩小的荒野中，试图找到回归文明的道路。既然如此，那为什么一开始要离开它呢？因为面对生存的挑战是我们的天性，荒野求生比待在文明的舒适区更具原始的快感。虽然大多数消费者每天享受着舒适生活，他们也会通过观看电视上的荒野求生节目来获得代入的快感。在世界范围内，富裕的城市居民每个周末都会逃往乡下，至少要去荒野的边缘，在那里他们可以简化自己的生活，重新点燃生存的原始火焰，远离手机和网络的干扰。只要我们果断地迈向大自然，大自然就会像久违的朋友一样拥抱我们，唤起我们最深层的本能，提升我们对生活最简单的满足感。亲近自然就是亲近道，而道总是能带来更多的幸福，而不是更少。

大自然对我们、为我们做了什么，让我们内心的宁静得以显现？它做了很多事，以下是其中最突出的几种。

首先，大自然能更充分地唤醒我们的感官。我们得让感官变得迟钝、受到抑制，让自己与外界隔绝、忽略周围的环境，以抵御来自四面八方的不必要的刺激、过量的噪音、持续的压力、狂躁的人群和咄咄逼人的侵扰。在大自然中，我们向光、天空、风景、植物和动物敞开心扉。我们褪去绝缘层，重新与周围环境建立联系，通过每个毛孔吸收美丽和宁静。这将带来深度放松、平和感、归属感和超越时间的体验，而这些每天每时每刻都在更新。

其次，当我们的外部感官以接纳的方式而不是占有的方式打开时，我们欣喜地接受大自然的壮观，但并不寻求拥有它。我们回到"朴"的状态，重拾儿时的纯真与惊奇。感官的外部开放和接纳使得内在的开放成为可能，回归存在的中心，使生命能量在脉轮中畅通无阻地流动。这些都会导致意识本身的转变，让我们以自然的（而不仅仅是习惯性的）意识范围去看、听、尝、触和闻。一旦你体验过这种感觉，你的世界将从此不同。如果蒂莫西·利里（Timothy Leary）能以这种方式看待世界，他就不需要一天服用三次迷幻药了（好吧，就他而言也许是一次两次）。一般的意识就像梦游，充满恶梦。而被大自然唤醒的自然意识则是无拘无束的、充满喜悦的。当你的心灵与现实如此契合时，它一定是宁静的。

第三，随着自然意识的觉醒，对秩序和混沌及其持续的交织和永恒的相互作用有更深刻的感知。你会在森林、湖泊、天空、周围环境和自身事务中察觉到秩序和混沌的模式。如果你重返喧嚣的城市，你就会更深切地体会到在那里维持秩序需要付出多大的努力。为什么呢？因为在城市里，数百万人试图将自己对秩序的理解强加到每件事、每个人身上，结果不可避免地会出现混乱。在大自然中，秩序和混沌可以自由地随着自己的音乐起舞。它的舞步不断变化且不造作，每一瞬间都是独一无二的奇观，只需要你打开意识就能发现奇迹。

第四，提高对秩序和混沌的认识，就能相应地更清晰地感知到变化。当你清晰地感知变化时，你就会欣赏到变化之美和它的必然性。顺应变化，你就会在它那充满意外惊喜的洪流中随波逐流。赫拉克利特（Heraclitus）认为，由于事物的不断变化，我们不可能两次踏入同一条河流。而老子知道，我们可以永远沉浸在"道"的河流之中。

第五，一旦沉浸在变化的河流中，静静地随波逐流，或开怀地在其旋涡里漂流，你就会发现运动中纯粹而诗意的时刻。当你体验到完美的瞬间，你的意识就会脱离平凡和非凡。在这样的时刻，你的自我会消失，与大自然融为一体。日本佛教徒给这种体验起了一个名字："esho funi"（依正不二），即自我与环境的合一。这种合一产生了深刻而清醒的宁静。这种体验可以通过完全沉浸在大自然中来实现。药物、酒精、心理治疗、辩证哲学或没完没了的精神分析都无法达到这种境界。

弗洛伊德曾有些痛苦地抱怨说，他无法在自己内部发现这种海洋般的感觉——自我就像融入大海的一滴水珠。这是真实感受。你无法在自我之内体验到自我的溶解。但你觉醒的意识一定能体验到自我的溶解，因为变化之河汇入永恒之海，自我在那里化为欢乐和轻盈的浪花。

与老子一样，梭罗和爱默生也是通过回归自然来体验这一点，而不是通过分析和医治人类无休止的不满来体会。正如爱默生写道："世界之所以缺乏统一，四分五裂，是因为人与自身的不统一。"你是否还记得我们在第十四章中讨论的反射点？针灸师通过这些外部穴位来促使身体内部器官和系统愈合。内部和外部是相连的，就像阴和阳一样。我们的心态和环境也是如此。堕落的心态共同创造了堕落的环境，有毒的心态创造有毒的环境，亵渎的心态创造亵渎的环境，分裂的心态创造分裂的环境。

21世纪的人类现在感受到了爱默生在19世纪中叶就清楚看到的全球环境影响：人类与自身的分裂。也就是说，我们的自我与我们的高级意识脱节了。与大自然的分离只会强化自我，加剧分裂；而与大自然的重新联系则融合了自我并消除了分裂。同时，宁静、美丽和闪亮的心灵共同创造出宁静、美丽和闪光的环境。如何做到这一点呢？借助道的力量融入自然。

行无辙迹

我们的生物和文化遗产促使我们在世界上留下自己的一份印记。我们通过生儿育女来传播我们的基因、建立社区来传播我们的价值观、创造艺术来传播我们的想象力、创立宗教来传播我们的信仰、建立民族国家来传播我们的政治理念。我认识的大多数人都有意识地以最适合自己才能的方式在世界上留下自己的印记。如今，我们也留下了数字踪迹，包括电话、电子邮件和信用卡交易的电子痕迹。在这个范围的两端——无论是好是坏——最有抱负、最有才华或最有干劲的人都会在历史上留下自己的印记。好的一端是，圣人们鼓舞了我们，爱国者们解放了我们，诗人们激励了我们，发明家们改善了我们的生活。坏的一端是，专制者、暴君和大屠杀者摧毁了数百万人的生命，并为更多人带来地狱般的苦难。

如果想在人的罪恶行径中找到什么安慰，那么请回想老子在第十四章中的箴言："夫乐杀人者，则不可以得志于天下矣。"也就是说，从历史的角度来看，无论杀人者在存续期间的统治有多慑人，他们都不可能长久地实现自己的意志。相比之下，以改善人类生活为乐的人可以在世界上长久地实现自己的意志，甚至青史留名。一切暴君最终都会垮台，而当他们垮台时，他们为自己畸形的自我所立的所有丰碑也会随之倒塌。

阿道夫·希特勒的恐怖统治和屠杀帝国持续十二年后土崩瓦解。拉斐尔·特鲁希略（Rafael Leónidas Trujillo Molina）是多米尼加共和国在位长达三十年的嗜血独裁者，他在恐怖统治期间为自己树立的雕像数量保持着吉尼斯世界纪录：超过两千座！然而，最终每一座都被拆毁了。与道相悖的东西是不会持久的。

相比之下，当人们在世界上留下积极的印记并改善人类状况时，他们的贡献在死后很长时间内仍为人所用并受人称赞。

在众多例子中，1955 年，乔纳斯·索尔克（Jonas Salk）发明了脊髓灰质炎疫苗。此举拯救了数百万儿童，使他们免于这种儿童疾病带来的不可逆转的摧残。索尔克于 1995 年去世，但他的工作仍在持续推进。他研发的疫苗将继续为未来无数尚未出生的儿童提供免疫。再比如，托马斯·阿尔瓦·爱迪生在 1879 年发明了灯泡，从而永远地改善了人类文明。自从他的第一根灯丝发光以来，数以万亿计的灯泡已将几十亿人类从黑暗中解放出来，并且在可预见的未来，它们还将继续发光发热。

如果我们更加仔细地观察我们每天使用和受益、可能也习以为常的事物，我们就会意识到，它们中的每一件都是有人希望在这个世界上留下建设性印记的结果。而那些与道相契合的东西才会经久不衰。

话虽如此，这种成功总是会让创新者付出代价。有创造力和发明才能的人需要超乎寻常的自信和顽强的意志才能坚持下来。这不仅是因为他们的工作本身就充满了考验和磨难，还因为他们必然会面临来自卑鄙小人的嘲笑和反对，甚至是破坏和迫害。这些小人都希望看到他们失败（记得第七章引用了爱因斯坦的一句话："伟大的精神总是遭遇平庸之辈的激烈反对。"）。因此，那些立志改善人类境况的人，如果培养不出坚忍的精神，可能会在这一过程中变得非常不快乐，并且会印证纽约人的一句口头禅："好人总是没好报。"

这也是为什么特殊儿童的父母在发现自己的孩子拥有某种特殊天赋时往往会恐惧，因为内心的智慧告诉他们，平凡的生活往往比非凡的生活更幸福。

令人悲伤但事实如此，一些世界上最受欢迎的名人，他们卓越的天赋让众多粉丝痴迷，却无法培养或维持他们自己的幸福。像玛丽莲·梦露、埃尔维斯·普雷斯利和迈克尔·杰克逊等流行明星在世界上留下了前所未有的印记，然而他们的全球声誉和财富却无法治愈他们的个人创伤，甚至可能让他们的情况变得更糟。这些艺术家给粉丝们带来了许多欢乐，但他们自己的生活却变得愈发痛苦。他们英年早逝，且大多死于他们为缓解精神痛苦而服用的药物的副作用。

每当我们在世界上留下印记时，不管是好是坏，世界都会在我们身上留下印记。大多数名人都过着高能量、高曝光率的生活，没有足够的闲暇时间与大自然交流。他们成为自己成功的囚徒，在疯狂的媒体关注和大众崇拜下，被雕刻成怪异的形状。死亡似乎是他们唯一的逃脱途径。这就是道家避免为名利所困的原因。

那么，老子对"在世界上留下自己的印记"有何看法呢？如常，他提出了一条独到的、反直觉的教义。对于努力追求幸福的人来说，这条教义还是很见效的。他说："善行无辙迹。"什么意思呢？让我们从三个层面来解读：字面意义、比喻意义和因果意义。这三种意义都表明与自然和谐相处是幸福的关键。

从字面意义上看，"善行无辙迹"表明最好的旅行者在穿越风景时，不会扰乱或破坏风景。举个小小例子：你是否曾在徒步穿越国家公园或荒野时，在路上遇到垃圾？没有什么比垃圾更破坏风景了。是谁丢弃的？一个漫不经心的人，他（她）根本没看到他（她）扔垃圾的地方有多美丽。为什么呢？老子会

说，这是因为这个人的心灵本身就有垃圾，所以他们甚至看不
到自己在做什么。防止乱扔垃圾的方式是对乱扔垃圾的人处以
罚款。道家的方法是帮助人们从他们的头脑中清除垃圾。如果
只有一个人满不在乎地乱丢垃圾，那么跟在他们后面清理并恢
复清洁还是件容易的事儿。但如果有一百万个人不听劝告乱丢
垃圾，那里就会变成垃圾场，根本无法清理干净。相比之下，
循道之人不会留下难看的痕迹。因为他们心无杂念，所以他们
不会让周围的环境变得杂乱无章，从而保持了他们自己的宁静。

　　这一原则也与许多西方人现在逐渐接纳的风水艺术有关。
自然界的装饰源于道本身，会产生完美的和谐，而人类的装饰
往往源于杂乱的心灵，阻碍自然能量的流动，并造成不和谐。
请记住"依正不二"的思想内涵：我们的思想和我们的环境是
一体的。在家庭或工作环境中营造平衡与和谐的氛围（或许借
助风水大师的帮助）可以让在相应环境中的人产生平衡与和谐
的心境。

　　从比喻意义上来说，"行无辙迹"意味着尽量减少"自我"
在我们所做的每一件事中的参与度。正如我们在这本书中反复
提到的那样，如果一个人允许自我主宰自己的生活，那么它只
会给人带来痛苦，而永远不会给人带来幸福。宁静的源泉是我
们存在的中心，而不是我们的自我。世界上最不快乐的人就是
那些被畸形的自我所驱使，留下难看的破坏性痕迹，并对自己
在这一过程中给他人带来的痛苦视而不见的人。同样，这些自
大狂是世界上的暴君、专制者、恶霸、虐待狂、自恋狂、恐怖
分子和大屠杀凶手。他们想在历史上留下自己的痕迹。因此，

特鲁希略（Trujillo）在多米尼加的土地上树立了两千座自己的雕像，但他仍然不快乐。他需要多少座雕像才能感到快乐？你认为再增加一两个就能解决问题吗？可能不行。那再多一两千座呢？显然也不行。

自我的痕迹不设限。倘若特鲁希略召见修道之士，并向他寻求通往幸福的钥匙，修道之士会给他提出完全不同的建议。现在，既然你已经读到这里，说明你自己也更接近道了，所以你肯定知道老子会对特鲁希略说什么："如果你想要幸福，就从拆掉你的两千座雕像开始，换成'未雕琢的木块'。"

"行无辙迹"的象征意义就这么简单：礼物总是比施予者更重要。当孩子们接种脊髓灰质炎疫苗时，他们不会遇到乔纳斯·索尔克的雕像；当你在晚上开灯时，也不会照亮托马斯·爱迪生的雕像。这些伟大的发明家，以及无数像他们一样的人，留下了造福于千秋万代的重要发现，却没有把自我放在心上。他们给人类带来了持久的礼物，却没有强调自己是给予者。因此，他们没有给自己留下任何痕迹。

老子本人就是一个最好的例子：他给我们留下了《道德经》，然后就隐退了。没人知道他去了哪里，没人知道他长什么样，甚至没有人知道他的名字！老子的意思就是"老家伙"。印度最伟大的大师之一奥修（Osho）说，老子是佛。此言不虚矣。老子是一位从未听说过佛教的佛。世界各地都有佛像，但老子没有雕像，他只有"朴"，这是因为他行无辙迹，却给我们留下了无与伦比的礼物：道的力量。

已故伟大钢琴家格伦·古尔德（Glenn Gould）是当代一位

才华横溢的赠礼者，随着他的舞台越来越小，他的遗产却越来越丰厚。他尤其以演奏巴赫的作品闻名于世。前无古人，后无来者，没有任何一位钢琴家能像他那样深刻地诠释巴赫音乐的内涵。就好像巴赫洞悉了上帝的心灵，而古尔德则洞悉了巴赫的心灵。在古尔德的早期职业生涯中，他是一个光鲜亮丽的神童，令世界各地的观众叹为观止。后来，他来到了好人没好报、每个天才都会遭到打击的纽约。在卡内基音乐厅的一次历史性演出中，古尔德担任纽约爱乐乐团的独奏，由传奇人物伦纳德·伯恩斯坦（Leonard Bernstein）指挥。这件事本身就非同寻常。通常情况下，独奏家和指挥家会在乐队准备就绪后一起上台，然后开始演奏。

然而伯恩斯坦在他们演出前公开发表了一番令人心寒的话。他说他完全不同意格伦·古尔德对他们即将演奏的音乐的诠释，但由于古尔德是客座独奏家，他觉得有必要顺从古尔德的意愿。伯恩斯坦接着说，在他漫长的职业生涯中，他几乎总是与客座独奏家意见一致。然后，他开玩笑地补充道，与独奏家意见不一致的唯一一次是上回与"古尔德先生"同台演出的时候。

这一番话说得可真够难听的，一位天赋异禀的指挥家竟然如此自我膨胀。可以想象一下古尔德当时的感受。尽管如此，古尔德还是献出了一场精彩的演出。但是当时伯恩斯坦显然已经破坏了气氛，因此纽约的评论家们也对古尔德口诛笔伐。此后不久，格伦·古尔德便不再公开演奏。他也没有留下现场演奏的曲目。相反，他专注于追求完美，私下反复录音，直到认为自己已将音乐表现到了极致。换句话说，古尔德将自我置之度外。他希望别人能像巴赫听到上帝一样清晰地听到巴赫的音乐。格伦·古尔德将自己视为中间人，而不是主角。

古尔德与道如此亲近，他的才华才会在宇宙中永存。古尔德录制的巴赫前奏曲和赋格曲被收录在美国国家航空航天局的"金唱片"中。"金唱片"是一个关于我们的星球和物种的时间胶囊，由旅行者 1 号发射到深空。如果有一天被一个外星文明发现，我们将会给他们带去人类有史以来最伟大的宝藏之一：一个听见上帝之声的作曲家，和一个演奏该作曲家所听到的音乐的音乐家带来的节目。因此，巴赫和古尔德共同踏上了跨越宇宙的史诗之旅，他们将永垂不朽。

旅行者 1 号像道一样默默无闻，在浩瀚无垠的外太空中穿行，没有留下任何轨迹。但它蕴藏着多么神圣的宝藏啊！如果美国国家航空航天局也能同时往外太空送出一本书，那将会是老子的《道德经》，让它和古尔德及巴赫同游再合适不过。

音乐在古代中国也发挥着至关重要的作用。据说孔子会弹凤凰琴，这是鼓励君子修习的几门艺术之一。为什么说音乐那么重要呢？因为音乐具有打动人心的力量，能让身体有节奏地舞动。用《易经》首屈一指的译者卫礼贤的话说，在道家学说盛行的中国，音乐"被视为严肃而神圣的事物，旨在净化人的情感"。《易经》的第 16 卦是整个 64 卦中最重要的卦之一，名为"豫"。豫卦解释了开明的君主如何在祭祀先祖的仪式上利用神乐，使天地（阳和阴）在神秘的接触中联系起来。卫礼贤认为，"这些思想是中国文化的终极总和"。孔子说，真正了解这种仪式的统治者"可以征服世界，就像世界在他手上旋转一样"。不需要雕像军团，只需要道的力量。

业无辙迹

"无辙迹"的最后也是最重要一个的解释与佛教最重要的教义之一相呼应，即超越业力。道家和佛家都认为，我们的一思一念、一言一行都会得到现实的回应，并反映给我们。因此，调节呼吸非常重要，而呼吸反过来又会影响我们的思想、言语和行为的质量。即使一个简单的想法，也会像在池塘里投下一颗小石子一样：它实施了一个因，产生了向四面八方扩散涟漪的效果。虽然神圣的音乐所产生的涟漪，比起建造两千座自己的雕像所产生的涟漪（或者之后被欢呼的人群将雕像推倒所产生的涟漪），无疑更加美丽且对人类更有益，但涟漪终究是涟漪：扰动了一方本来静止完好的池塘。只有完全静止的池塘才能如实反射本来面目。随着涟漪在水面上荡漾，即使是最轻微的扰动也会让现实的倒影破碎、扭曲。如果你的镜子被荡起这样的涟漪，你将永远无法看清自己的面容。

你让心保持得越静，它对现实的感知就越清晰、深刻。它对现实的感知越清晰、深刻，它造的因就越少。造的因越少，它产生的果也就越少，因此积累的业也就越少。老子说"善行无辙迹"，意思是说心静就不会造业。这也是佛教最崇高的教义之一，因为"业"的终结也意味着苦难的终结。还记得无为而为吗？这是解决一切问题的最好的办法。

你想征服世界，就像世界在手心里旋转那样吗？那就以你的存在为中心，而非以自我为中心，去思考、说话和行动。"行无辙迹"，你才能真正走得更远。

第十六章 黄金时代

"侯王若能守之，万物将自化。"

——《道德经》第三十七章

"小国寡民……甘其食，美其服，安其居，乐其俗。邻
国相望，鸡犬之声相闻，民至老死，不相往来。"

——《道德经》第八十章

正如我们所见，老子也深知，暴君强权无法长久。"飘风不
终朝，骤雨不终日。"这种自然和人性规律并不能有效抚慰自然
灾害和政治灾难的受害者，却为人类的生活图景添上了明快的
色调。邪不压正，良言胜过恶语，高风亮节远胜卑鄙龌龊。即
便如此，大多数人还是宁可生活在平凡的时代，而不是经历大
风大浪，同时也期望子孙后代不会遭遇萧条、变革或混乱的时
代，而是能够尽享黄金时代的成果。

当我们身处龙卷风暴、地震海啸、火山爆发之时，抑或任
何天公震怒的自然灾害之中，我们心中的宁静都经受深刻的考
验。此时，即使道法之力不会阻止自然灾害发生，却也可以帮
助我们维护心灵的平衡——正如每一场飓风的中心都有平静的
风眼。风暴外围迅猛急速，风暴中心，即风暴眼里面，万事平

和。我们的内心也当如此，人之内心当如风暴之眼。

越来越多的人涌入全世界最大的城市，这些城市很多都横跨海岸线、断层线、火环带，所以预计在未来的一百年当中，大自然对居住在这些城市里的人类的影响只会有增无减。

自然灾害破坏力很大，持续时间却并不长。但是人类问题（诸如政治难民每年不断增长）却旷日持久。每年都有多达 1 亿人从残暴无道的政权或者摇摇欲坠的国家逃亡或者试图逃亡。这个情况是会得到改善还是会变得更糟，取决于我们这个地球村的领导层。因此，在庶民草创（grassroots initiatives）并不多见的东周时期，孔子非常重视为君者的领导力。循道而行的君侯会为臣民带来幸福昌盛，无道之君则会使得邦国穷困潦倒。不过现代社会则情况不同。尽管现在有很多国际公司、政府部门仍然对公民所关心的问题置若罔闻、对最主要的人类问题冷眼旁观，但是庶民草创已经蓬勃发展。非政府组织和民间企业家也已经付诸努力，促进人权发展。在互联网的助推下，当今个人或者小群体都可以对许多人产生影响。

当我们逐渐习得道法之力，循道而行，内心宁静，希望大家也能愿意分享这无价的宝藏，并发挥我们的作用，将道德回馈于黄金时代的众生。我们不能单纯寄希望于一代仁君来扭转暴政的局面，或者指望有远见的政治家来推动改革，甚至不能单靠道家圣贤指引君王循道而行。有则锦上添花，无则依旧风华。但与此同时，像我们一样的几十亿普通人需要知道，我们在日常生活中都可以从庶民基层做起，改变世界。

老子深知：芸芸众生，大多生活在市井之间，少数以贤人自居归隐山林。所以老子在西出函谷关之前，写下了《道德经》，将智慧宝藏馈赠世人。东周时期的道家已经和后来的大乘佛教一样认识到：当你周围的人正遭受千般折磨时，无论这些折磨是自己造成的，他人造成的，还是大自然造成的，你是不可能完全满足的。

瞎子领路（源自《圣经·马太福音》第 15 章）的故事不无道理，因而我们必须循道而行，内视自己，必要之时隐居独处。而当道法之光照耀内心，则应将道德之光回馈众生，照亮他们的内心。因此，苏格拉底传道雅典，佛陀授业四十余年，老子留下五千言。也是因此，在影片《卡萨布兰卡》中亨弗莱·鲍嘉所饰演的里克·布莱恩将伊尔萨和维克多·拉斯罗护送上了飞往里斯本、通往自由的飞机。循道而行，与众生共和，不可尘外孤标。

如果你愤世嫉俗，则应定时正视反思自我与家庭，也让家人定时反思自己。回到先前提到的吉姆的案例。吉姆厌倦激烈竞争，难以忍受为政只为一己私利的政客、毫无济世责任的官僚、无穷无尽的社会国际纷争，环境退化也让其更加消沉。吉姆认为消耗能源、碳排放量巨大的生活方式引发了很多问题，并迫切地想让自己和家庭从中脱离出来。他机智聪明，资源深广，做工程师的时候攒下了足够多的积蓄，足以支撑退隐山林后的生活。吉姆和妻子把世界地图摊开，寻找与世隔绝的住所——可能是人烟稀少的小岛——他们寻找的住处可以为自己和孩子平和安静的简单生活提供条件。那是 20 世纪 80 年代初的事。

吉姆一家在一年之内就找到了他们心中的世外桃源。一家人兴高采烈地搬到了一处远离尘嚣的岛链。这个地名，吉姆在"文明世界"的很多朋友和邻居都没听说过，在地图上也无法辨认出来。它就是福克兰群岛，也被称为马尔维纳斯群岛。这一小岛链在阿根廷海岸东边，曾经一度是大英帝国的属地。

吉姆一家移居至此才不到一年，一场领土争夺战就在此地爆发了。英国和阿根廷就福克兰群岛的归属问题出现了严重的冲突，剑拔弩张。吉姆一家又得寻找庇护逃难之地。他们曾经试图逃离的一切又如影随形，卷土重来到了福克兰群岛。这场战争并没持续多久，但是却让吉姆内心充满愤怒。英国有句谚语："你可以逃跑，但无处躲藏。"而循道之人遇到这样的情况，甚至无须逃避。如果已经到达死而不亡之境，则根本不需要躲，也不需要藏。

芸芸历史的重量

尼采曾写道："幸福的民族没有历史。"这就是骨感的现实。塑造民族的部分因素就是这个民族自己的故事。民族的故事总是充满生存斗争、悲伤与胜利、历史之殇以及黄金时代。尼采的格言同样也适用于每一个个体：幸福的人没有过去。何出此言？因为幸福的人会尽可能过好当下的生活，所以不会产生后悔、指责、仇恨等所有会自我折磨的想法。如果我们换一个视角来看，这句话可能就更容易理解：不幸福的民族都受芸芸历史所负累，不幸福的人受重重过去所负担。也正是如此，这个世界才会有那么多民族纷争断断续续，绵延几个世纪之久。冲突的民族都是为历史所累而不快乐，纷争不断。于是他们不断积累更多的历史、更多的不幸和更多的冲突。除非打破这个循环，否则永远不会终止。

寻道之人的药方就是：看待历史，少则得，多则惑。摆脱历史，便得幸福。这在中国哲学中是否矛盾呢？上一章我们才刚刚讲过道家先贤尊奉祖先，祭祖大典之上要邀请祖先现身，怎么能在忘却历史的同时敬重祖先呢？复归于朴，便是答案。我们对逝者报以尊重，却不反复唱诵哀伤忧思。

这不也是心理治疗的核心吗？人们心情不好的时候，会去看心理医生。那么，为什么人们会心情不好？原因就是人们有太多过往历史。心理治疗又采取怎样的治疗方式呢？也无非积极地解读过往历史。儿童受到原生家庭的负面影响，却又要爱自己的父母，于是心中就会极其矛盾，这样的矛盾会一直持续到其长大成人之后。心理治疗师试图通过回溯童年时期不堪回首的过往，来中和这种矛盾。这宛若一路爬坡，所要付出的时间和金钱都是难以估量的。

循道之人复归于朴，复归于婴儿之尚未受世间影响的状态。故而父母并不会因为原生家庭对其造成影响而受到责备，孩子也可以心无矛盾，父慈子孝，母慈子安。愉悦之人，心无过往。

哲学家的对立面

这里有些不同寻常的东西在起作用，是心理学正在努力解决但并非其发明的东西。这是一个蹊跷的现象，我相信你已经注意到了。或者至少，一旦我提及，你就会注意到它。最近一次晚宴，有人把我介绍给一名叫罗伯特的客人。罗伯特非常有名、受人尊敬，那些能牢记过往的人更是对他印象深刻。但是我心无过往，没有听说过罗伯特，不过他听说过我的名字。当我问道："您是做什么工作的?"罗伯特回答说："我的工作是哲学家的对立面。"他的回答引起了我的兴趣。我问道："哲学家的对立面是什么?"他回答："新闻工作者。"言罢，我们都哈哈大笑起来。但实际上这个问题并没有那么好笑。罗伯特为一家我几乎没有读过的著名报纸撰写知名栏目。为什么我基本没读这家报纸呢?当然是因为新闻业是哲学的对立面啦，这意味着什么呢?

哲学本身意味着"热爱智慧"。哲学的对立面可能就意味着"憎恨智慧"或者"热爱愚蠢"。不过罗伯特似乎并不憎恨智慧，所以可能他喜欢愚蠢的事物吧。这也就意味着哲学家写下的文字经久不衰，就如老子的《道德经》一样，往往能持续数百年甚至数千年。常读常新，为后世不厌其烦地研读。然而绝大部分新闻工作者撰写的文本都只能在印刷当天保持新闻的即时性，过后就会像这些新闻文字从未存在过一样被人们丢弃遗忘。因此，有很多人会收集旧书；而大多数人会清理旧报纸。从这个角度来说，新闻业是哲学的对立面，此言不假。新闻工作者拥有庞大的读者群体，几百万人阅读的专栏可能是新闻工作者只花了几个小时或者几天撰写的；而相比之下，哲学家经年累月呕心沥血的新书能卖出十本就已经很不错了（其中九本还是自己的家人买的）。从这个层面上来讲，新闻业确实是哲学的对立面。

罗伯特喜欢寻根究底。这和哲学的对立面大相径庭。老子、佛陀、苏格拉底，这些世界上最伟大的哲学家内心皆有一片安宁净土。真正热爱智慧一定会带来幸福。所以热爱智慧的人也能让其他人感受到幸福。但是因为大媒体的首要原则就是"负面新闻的销量比正面新闻多"，所以新闻业有所不同。媒体巨头和手下的编辑与记者深知如此，媒体的受众也深知如此。

有一则关于赫斯特公司臭名昭著的创始人威廉·伦道夫·赫斯特的著名故事。在商业摄影出现之前，他曾经派一名商业素描画家去古巴报道美西战争。画家到了古巴之后发现根本没有战争发生，就发回电报。赫斯特回复的内容真假难辨："你负责给图画添枝加叶，我负责给战争添油加醋。"报道战争能卖出去的报纸可比报道和平要多得多，和平所能创造的幸福感也比战争多得多。罗伯特就在专栏报道坏消息，制造头条，让公众幸福感下降；而我作为哲学家阐述的都是永不过时的观念，这样的观念不会制造头条，但是能让人们感受到幸福。也许这就是罗伯特说新闻业是哲学的对立面的原因所在吧。

问题仍然存在：为什么坏消息比好消息更受欢迎？心理学家们挥洒了很多笔墨来回答这个问题，相关书籍汗牛充栋。其中弗洛伊德认为人心阴暗面会遮掩内心的光明，因此我们更容易受到负面新闻的触动，这一理论说服了很多人。当不幸降临他人，我们又惊又悲，被负面消息吸引过去，同时长舒一口气，庆幸厄运没有降临自身。这只是一种说法，并不能完全解释负面新闻对我们的触动。比如，这种说法无法解释很多人经历的幸存者内疚，这也无法解释撒玛利亚人为什么乐善好施：撒玛利亚人仁善果决，但见不幸，便一跃上前，立刻施以援手，无畏于是否将自己置于险境。

循道之人可能会问：为什么不健康饮食（换言之，垃圾食品）的销量要比健康饮食要多？原因有很多，包括饮食习惯不良、不注意营养，以及电视上无处不在的一直不断出现的垃圾食品广告。如果消费者无意间养成不良习惯，并屈服于那些只寻求从他们的不健康中获利的商家的广告，那么就距道远矣。这些良木被雕刻成了大腹便便的形状，也因此痛苦纠结。心理学中没有提出会让人们强行忍受煎熬折磨的客观规律。只要人们循道而行，便会养成良好习惯，不会再一行一动毫无意识，而是复归于朴。此后他们不会再胡吃海喝不健康食品，而是会适量饮食，接受健康食品的滋养。

人们怎么才能开始发现道的存在呢？新闻工作者心知肚明：不是头条新闻。可以通过两种方式发现道的存在：自上而下或自下而上。两者均行之有效，指引我们走向黄金时代。自上而下的生发方式需要贤明君王推波助澜，自下而上的生发方式则需要庶民草创。所以孔子期望规劝战国君主不要强行为之，而要顺应道法，以道治国；故而，老子才写下《道德经》：写下《道德经》是为了规劝天下众生（从那位恳求老子留下五千言的关令尹喜开始），指引他们遵循道法，走向黄金时代。下面我会展开来讲讲这点。

曾经的黄金时代

历史上，黄金时代在很多地方都有出现，与特定的语言和文化无关。古代雅典出现过传奇史诗般的黄金时代，为西方文明建立基石的哲学、几何学、建筑学、演讲术、民主制度都在黄金时代产生；中国唐朝的黄金时代从公元 600 多年到公元 900 多年，延续了近 300 年，唐朝诸多贤君明主推行道学、儒学、佛学（称为三宝）。光明璀璨的三家学说流传天下，天下百姓，受益无限；同样，在北非也展开了三个世纪的哈里发黄金时代，大约从公元 1000 年到 1300 年。开宗明义的伊斯兰君主邀请来自西欧的基督教和犹太教信徒共聚一堂，而欧洲人正好乐于逃离罗马帝国分崩离析后降临西欧的黑暗的中世纪；之后意大利文艺复兴也在短暂而璀璨的黄金时代中出现，此间涌现出建筑、雕塑、绘画和人文主义的光辉，光明璀璨，百花齐放；在"英明女王"伊丽莎白时期的英格兰出现了另一个短暂的戏剧和诗歌艺术的黄金时代，随着莎士比亚作品的出现达到顶峰；北印度的莫卧儿帝国以德里为中心，进入了长达 350 年之久的黄金时代（1500－1857）。在这个时期，穆斯林和印度教各持自己的信仰，其乐融融，共聚一堂。贸易商业繁荣发展，建筑艺术日新月异，诗歌、哲学与日俱增；更广泛的欧洲启蒙运动，也为哲学、数学、音乐、科学和人权的雏形开创了黄金时代。

第二次世界大战之后，美国迎来了资本主义的黄金时代。但请注意，那个时代强调的是物质主义而非文化。作为那个黄金时代出生的孩子，我们被称为"婴儿潮一代"，拒绝了纯粹的物质追求，转而支持一种反主流文化，宣扬和平、爱、音乐、产生幻觉的药物和拓展意识的哲学。简而言之，我们变成了嬉皮士。嬉皮士文化的黄金时代十分短暂，却未尝是件坏事，因为这让我们无法积累太多嬉皮士相关的过去，因此我们很快乐。嬉皮士文化促进了东西方的融合，促进了我们现在赖以生存的地球村的形成，促进了人类精神意识统一遍布全球。

坐落在距离纽约上州不远的伍德斯托克博物馆纪念了 20 世纪 60 年代的魔幻岁月。我们这一代曾经的嬉皮士现在带着自己的孩子，甚至孩子的孩子，参观伍德斯托克博物馆。这片土地曾经孕育伍德斯托克国度——那个具有史诗般意义的 1969 年末出现的国度。我们的孩子，孩子的孩子，对这座博物馆充满幻想，惊奇不已。他们深知这里曾经发生过彰显着 20 世纪 60 年代精神的惊天动地的大事件。我们这些经历过并从中成长起来的人，从基层走上来，却目光呆滞。因为我们还记得这个国度曾经多么美丽。时至今日，我们仍然感受着这种美好。我们喜极而泣。喜，是因为曾经一度十分接近道矣。那十年的黄金时代似乎让我们看到了《易经》曾描述的黄金时代的图景画卷——"音乐与天地合"。

在今日的地球村里，行政机关尾大不掉、衮衮诸公尸位素餐、各行各业弱肉强食，很多人因为发达国家的此般种种而不堪重负，但是生活在发达国家的大部分公民大多都过着这样的生活。西方世界正在衰落，西方公民感受到逐渐失去力量。而以中国和印度为代表的发展中国家则在经济文化方面日益蓬勃发展，亚洲青年也带着越发蓬勃的乐观心情和作为亚洲人的身份认同而骄傲自豪。全球权力的较量正在从西向东转移。全球格局正在改变。从南美到撒哈拉以南非洲地区、从中东到东亚的几亿人口都在奋力改善生活。然而仍然有太多人生活在贪污腐败的政权当中，国家领导层既不造福公民，也不为他们提供教育，而是剥削恐吓他们。

孔子云："天下之无道也久矣。"孔子生活在诸侯争锋战火连年的战国时代，这个时代距道远矣。老子也体悟到，君王离道，则天下黎民唯有自己。如果政府（公立部门）和企业（私营部门）尽应尽之责，修缮世界，诚然民间部门则可以也必须应对挑战。因此来自民间部门的各个非政府组织相继涌现，造福世界。在大一统政府管辖之下，在商业巨头管理之下，大家都无需体会无力感，大家都可以在民间部门御道，非政府组织能够为我们提供模范和机遇。

黄金时代的定义可以缩小到地域较小、单一的乡村社区，这里的精神充满力量，可以环绕包围整个地球村。美国马萨诸塞州康科德力证了这一观点。这里聚集了拉尔夫·沃尔多·爱默生、亨利·戴维·梭罗和布朗森·奥尔柯特等知名人物在内的很多新英格兰超验主义者，他们是迸发活力的哲学文学诗歌界闪耀在群星之间的点点星光。他们通过理性神秘主义的道路获得了宁静，这是一条今天走的人不多的道路，但在调动道的力量方面并不逊色。道家、佛家和斯多葛学派多有相似之处。我们仔细分析一下爱默生和梭罗实现内心平静的根源。他们设想的理想主义之风不费吹灰之力吹遍全球，他们所在的黄金时代称为美国文艺复兴。这也赋予了老子最为重要的一些学说新的意义，也将托马斯·杰斐逊的很多思想置于核心。这个新英格兰的小小社群呈现出了与道家和杰斐逊心中所向往的乌托邦别无二致的世界。就连老子也会心向神往居住于此吧。

双子塔

2001 年 8 月，我首次来到康科德。如果有机会来到波士顿一带，我建议大家一定要来康科德逛一逛。康科德距离波士顿只有 20 英里，却宛如世外桃源。我们可以在这里参观布朗森·奥尔科特的故居，他的女儿路易莎·梅·奥尔科特也是在这里写下了包括《小妇人》在内的许多著作。不远处有一个小型木质建筑，最多只称得上是个小棚屋，外面有个标志写着"康科德学派"。这是布朗森·奥尔科特自己为超验主义者所建立的集会地点，也是当地乡村社区的大学堂。再往前走不远处就是爱默生的陈设考究的故居。爱默生的后人仍然住在这个微型宅邸中。只需付上几美元，他们就可以带我们进去转一转，里面的家具、装饰和氛围会让我们回到那个黄金时代。我们可以看到爱默生读过的书、写过字的书桌、餐厅墙上挂着的象征意大利文艺复兴的画———幅拉斐尔的《雅典学院》的复制品。

爱默生知道自己和朋友共同开创了美国文艺复兴，他深受意大利文艺复兴的鼓舞。参观完爱默生的故居，我们便可以沿着小路走向瓦尔登湖。这里诞生了梭罗传世巨作《瓦尔登湖》中的隐居生活。他当年搭建的小木屋已经不复存在。除此之外，一切如旧。

爱默生故居对面有一座小型博物馆兼书店。爱默生和梭罗的主要作品自从面世以来都不断再版重印，被翻译成了很多不同语言。我在书店里买了一本收录了爱默生、梭罗、查宁、奥尔科特和其他当地超验主义的中流砥柱的综合选集。最后，我驾车开了一小段路来到了这些名人沉睡着的墓园。他们就这样比邻而居，永远做伴。我们可以坐在旁边的小山丘上，读读他们留下的文字，与他们精神交流，并惊叹于这么多相似的灵魂在恰如其分的时间聚在一起，在短暂的一生中为后世留下了精妙入神的思想实践，开创了辉煌壮丽的觉醒时代。这些超验主义者半开玩笑，将自己称为"志趣相投之人的社群"，在这里"没有任何两个人思想完全相同"。从道的角度来讲，我们无法定义他们。

后来我从康科德回家，感受到那个充满阳光的夏日充盈着我的内心。我沉浸在超验主义那本厚厚的选集中，备受鼓舞。现在那本书装点着我的书架，向未来之书致意。那是 2001 年 8 月末，纽约的艳阳夏日好似永远不会结束。2001 年 9 月 11 日，在那个和煦温暖的早晨，世界在暴力裹挟之下骤然巨变。纽约世贸中心双子塔在两架被劫持的飞机冲撞之下轰然倒塌。黑色的有毒气体冒出滚滚浓烟，放眼望去到处都是废墟。浓烟遮天蔽日，我的心也陷入黑暗绝望之中。"9·11"事件发生的前一晚，我还经过了世贸中心。"9·11"发生当天，我在楼顶目睹了哈德逊河对面发生的一切。这一切太超现实主义了，难以相信这一切真实地发生了。

新英格兰的超验主义者要等等我了，稍后再来研读他们的著作。可惋可叹，他们的理想主义在那一天覆盖上了一层阴霾。先是被超现实主义遮蔽光辉，然后被灰暗的现实挡住光亮。

世界历史的趋势在那个千禧年的早晨骤然转变。"9·11"事件的严重程度可以和1941年发生的珍珠港事件和1963年肯尼迪总统遇刺相提并论。这些事情对于每个人来说都意味着，一切都改变了。这些特殊的时间点（饶有趣味的时间段）出现的时候，人们永远不会忘记当时听到新闻的时候身处何方。"9·11"事件发生当天，几千名民众因此丧生，他们家人的生活也因此永远改变。我，作为一名哲学家和世界经济论坛的工作人员疲于应付"9·11"后发生的一些事件。所以，我怀着沉重的心情，将新英格兰超验主义者的选集先放到了一旁，满心期望不久能再有时间研读这本著作。

"9·11"事件发生后，再次捧起这本书是大概十年之后了。我打开这本超验主义著作，证实对于老子心中的乌托邦的反思。爱默生和梭罗的两座双子塔仍然屹立不倒，他们构建的理念大厦永远不会被炸药毁于一旦，也不会被飞机撞毁瞬间倾颓。爱默生和梭罗的双子塔化作智慧的灯塔，照亮人类前行的道路，既不会被暴力仇恨所摧毁，也不会被恐怖主义的大火摧毁。因其几近道矣，则经久不衰。

像老子一样，爱默生和梭罗至善至纯。像老子一样，他们相信乌托邦并非诞生于庞大的中央政府，而是乡间社区。像老子一样，他们相信愉悦只可内求，唯有天人合一，才可实现内心愉悦。像老子一样，他们远离奢靡，极简生活，守心宁静。

像老子一样，他们深知：个体是个小宇宙，宇宙是个大个体，两者合而为一。像老子一样，他们厌倦自我中心、虚荣浮华、滥用权力，因此，生活之中，我将无我，谦谦君子，风趣温和。像老子一样，他们相信不自伐，故有功；不自矜，故长。像老子一样，他们对于宗教政治陷入腐败，警惕警觉。像老子一样，他们无欲无求，无为而无不为，以无事取天下。像老子一样，他们以其终不自大，故能成其大，著作闻名四海。像老子一样，他们熟稔于心，是谓行无行，攘无臂，执无兵，乃无敌矣。像老子一样，他们深谙：夫慈，以战则胜，以守则固。天将建之，如以慈垣之。

爱默生与梭罗共同引导了美国文艺复兴。这场文艺复兴的影响远远超过了单纯歌颂自然、人性和社区的力量。他们二人也是社会政治活动家。尽管淫威之下备受压制，却仍然不卑不亢，推行公正。比如，他们倡导废除奴隶制，反对兼并西班牙领土，抗议政府废除与原住民的条约，倡导女性权利，提高保护自然的意识。在 19 世纪 20 至 50 年代之间能够提出这样的思想，他们已经远远走在了自己的时代前面。爱默生就像梭罗的兄长，即使在梭罗隐世独居于瓦尔登湖时，也会隔一段时间就沿着湖畔来到爱默生家里，帮助他处理各种事务，尤其当爱默生出行的时候会帮他砍柴。爱默生终其一生发表的演讲多达 1500 多场。这个数字令人敬畏，尤其在那个年代，大部分时间他只能骑马和坐马车赶路。

爱默生的发现

爱默生以自己的方式发现了先秦时代老子修得的大道。天道有行，阴阳合一，阴阳生于道。尽管爱默生可能从未听说过道家学说（我在他的书架上也没有找到相关的书），但是他仍然发现了近似道学的超验主义意识下的心灵与自然的统一。超验主义意识就是心灵与自然的源头。日本高僧有云"依正不二"，印度哲学家也探寻婆罗门到达阿特曼①之路（这条路稍后将指引甘地走向爱默生）。爱默生的洞察走向觉醒：如果心灵和自然本为一体（就如阴阳），则会相互映照。

这意味着什么呢？这意味着年少之时，我们周围创造性的环境会改变我们易受影响的思维，所以我们可能会被塑造成身心不愉悦的形状。随着我们日趋成熟，我们的创造性的思维则影响着我们易受影响的环境，所以我们就可能将环境塑造为无愉悦感的器物。爱默生发现：接纳水光山色会雕琢我们的思想，思想又会与山水自然的场景相辅相成。瞧！这便构成了一个良性循环。

当这样的良性循环在日常生活中不断循环往复，心灵与自然也在其中合而为一。超验主义的体验引领我们走向愉悦，使得内心恒久宁静。爱默生达到了这样的境界，在登堂入室的时

---

① 阿特曼：来自古印度梵文 a^tman，汉语解释为"自我"和"我"，原意为"呼吸"。被引申为个体灵魂（"生命我"）和世界灵魂（"大我"）或"宇宙统一"的原理。——译者注

候也解决了悬而未决的神正论和心正论问题（具体回顾第十章）。他是怎么做到的？他写道："与我们内在的东西相比，我们身后的和我们面前的都是小事。"我们身后的是过去，它无关紧要。它是历史，像已经雕刻过的石块，为什么要带着它们让自己不快乐呢？我们面前的是未来，它也无关紧要。它是空的，只是充满了可能性。为什么要因为它们而让自己痛苦不堪？记住尼采的话："幸福的人没有过去。"现在考虑这一点：幸福的人也没有未来。幸福既非源自过去，亦非来自将来。幸福源自当下，来自心灵与自然的统一。爱默生通过经验发觉这种统一的力量存在于我们内心深处。御道之力，身心复归于朴，则寰宇便复归于朴。

自然与心灵统一，精神上的幸福感油然而生，如此引人入胜，又极具感染力。为何爱默生能在 1500 多场演说中广受欢迎呢？想必仅仅只是与他共处一室，就已令人欣悦。梭罗住在瓦尔登湖对面，想必也是心境悠然。

梭罗的遗产

亨利·戴维·梭罗（1817－1862），剧作家，自然主义者，山林隐士，撰写了非暴力公民不服从的权威哲思。1842 年，梭罗因拒缴人头税而入狱——拒绝缴税的原因在于上税将用于美国与墨西哥的战争之中。梭罗的朋友不顾他反对，为他缴税，梭罗不情不愿地很快被释放了。尽管如此，他因为践行公民不服从而入狱的经历却带来了巨大的变革。他只入狱一晚上，却写道："政府蒙冤下狱，真理存于牢笼。"梭罗实现了心灵与自然的统一，慧眼识珠，一针见血，看到本质，尤其看到了政治领域的本质。他以非暴力却强有力的方式掀起政治变革，这近似无为而为。这种哲思后来对三位最具远见卓识的基层改革者产生了决定性的影响，分别是托尔斯泰、甘地和马丁·路德·金，他们为现代世界增添了光彩。

虽然托尔斯泰以杰出小说家而闻名于世，其实他也是一位深受人民爱戴的精神领袖，满怀壮志地希望在母国俄国掀起政治社会变革。他寄厚望于梭罗的激进主义（也在无意之间呼应了老子的乌托邦理念）。他著有一本变革性的书，名为《天国在你心中》（回想爱默生关于我们内在之物的格言）。很多学者认为梭罗一直是托尔斯泰的精神搭档，托尔斯泰的作品恰恰验证了他与梭罗二人的思想在内心启迪和社会变革方面一拍即合。

很遗憾，梭罗与托尔斯泰的构想并未在俄国盛行，沙皇的残暴统治等种种因素阻碍其推广。老子云："夫乐杀人者，则不可得志于天下矣。"

梭罗的思想也深深地影响了两位极为成功的活动家——圣雄甘地和马丁·路德·金，他们通过践行梭罗的公民不服从理念和甘愿入狱的精神改变了历史的进程。甘地的行动主义风格，被称为"萨提亚格拉哈"（意为"坚定且不动摇地坚持真理"），成功地说服了英国政府放弃印度这颗帝国王冠上的明珠，回归印度人民的自治。

甘地之于印度就像华盛顿之于美国，他像印度国父一般地存在。他建立了现代印度，却一无官职，二无军队，三无革命。

甘地没有在政府任职。甘地凭着坚定不移的道德信念和博爱之心，教化英国殖民者。这呼应着老子《道德经》中的"不善人者，善人之资"。

马丁·路德·金的行动主义，被称为"直接行动"。他以与甘地同样的方式规劝美国联邦政府和很多州政府在那个时代应该给予黑人完整的公民权利。马丁·路德·金和甘地一样，凭借道德信念和博爱之心发动公义的行为、以非暴力的形式教化反对者。马丁·路德·金也没有一官半职，手无兵权，也没有煽动革命。他同梭罗一样在狱中写信，为了公民不服从，多次锒铛入狱（这一点甘地也一样），从而一次又一次证明了，在一个不公正的美国政府统治下，对于一个公正的人来说，监狱就是他的下场。马丁·路德·金的《伯明翰监狱来信》是一篇启蒙哲学的杰作。他以仁爱教化压迫者，发出了呼唤公民权利的高音，这又一次呼应老子《道德经》中的"故善人者，不善人之师"。

梭罗的影响具有里程碑式意义，很难想象他英年早逝，年仅 44 岁。但是因为他生前死后如此几近于道，所以他的作品永垂不朽，千古流芳，代代相传。

黄金时代源于内在

我们现在已经详细探讨过老子乌托邦的构想了。这一构想并不依托于政府，乌托邦社区源自基层，就像老子的乡土村民、新英格兰的超验主义者、20 世纪 60 年代的嬉皮士，以及你和你的邻居一样，人类的黄金时代并非政府所创。尽管有时候贤德之人为政会促成黄金时代，但是黄金时代仍然源于内在的光——有时也称为神话中的"贤者之石"。尽管人们对贤者之石的概念多有误解，以为贤者之石是为了把铅变成黄金，但实际上这只是一种暗喻，意味着将卑鄙龌龊、污言秽语转变为空谷幽兰、大雅之词。

通过将心灵与自然统一，你将体验到内心的转变，你的思维散发光彩、你的内心变得仁善。一层最纯净的金色光芒环绕着你。当他人沐浴在这光芒之中，也会感受到心神转变。我们可以通过这样的方式，在家中、邻里、社区创造黄金时代。我们甚至可以像梭罗、甘地、马丁·路德·金所发现的那样，即便在监狱中也能创造黄金时代。就这样，梭罗的内心之光，从新英格兰湖畔一隅的隐居生活照耀整个世界，将世界沐浴在划时代的金光之中。

这就是道的力量。

第十七章　如何拥有快乐星期一

"道可道，非常道。名可名，非常名。"

——《道德经》第一章

"上士闻道，勤而行之；中士闻道，若存若亡；下士闻道，大笑之——不笑不足以为道。"

——《道德经》第四十一章

道家始终对语言持怀疑态度。他们怀疑语言是否能传递我们最深邃的思想、愿景、情感和志向。让我们尝试尽可能完整地描述我们的梦境，尝试向从未品尝过巧克力或其他某种食物的人描述巧克力的味道或者那种食物的滋味，尝试描述自己最深刻的爱恋。诗人是最善于施展语言魔力的人，即便如此，他们的形象也不过是以指针月罢了。诗歌的含义也远远超出语言本身。自然语言（例如，西班牙语、英语、汉语等）或多或少在某种程度上是等效的。所有的语言都包含了交换信息，覆盖了传递者对于许多事物的想法，比如"早上好""天气不错""生存还是毁灭""你想用薯条搭配那个吃吗"……不过，语言无法捕捉我们最深刻的经历和最极致的意识。

柏拉图和乔治·奥威尔都以各自的方式警醒我们：语言可

以被滥用，也就是说，语言可以用来扭曲现实、煽动情绪和激化行为——为了社会和政治控制大众，而不是为了他们的利益。柏拉图理想中的乌托邦要求政府对诗人、剧作家和其他能够引发人们强烈情绪的艺术家实施审查，以防他们为了一己私利煽动大众。乔治·奥威尔在他的反乌托邦小说《一九八四》中，巧妙地讽刺了滥用语言的现象，提出了"自由即奴役"等口号。语词可以描述万事万物，甚至它们相反的一面。当语言颠倒黑白的时候，我们就遇到了概念和政治上的困境。

老子深知滥用语言的潜在问题以及语言自身的局限性，所以在《道德经》开篇就告诫我们："道可道，非常道。"万事万物并非都可以被定义，有些事情需要经历之后方能理解。很多经历纯粹超出了语言的范围，无法用语言描述。性、死亡、内心的安宁，都是如此。在字典查找这三个词，就发现词义无法传达出相关的具体经历。道也是如此，甚至更甚。道，无法定义。悟道得道，则是人之为人，至伟之事。

怎样判断是否悟道得道？一则是，得道之人会收获快乐星期一。

与乔治·奥威尔购物

最近我去了家得宝购物。不在美国生活的诸位可能不知道，家得宝就像是家居建材用品界的沃尔玛。这里商品种类繁多，应有尽有。只不过因为组织管理太过得当，所以有的时候我们甚至都找不到自己要买的东西在哪儿。非常庆幸地找到我要买的小物件之后，我就前往结账。因为自助结账区全部关闭，所以大家排了很长的队，等着在唯一开放的收银台结账。最后经理终于过来又开了一个收银台，这或多或少给结账的长队分了流，但并没有缓解多少。

我问经理："为什么自助结账机都关掉了？"

"因为自助结账的负责人没来，所以我们把这些机器都关掉了，"经理解释道，"需要自助服务的负责人在现场才可以使用自助结账服务。"

"这很矛盾，"我评论道，"如果需要有人看着才能自助结账的话，那就不应该叫自助结账了。'自助结账'的意思是我可以自己结账付款。如果必须得有人看着我们结账，那应该叫'他助结账'。你们应该把标识换一下。"

一些排队的顾客觉得很有趣，开始哈哈笑了起来。我能把别人逗笑，自己也很开心。如果这是星期一发生的，那么我们就都收获了开心星期一。如果我们想收获开心星期一，那就带给别人快乐吧。这并不困难。如果哲学家能够做到，我们也可以做到。不管什么情况之下，哈哈大笑，保持快乐，都要比排长队队伍缓慢前进，然后火冒三丈要划得来。

接近道法，我们则甚至可以在交通堵塞中发现幽默之趣，即使是星期一。

家得宝的经理没听懂这个笑话。她像看着外星人一样看着我。好吧，也许我是个外星人（我来自语言精准传达说话者意思的星球）。经理根本没发现矛盾之处在哪里，她认为"自助结账"就是"他助结账"。她看起来甚至有点心绪不宁，好像希望我们都像温顺的绵羊一样排着队就好了，希望我们不要质疑这个流程。

这就是哲学家自己去购物——自助购物的时候发生的事情。借此，我们一下就注意到这个世界有多么不合理，因此我们提出建议如何改进。我给诸位这样一条建议：不要把每位这样行事的哲学家都太当回事儿。

有些哲学家，如叔本华、尼采、萨特，在星期一和其他许多日子里都会极度不悦，但是仍然有上百万人会去阅读他们冗长不悦的著作，过于把他们奉为圭臬，最终导致自己也极度不开心。老子则只留下《道德经》五千言，写下了所有人类实现内心宁静和到达黄金时代所需要的特质，即使是在星期一。道家文化在中国源远流长。在过去的两千五百年中，中国人也进入了纵观历史最幸福的阶段之一。中国的历史比绝大部分国家都要悠久。按照尼采的定义来说，中国人应该十分不悦，尤其星期一的时候应该会格外不开心。

但是数亿的中国人都拥有无比快乐的星期一，以至于很多经济学家都注意到了这一点，并且将中国与法国经济对比之后的有趣发现进行了广泛传播。法国上上下下尝试觅寻每周工作35 个小时的方法，而中国人则尝试觅寻每天工作 35 个小时的方法。如果诸位热衷于在下周一工作 35 个小时，那么一定非常热爱自己的工作。热爱工作的人是愉悦幸福的，故而可知，尼采其实误认为幸福的人没有过去，至少中国作为反例证明了他的观点是错误的。也许尼采和老子一起购物就会明白了。

只要与道认同，历史就无法打扰内心的宁静，即使是在星期一。

这个故事的寓意是什么呢？寓意就是：哲学家不论何时都不应该独自一人去购物。下次我去家得宝的时候，会和乔治·奥威尔一起去。他一定会很欣赏这种讽刺意味："自助结账"意味着"他助的自助结账"。这就像"自由"意味着"奴役"一样。乔治·奥威尔会说："我早就跟你说过会这样。"当乔治·奥威尔意识到自己如此独到，或许会或多或少感到满意，又或许会勉为其难地展露笑颜，即使是在星期一。

自助之道

这件趣事颇具讽刺意味，也可看作"自助"的一个严肃隐喻。"自助"是否就如"自助结账"一样？自助是否也需要其他人在场？世界各地的记者曾多次向我提出这个问题。像这本书一样的图书在美国的分类通常是"励志自助书籍"。出版业是很大的产业，毋庸置疑，自助书籍能够帮助很多人。不过英国、欧盟、亚洲、南美洲的很多读者都会质疑（他们也很担忧）励志自助书籍，就如他们质疑并深感担忧美国大众文化的其他产品，包括垃圾食品、低俗的电视节目和大型制药公司等一样。一旦我离开美国，我就需要用不同的语言与记者和公众交流。在说西班牙语的国家中，有一个准确描述我所提供的东西的优雅短语：la filosofia para la vida cotidiana（日常生活哲学）。这对于美国之外的许多国家的读者有很大的吸引力，因为这与他们的受教育背景、个人经历、生活目标都产生深深的共情共鸣。

如果我们在美国提到"日常生活哲学"这几个字眼，人们会对我们投以白眼。这几个字对很多美国人来说毫无意义。如果让大家投票列出每天的必做事项，就会看到：日常的信用卡还贷，日常的垃圾食品，日常的思想麻木的电视节目，日常的抱着厚厚的圣经的福音传道，日常的枪支使用，日常的心理治疗，日常的特制药物，日常的明星绯闻，日常的股市骗局，日常的政治正确，日常的耗油很多的 SUV，日常的励志鸡汤文学。对于太多太多的美国人来说，哲学在他们日常生活当中毫无地位，这也是他们长期不快乐的原因，尤其是在星期一。

家得宝让我意识到"自助"实际意味着"他人相助"。如果我们通过阅读书本来实现自助，那么就必须得有这本书我们才能得到帮助，所以实际也是他人相助。相比之下，如果调整呼吸，循道而行，以此来实现自助，那么无需他人，我们便真正实现了自助。除此之外，循道而行，几近道矣，我们也超脱了自我。一旦超脱自我，就没有人需要任何帮助了，即使是在星期一。

日常生活的哲学实际是一种"他助"。在某些时间点，如果哲学真的在我们身上起作用，那就意味着我们已经内化了这种哲学，也就可以把书放到一边去。换言之，"他助"能够引导我们走向真正的"自助"。正如道不可道，超越了书本和语言，这才是真正值得我们踏上的旅途。

正如很多美国之外的其他国家的人已经注意到的，自助励志书籍并不一定会让人自立自足，反而会让人依赖自助本身这个概念，这就是为什么如此多美国读者每周都需要读一本新的自助励志书，尤其是在星期一。但这些所谓的"自助励志"图书其实是"他助"图书。"他助"图书会引导读者，走向真正的不需要书本的自助。

在前一章我们仔细深入了解了爱默生和梭罗，他们从这个意义上来讲都是自助作者。爱默生最为流芳千古的文章是《自立》。自立这一品质得到早期美国的开拓者深深认同，但是转而细想——如果人们通过阅读"自立"的相关文章来让自己变得自立，那么他们其实读的是"他助"的文章，等大家内化了这种概念，并且付诸实践，就会真正自立，也就不再需要这些文章了。这也是老子写下《道德经》的目的，也是我写下这本书的目的：撰写这本书只为辅助大家御道。等大家都得道，就可以将这本自助励志的鸡汤书籍放到一边了。

星期一，星期一！

我们人类陷入了各种各样的循环——从自然循环，如季节的变化，到文化循环，如年度节日和其他庆祝活动。诸如生日和纪念日之类的周期性事件赋予了时间意义和目的，但是周期循环虽然让人不胜其烦，却也能够振奋人心。比如，北欧的气候特点是冬季昼短夜长，这反过来影响到了人们的心情。日照不足随之带来抑郁情绪。每年黑夜最长的时候，人们的抑郁情绪达到顶峰。今天的斯堪的纳维亚人会在冬季使用光疗，通过室内灯光弥补缺少的日光。抗抑郁药物百忧解并不能治好抑郁症，只有平衡好光照与黑暗才能够治愈抑郁症。平衡阴阳？我觉得这有点道的意味。

从文化意义上来讲，西方的12月末和新年假期并不是那么好过。按照传统，每年这段时间，各家要齐聚一堂，共同欢度。但是由于现代社会的人口流动性较大，很多家庭成员经常分散在各地，所以他们需要长途跋涉、千里迢迢地赶回家中，与家人团聚，庆祝 12 月的各大节日。不过，那些没有核心家庭的人，或者与家人相隔太远而无法团聚的人，就只能独自度过假期。这些人会感受到"被迫孤独"，因而倍感抑郁。尤其他们想到自己所有的朋友邻里都与家人其乐融融，欢度佳节，就更加沮丧抑郁了。每逢佳节倍孤单，这会导致抑郁症发病率上升，甚至自杀率上升。

每年 2 月抑郁症和自杀率急剧上升的原因不仅是因为冬季漫漫无期，也是因为 2 月有情人节。当其他人疯狂消费鲜花、巧克力和其他传递爱意的礼物的时候，没有伴侣的人们的孤寂飘零之感会达到顶峰，然后出现抑郁情绪，甚至自杀。

巴塞罗那的圣乔治节也是如此。佳节佳期无与伦比！巴塞罗那市中心也会在节日氛围中变成步行集市。目光所及布满了书摊和花摊。每个小伙子都会给自己的女孩买支玫瑰，每个女孩都会给自己的小伙子买一本书。这是作者和花艺人的天堂。试想，如果我们置身于富有艺术修养的加泰罗尼亚人之中，那里人潮涌动，而我们就是没有收到玫瑰的女孩，或是没有收到赠书的男孩，一定会十分难过，甚至可能郁郁寡欢——尤其是如果圣乔治节在周一的话。

循道之人没有这些问题，原因有很多。其中最重要的一点是，他们珍惜独处，并在独处中与道合一。独处和孤独是两个不同的概念。独处，对于梭罗来说是愉悦的来源。生活在梭罗之前几千年的老子也是如此。不知诸位读者是否还记得曾经向成吉思汗献言的长春子丘处机？他问成吉思汗的第一个问题就是："大汗可曾试过独自入眠？"成吉思汗不仅建立了强盛而短暂的帝国，而且有成百上千个妻妾，他的后宫生活如此放纵。直至今日，据说中亚地区每八个人当中就有一个是他的后裔。成吉思汗昼夜繁忙。他之所以唤来道家贤者也是因为想要实现自己白天的野心——将帝国变得更加强盛。所以丘处机为他开出的良药秘方就是：夜晚独自入眠。独处之事，妙不可言，充沛精力。独处，与孤独完全是两种概念。诸位可能知悉，有时候最寂寞的地方就在人群当中。

独处之妙的反例就是随处可见的机能不全的家庭。这些家庭展现出一种悖论。儿童需要某种家庭或者至少代理家庭抚养其正常长大。与此同时，家庭生活往往会将儿童塑造成各种各样的奇怪且不快乐的样子。我认识的一些成年人更愿意相信自己是被领养的，或者出生的时候一不小心被抱错了，而不愿意相信自己本来就属于抚养自己长大的机能不全的家庭。我曾经的邻居西蒙，非常友善，是个典型的好丈夫。他有一个好妻子，一个好孩子，一份体面的工作，美好的人生，但是每逢感恩节和圣诞节的时候，当他和他的妻子需要与父母、兄弟姐妹、宠物共度佳节，也就是要和机能不全的属性紧密地束缚在一起的时候，他就一定会在某个节点逃离那个场景。通常他逃避的方式就是躲进自己的独处世界中。独处才能够宽慰他的内心。他会带着自己做的饼干或者蛋糕过来串门，我会给他倒上一杯酒，共享寂静之声。所以，每逢佳节倍显憔悴的大家可以从西蒙身上学习一些经验，或者可以从让·保罗·萨特那里学习经验。让·保罗·萨特有句名言说得很妙："他人即地狱。"这句话不仅在星期一才显验。

一周过去，一周又来到。不管过的是哪周，星期一总是声名不佳。很多人把星期一编到歌曲里，开星期一的玩笑，抱怨星期一，这些人大多不无遗憾地讨厌自己的工作或工作环境，或者讨厌老板，讨厌同事，讨厌通勤。美国国家橄榄球联盟总裁皮特·罗塞尔在美国国家电视台创立了"周一橄榄球之夜"，让球迷们在一周中最黯淡的一天有了一些期待。所有人（除了"橄榄球寡妇"）都很喜欢"周一橄榄球之夜"，但人们（包括这些"橄榄球寡妇"）也仍然恐惧星期一的早晨。

如果星期一早上回去上班对我们来说像是惩戒一样，那就大错特错了。循道之人会告诫我们，解决这一问题的理想方式，就是挖掘我们的无上至宝，也就是爱（我们在第八章提到过）。如果热爱工作就不会觉得这是工作，而会觉得像是在游玩一般。如果星期一的我们是可以一边玩一边拿到工资的小朋友，那就会很快乐了。这不是因为有人给钱，而是因为我们在玩。

如果你不巧讨厌自己的工作，或者讨厌工作中不可避免的某个方面，那么请返回至第十二章，并努力清空自己的厌恶情绪。厌恶是一种毒瘤，短期来看会减轻我们的不满情绪。但是如果我们真的不热爱自己的工作，那是什么阻碍我们追寻自己所热爱的使命呢？答案就是我们内心的宁静。这不关星期一的事。可能是环境塑造了我们。那我们必须掌握御道之力，复归于朴。如此，则可追寻我们热爱的使命，我们也会在星期一保持快乐心情——其他时候也会如此，即使是在节假日，或独处时刻，或处于人群之中时。

如何收获更快乐的星期一

　　试想，有位励志图书的作者写了一本名为《如何拥有快乐星期一》的书。大家蜂拥而至，购买新书，尤其是星期日的时候。人们不需要在周五的时候读这本书，因为周五意味着工作日结束，满心欢喜的周末终于开始，所以大部分人在周五最为开心。美国人周五的状态就如 TGIF（"Thank God it's Friday"）所描述的一样，还会在连锁餐馆庆祝快乐降临周五，又在周日晚上突然失意。因为周日晚上人们需要再次面对星期一早晨再次到来的畏惧心理，害怕回到内卷的日常生活当中，害怕日复一日的痛苦，害怕被榨干。

　　"忧郁星期一"的解药又在哪里呢？彩票中奖可能是种解药，但是这可只有万分之一的概率。买一本名为《如何获得快乐星期一》的书更为简单粗暴、快捷有效，也用不着在中奖之前花那么多钱买那么多张彩票，所以我们失去了什么呢？

　　《如何收获快乐星期一》变成了一本畅销书，现在大家都不会那么讨厌星期一了，而是盼望着星期一。之后却又有蹊跷的事情发生了。突然之间，人们开始讨厌星期二了。所以《如何收获快乐星期一》的作者又写了一本续集，标题可想而知——《如何收获快乐星期二》。大家又买书阅读，开始喜欢上了星期二。但是又可想而知，大家现在开始讨厌星期三了。这又让这名作者又写了一本续集——《如何收获快乐星期三》。然后大家又开始讨厌星期四了，作者又写了一本续集——《如何收获快乐星期四》。这本书销量也很高，但是突然之间，大家又开始讨厌星期五了。

这个过程中到底哪里出了问题？之前人们喜欢星期五，害怕星期一；现在大家喜欢星期一，讨厌星期五。此外，人们也开始抱怨了，他们意识到自己讨厌星期一、喜欢星期五的时候没有那么不快乐；现在喜欢星期一、讨厌星期五之后反而更加不快乐了。这是为什么？因为讨厌星期五就会毁掉整个周末。这位不厌其烦的作者于是就又写了一本畅销书来解决这个问题，书名是《如何收获快乐星期五》。现在，他觉得应该万事大吉了。但是结果出乎意料：他忠实的读者们集齐了全套图书，看完了所有的书，又发现了新的问题：尽管星期一不会那么不快乐了，但是他们却注意到随着每周日子一天天过去，他们会逐渐变得更加开心。周五的时候特别开心，周一的时候特别不开心。所以他们恳求作者：你能不能写一本书告诉我们如何收获更快乐的星期一？

后来有人听到传闻：附近的森林中有一名循道之人独居于此。这位高人无论何时，一直快乐愉悦，每周每天都是如此。据说，这是位道家高人，内心宁静。于是，很多人进到森林里面去寻找这位高人。孜孜不倦地找遍丛林之后，大家找到了这位高人——是在星期一找到他的。这位循道之人边唱歌边砍柴，内心宁静如长明灯火一般，向四面八方透出光亮。

"请问您是否可以向我们透露保持内心平静的秘诀呢？您是

怎样保持快乐，尤其在星期一保持快乐的?"人们问道。

循道之人将心比心，放下斧头，充满宁静的目光凝视着大家："我会将秘诀公布于世。我的秘诀就是御道之力。但是在我详细解释之前，麻烦跟我具体阐述一下大家的问题。我并没有完全理解各位的问题。"

大家听到这里，心头为之一震，有点困惑。毋庸置疑，大家很高兴马上就能学习御道之力了，但是并没明白循道之人想让他们进一步解释什么。循道之人是他们的引路人，他们是他的门生。"我们何德何能向您阐释什么呢?"大家问道。

循道之人回答："我主要是没明白，什么是星期一?"

当循道之人问出这个问题之后，大家心里又为之一震，然后哄然大笑。大家都意识到这位贤者如孩童一般，并不会数着日子度过每星期的每一天，所以他才内心愉悦。此刻他们如释重负，不需要再像推着巨石的西西弗一般将生命的巨石雕琢成奇形怪状和不开心的代名词。当他们的日程安排和各种事项的截止日期也都复归于朴时，他们在源源不断的时间长河当中沐浴戏水，不去注意时间的流逝，不会在意日、周、月和年，他们每时每刻都心生愉悦。每当道之光照亮内心时，他们内心的宁静也散发到四面八方。

第十八章　下一步计划

"大道废，有仁义；慧智出，有大伪；六亲不和，有孝
慈；国家昏乱，有忠臣。"

——《道德经》第十八章

"故从事于道者，同于道。……同于道者，道亦乐
得之。"

——《道德经》第二十三章

引路人：到这里我们的旅途就结束了，我必须回到自己的
岗位，去引导他人了。相信你已经可以沿着这条路继续走下去
了。你似乎已经认路了。

探寻者：是的，我满心渴望继续循道而行。您和道都为我
提供了很多思考的食粮：很多类似西班牙塔帕斯和中式点心的
可口小食，就像您先前提到的。

引路人：那就好！能帮上忙，为您感到开心。您悟道很快，
远超当年的我。不过我们也仅仅触及了道的表层，只是从老子
精致的菜单中借着一些样菜简单吃了几大口而已。

探寻者：我着实已被深深吸引。老子仅仅留下五千言，却
似乎蕴藏着无限的智慧。

引路人：是的。须当铭记，老子是最早写下永恒不变的大道真理的人之一。一位名叫翟林奈的英国学者，曾是英国图书馆东方手稿的保管员，他十分敬仰《道德经》，将其称为哲学的"白矮星"。白矮星是一颗密度极高的星球，体积与地球相似，但质量却与太阳相当。白矮星的密度如此之大，取一茶匙便有1000千克重！《道德经》的分量也是如此。小小一本五千言《道德经》蕴含的智慧分量超出了绝大多数哲学著作。它字字珠玑，是有史以来最为精深的一本书。短短一章就足以让世人耗尽一生去探求去领悟。我们这次谈话倒是涉及了《道德经》中的不少章句。

探寻者：是的，我能感受到其中所蕴含的能量。这些章句带给我喜悦、光明和幸福。我应该怎样答谢您？

引路人：您感受到了道的能量，就此而言您就已经报答我了。如果您还想感谢我，那就继续循道而行吧。不久将来的某一天，你就可以接替我引路人的位置，而我就可以退下来啦。

探寻者：我还能再见到您吗？我们二人共处的时间顺心愉快，却要这么快分开，我真舍不得呀。

引路人：送君千里终别。只需铭记，曾经相遇，后会有期。万物皆变易，唯有大道恒在。循道而行，你必将适时遇见该遇之人。

探寻者：我定当倾心竭力，循道而行。不过有时我还是紧张不安，毕竟很容易迷路啊。对此您可有临别忠告？如果我迷路了，找不到引路人，该怎么办？

引路人：近道越甚，路越宽。若同于道，则处处有路，也自然不可能迷失了。只有失于道，才会生出"行在路上"与"偏离正路"的分别。面临这样的时刻，当谨记：引路之人在你自己心中，即为内圣。选择愚蠢，内圣噤声；慧识指引，内圣显形。迷失之时，内圣或最为清晰，因为你所追寻的道路已在你的脑中和心中。挑战不在于找到那脑中心中的路，而在于驱散遮蔽道的思想与情感。老子云："同于道者，道亦乐得之。"毋庸置疑，正如老子在此章后文所言，这适用于任何事。若你与智慧相融，你就会与智慧合一，并得到其接纳。圣人并非拥有智慧，而是被智慧接纳。同理，你若与愚蠢相融，并因此与愚蠢合一，也会被愚蠢接纳。凡事皆是如此。你在寻求幸福吗？很好，但你无法将其拥有。你可以与幸福相融，从而与幸福合一，并得到幸福的接纳。因此，幸福的人被幸福接纳，就像不幸的人被不幸接纳一样，只是因为他们一开始就与其相融。爱与恨亦如此。与爱相融，你就会与爱合一，并得到爱的接纳。这是人类社会亘古不变之法则：它们源自道本身。与道相融，你将得到道的接纳。循道而行，获益终生。

推荐阅读书目

以下我将个人比较喜爱的书籍列个简易清单，其中包括与道家思想有关的大众阅读和学术专著书目。

1. Capra，Fritjof. *The Dao of Physics*. London. U. K：Fontana，1976.（菲杰弗·卡普拉，《物理学之"道"》，丰塔纳出版社，1976。）

2. Fung，Yu-Lan. *The Spirit of Chinese Philosophy*. London：Routledge & Kegan Paul Ltd. ，1962.（冯友兰，《新原道：中国哲学之精神》，劳特利奇与凯根·保罗出版社，1962。）

3. Fung，Yu-Lan. *Chuang-Tzu*. Beijing：Foreign Languages Press，1989.（庄子，《庄子》，冯友兰译，外文出版社，1989。）

4. Hochsmann，Hyun. *On Philosophy in China*. Wadsworth：2004.（海恩·霍克曼，《论中国的哲学》，圣旨学习出版公司，2004。）

5. Hoff，Benjamin. *The Dao of Pooh*. New York，N. Y：Penguin，1983.（本杰明·霍夫，《小熊维尼之道》，企鹅出版社，1983。）

6. Huang，Alfred. *The Complete Yi Jing*. Rochester，VT：Inner Traditions International，2004.（《易经全书》，阿尔弗雷多·黄译，内传国际出版社，2004。）

7. *Yi Jing*（*Book of Changes*）. Edited by Richard Wilhelm. Translated by Carey Baynes. Princeton，N. J：Princeton University Press，1961.（《易经》，凯丽·贝恩斯英译，转自卫礼贤德译，普林斯顿大学出版社，1961。）

8. Ikeda，Daisaku. *The Flower of Chinese Buddhism*. Translated by Burton Watson. New York：Press，1997.（池田大作，《中国佛教之花》，伯顿·华兹生译，韦瑟希尔出版社，1997。）

9. Ivanhoe，Philip and Van Norden，Bryan. *Readings in Classical Chinese Philosophy*. New York：Seven Bridges Press，2001.（菲利普·艾文贺、布莱恩·范诺登，《中国古典哲学读本》，七桥出版社，2001。）

10. *Japanese Death Poems*. Edited by Yoel Hoffman. Rutland，VT，1986.（约尔·霍夫曼编，《日本辞世诗集》，塔特尔出版社，1986。）

11. Lao Tzu. *Dao De Jing*. Translated by Ch'u Ta-Kao. London，U. K：George Allen & Unwin Ltd. ，1937.（老子，《道德经》，初大告译，乔治·艾伦与昂温出版社，1937。）

12. Lao Tzu. *Dao De Jing*. Translated by Stephen Mitchell. New York，N. Y：Harper Collins，1991.（老子，

《道德经》，史蒂芬·米切尔译，哈珀柯林斯出版社，1991。）

13. Lao Tzu. *Dao De Jing*. Translated by John Wu. Boston，MA：Shambhala，1989. （老子，《道德经》，吴经熊译，香巴拉出版社，1989。）

14. Lao Tzu. *Dao De Jing*. Translated by Roger Ames and David Hall. New York：Ballantine Books，2003. （老子，《道德经》，安乐哲和大卫·霍尔译，巴兰廷图书出版社，2003。）

15. Li Chih-Ch'ang. *The Travels of an Alchemist*. Translated by Arthur Waley（1931）. Taipei，China：SMC Publishing，2000. （李志常，《长春真人西游记》，亚瑟·韦利译，SMC 出版社，2000。）

16. Lo Kuan-Chung. *Romance of the Three Kingdoms*（two volumes）. Translated by C. H. Brewitt-Taylor. Rutland，VT：Tuttle，1959. （罗贯中，《三国演义》，布雷维特—泰勒译，塔托出版社，1959。）

17. Osho. *Living Dao*. Pune，India：Rebels Books，1975. （奥修，《行道》，叛逆者书局，1975。）

18. Osho. *Absolute Dao*. Pune，India：Rebel Books，1975. （奥修，《绝对之道》，叛逆者书局，1975。）

19. Osho. *Dao：The Golden Gate*. Mumbai，India：Jaico，2010. （奥修，《道乃金门》，雅伊科出版社，2010。）

20. Rajneesh，Bhagwan Shree. *Dao：The Pathless Path*（two volumes）. Pune，India：Rajneesh Foundation，1979.

［巴格万·希利·拉杰尼希，《无道之道》（两卷本），拉杰尼希基金会，1979。］

21. Secter, Mondo. *Yi Jing Clarified*. Rutland，VT：Tuttle，1993. （蒙多·塞克特，《易经解析》，塔特尔出版社，1993。）

22. Smullyan，Raymond. *The Dao Is Silent*. San Francisco，CA：Harper San Francisco，1977. （雷蒙德·斯穆良，《不言之道》，哈珀旧金山出版社，1977。）

23. Sun Tzu. *The Art of War*. Translated by Ralph Sawyer. New York，N. Y：Barnes & Noble，1994. （孙子，《孙子兵法》，拉尔夫·索耶译，巴诺书店，1994。）

24. *The Analects of Confucius*. Translated by Arthur Waley. New York，N. Y：Vintage Books，1938. （孔子，《论语》，亚瑟·韦利译，Vintage 图书出版公司，1938。）

25. *The Book of Chuang Tzu*. Translated by Martin Palmer with Elizabeth Breuilly. New York：Penguin，1996. （老庄，《庄子》，马丁·帕尔默与伊丽莎白·布雷利译，企鹅出版社，1996。）

26. *The Daoist Yi Jing*. Translated by Thomas Cleary. Boston，MA：Shambhala Classics，2005. （《易经》，托马斯·克利里译，香巴拉出版社，2005。）

27. *The Yellow Emperor's Classic of Internal Medicine*. Translated by Ilza Veith. Berkeley. CA：University of California Press，1966. （《黄帝内经》，伊尔萨·维斯译，加州大学出

版社，1966。）

28. Tolle，Eckhart. *The Power of Now*. Novato，CA：New World Library，2004. （埃克哈特·托勒，《当下之力》，新世界图书馆，2004。）

29. Wilhelm，Hellmut and Wilhelm，Richard. *Understanding the Yi Jing*. Princeton，N. J：Princeton University Press，1995. （《易经》，卫德明、卫礼贤译，普林斯顿大学出版社，1995。）

30. Zukav，Gary. *The Dancing Wu Li Masters*. New York，N. Y：William Morrow，1979. （盖瑞·祖卡夫，《物理之舞》，威廉·莫罗出版社，1979。）

致谢

在西方的礼仪文化中，我们教导孩子要说"请（please）"和"谢谢（thank you）"以表示礼貌。但在中国的礼仪文化中，向别人道谢却经常会被认为有冒犯之嫌。为什么呢？因为如果别人为你提供了服务或帮助了你，你就欠他们一个"人情"。恰当的感谢方式是在合适的时机通过提供相应的服务或帮助来回报这份人情，不必操之过急。说"谢谢"可能意味着仅从言语上以一种即刻履行但又不充分的方式偿还人情。因此，对中国人来说，道声谢谢可能是相当没有诚意的。话虽如此，我仍然需要用西方的方式，对许多人（包括一些中国人）表达感激之情。

感谢在我青年时期引导我循道而行的魅力女性——我欠她们的恩情一辈子也难以报答。感恩已故的艾伦·瓦兹、卡尔·荣格和罗杰尼希，他们关于道的著述给了我极大的启发。感谢李星明（S. M. Li）大师的深刻教诲、耐心教导和睿智指点。感谢霍瑞西斯（Horasis）主席弗兰克·于尔根·里希特博士邀请我参加关于中国商务的全球性的年度会议。感谢国际创价学会会长池田大作对佛教与道教在中国的积极互动所做的清晰阐述。感谢安乐哲先生的学术贡献，也感谢他邀请我参加东西方哲学家会议。还要感谢许多朋友和同事对中国哲学和文化的阐释，包括蒂莫西·比尔德森、埃里克·博登、帕特里克·柯里、莫西·登伯格、范伟力（译音）、黄欣、黎建球、林亚力（译音）和张杰瑞（译音）。感谢少林寺释永信方丈和他的同仁分享珍贵的文化瑰宝。感谢中国浦东干部学院冯俊教授和他的同事，他们好客而又谦和。感谢当代中国出版社（北京）出版了我的前一本书 *The Middle Way* 的中文版《中庸之道》，促成了我与中国更深入的交流与互动。感谢纽约城市学院批准我休公假，让我得以在此期间完成本书原稿。感谢许多朋友在本书初稿的写作期间，尤其是在我四处漂泊的日子里给予的热情款待，特别要感谢阿姆斯特丹的艾达·琼斯玛、鲍威尔河的托娃·克伦茨曼和马丁·米奇森、浦纳（奥修）冥想中心的阿南达斯、孟买泰姬陵宫酒店的比尔吉特·佐尼格、悉尼的西蒙内特·瓦亚和多伦多的詹姆斯·马西森。感谢里卡多·阿托拉、约兰达·塞斯佩多萨以及他们在巴塞罗那和马德里 Ediciones B 出版社的同事给予我的大力支持和中肯建议。感谢斯蒂芬妮·冈宁对本书原稿的细致入微的编辑。感谢乔埃勒·德尔布尔戈和珍妮·戴德曼与珀修斯图书集团的阿尔戈纳维斯业务部合作出版了本书的早期版本。感谢贝瑟尼·布朗为亚马逊图书评论员提供便利。感谢埃克哈特·托勒，他的杰作《当下之力》，给本书英文版的命名带来了灵感。感谢 Waterfront 出版社的比尔·格拉德斯通、艾比·伯格曼和肯尼斯·卡尔斯为本书第一个主流版本提供的宝贵指导，以及在出版方面的各种帮助。

　　中国哲学博大精深，人们对其永恒且无处不在的应用容易产生理解上的误区，对西方人来说尤为如此。书中如有错误或误解，概由本人负责。

卢·马里诺夫

于纽约州门罗市

中文版后记

请允许我加入吴道馆的李星明大师和两位同门师兄弟的照片，他们分别是已故的詹姆斯·马西森（1947－2019）与已故的埃里克·博登（1955－2022）。我们曾拥有 50 年的友谊，其间一直与李大师保持联系，直至他们相继离世。2016 年李大师荣休时，我们曾送他一份礼物，他回了一封感人至深的信，在此辑录。谨以此中文译本纪念他们，对他们的精神表示永恒和崇高的敬意，也祈愿他们返回这方精神的泉源。

詹姆斯·马西森（1947－2019）、李星明大师（1940－2021）、
卢·马里诺夫（1951－　　）于吴道馆宴会，1982 年

青年时期的李星明师父（1980 年代）

吴道馆海报

埃里克·博登（长矛），卢·马里诺夫（三节棍）

2012 年吴道馆宴会，72 岁的李大师，右一为埃里克·博登（1955—2022）

Dear Mr. Matheson, Mr. Marinoff and Mr. Borden:

It is with great pleasure that I received your kind wishes. I am honored to have had you as committed students of the Wu Do Kan Kung Fu school. It has been my life mission to share my family heritage and to propagate this knowledge on Canadian soil. I can say that I am fortunate to have succeeded in passing on these teachings unto talented and dedicated followers.

As you know, patience, discipline, diligence and a clear mind are by-products of this martial art form. It is my hope that it has served you well in your daily lives. May you and your families be blessed with health and happiness.

Respectfully,

12/4/2016

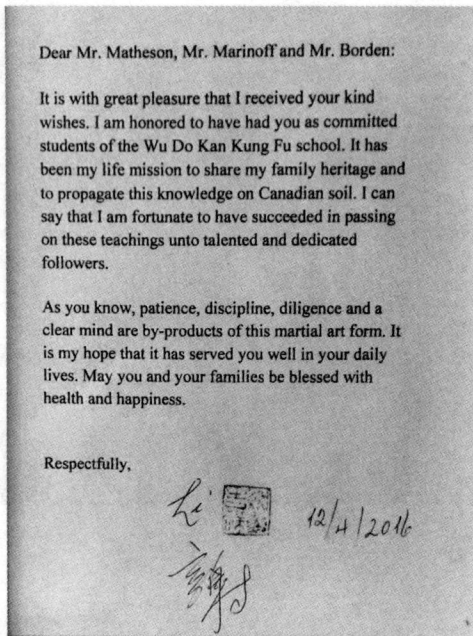

李星明师父的回信：

尊敬的马西森先生、马里诺夫先生和博登先生：

收到你们的美好祝福，我非常开心。武道馆功夫学校有你们这样忠诚的学生，我深感荣幸。将我家传的武术传入加拿大，并在这片土地上传播开来，一直以来都是我毕生的使命。可以说，我很幸运能够成功地将这门功夫的精髓传授给你们这些天资聪颖、专心好学的弟子。

正如你们所知，这门武术还可以培养出诸如耐心、自律、勤奋和头脑清醒等品质。希望它已为你们的生活带来了裨益。同时也衷心祝愿您和家人健康幸福！

此致

李星明

2016 年 4 月 12 日